우리말의 뿌리

삼국사기 지리지 지명 완전해석

정소문 지음

우리말의 뿌리

정소문 지음

남기는 말

태초 이래 말은 모두 입으로만 전해져 왔다. 석기시대는 고사하고 청동기시대의 말이 어떠했는지는 아무도 모른다. 말이란 죽어 있는 것이 아니라 사람과 함께 호흡하며 살아 움직이는 것이기 때문에 끊임없이 변하며 생겨나고 없어진다.

역사시대인 삼국시대에 들어서 우리말은 비로소 글자로도 기록되어 전해지게 되었는데, 중국에서 개량된 글자(漢字)를 들여다 적다보니, 우리말을 적기에는 적합하지 않아 한자의 소리(音)를 따 적기도 하고 뜻(義)을 따 적기도 하고 소리와 뜻을 섞어 적는 방식으로 우리말을 기록해왔다. 이른바 '이두(吏讀)'가 그것이다.

그것도 일반 용어는 거의 없고 관직명(官職名)이나 인명(人名), 지명(地名)들 뿐이어서, 아버지와 할아버지를 무어라 했고 아들과 딸을 무어라 했는지조차 알 수가 없다. '父(부)'·'祖(조)'·'子(자)'·'女(녀)' 등으로만 기록되었을 뿐 우리말 호칭이 어떠했는지의 기록이 없기 때문이다.

어머니를 '아막(阿莫)'이라고 기록하여 '아모(어무)', 또는

'암(엄)'이라고 했다는 것을 알 수 있는 것처럼, 그런 기록이 있다면 얼마나 좋았겠는가마는 김부식(金富軾)이나 중 일연(一然)이 전래의 우리말(이두로 기록된 당시 말)로 기록하지 않고 나중에 번역된 한자음으로 기록하여 백제가 쓰던 한강 이름인 '유리물(郁里河:욱리하)'은 개로왕기에 한번 보인 이외에는 오직 신라가 고친 이름인 한강이 온조 초년부터 보이며, 고구려가 쓰던 요동성의 이름은 '오리골(烏列忽:오열홀)'인데, 삼국사기에 '오리골'이 지리지에 한번 보일 뿐 모두 수당(隨唐)인의 칭호인 요동성(遼東城)으로 적어 놓아 어떤 것이 당시의 본명이고 번역된 명칭인지 알 수 없게 만든 것도 적지 아니하다고 단재는 개탄했다.

　한자로 번역된 말을 위주로 「삼국사기」와 「삼국유사」를 기록해 놓아 빚어진 현상이다. 가장 오래된 우리말은 「삼국사기」 지리지의 삼국 당시 지명(地名:땅이름) 기록이 최초(最初) 최고(最古)의 유일한 우리말 기록이고, 고려조 중기 고려를 다녀간 중국(宋) 사람 손목(孫穆)이 우리말 350여 가지를 소개한 「계림유사」가 전대(前代) 최후의 유일한 기록이다.

<「삼국사기」는 1145년에 완성된 책이고 「삼국유사」는 1281년 완성된 책이며 「계림유사」는 12세기에 기록된 것으로 알려지고 있어 「삼국사기」와 동시대에 기록된 책으로 추정되고 있다.>

안타까운 것은 고려조를 이은 조선조 5백 년 동안 그 기록에 큰 관심을 둔 사람이 없었다는 것이다. 구한말(1924) 단재 신채호(丹齋 申采浩)가 「이두문명사해석(吏讀文名詞解釋)」을 발표하면서 이른바 원삼국 때의 작은 나라 명칭과 삼국시대 지명해석에 무거운 빗장을 풀며 우리를 1천여 년 전으로 다가서게 했고 위당 정인보(爲堂 鄭寅普) 선생이 미흡한 부분을 밝게 열어 보여 주었지만 나머지 해석들은 대부분 정곡에서 벗어난 경우가 많았다.

단재의 말마따나 주(州)·군(郡)·현(縣)의 이름을 바꾼 것은 경덕왕이 시작인데 원래의 이름을 바꿀 때 추화(推火:밀부리)가 밀성(密城)이 되고, 금물노(今勿奴:거물라)가 흑양(黑壤)이 된 것처럼 옛 명칭의 뜻을 제대로 번역하여 사용한 것도 있지만, 퇴화(退火:밀부리)가 의창(義倉)이 되고, 비화(比火:비부리)가 안강(安康)이 된 것처럼 옛 명칭의 본래 의미를 살리지 못한 것이 더 많다.

한자를 공부한 사람으로 우리말에 관심이 있어 「유서필지(儒胥必知)」라도 읽어보았다면 누구나 해석할 수 있는 지명이 현재 쓰이는 전국 지명의 대부분을 이루고 있는데도, 요즘 일부 학자들의 고지명(古地名) 해석을 보면 외국어까지 끌어들여 장황하게 떠벌이고 있지만, 알맹이가 거의 없다. 한자를 이두적(吏讀的)으로 사용할만한 식견을 갖추지 못한 데 원인이 있지 않나 싶다.

여러 가지로 부족한 내가 '우리말의 뿌리'를 찾겠다며 일부 생활용어 해석에 이어 감히 "「삼국사기」 지리지의 지명들을 완역해야겠다"는 마음을 갖게 된 것은 위당 정인보 선생과 단재 신채호 선각자의 뒤를 이어 우리 옛말(옛 지명)의 남은 빗장을 풀고 닫힌 문을 활짝 열어, 새로운 후학들의 앞길에 도움을 주고자 해서이다.

막 우리말이 무엇인가를 알아가는 손자와 손녀들에게 병상에서 이 책을 남긴다.

2016년 복달음 인수동에서 지은이 씀

제1부
우리말의 뿌리를 찾아

제1장
우리말의 생성과 변화,
그리고 본모습을 잃기까지

    역사 이래 우리의 말은 모두 한자에 빌붙어 전해져 왔다. 漢城(한성)은 '물골'이라는 삼국 때부터 내려온 우리의 지명이다.

    그런데 부끄럽게도 '서울'을 '한성(漢城:한청)'이라고 부르는 중국 사람들을 위해 '首尔(수이:서우얼)'라고 도성이름까지 바꿔 표기하고 있는데 首尔(수이)는 '효수(梟首)되어 장대 끝에 매달린 대가리'라고 해석될 수도 있는 이름이다.

1. 우리말은 여러 종족의 말이 섞여 이루어졌다

우리말은 알타이어계의 말이라고 한다.

미얀마 말과 고대 드라비다(남인도 타밀어) 말이 우리말과 같은 부분이 있거나 어순이 같다는 점을 들어 해양계의 말이라고도 하고 또 우리말에는 세계적으로 드물다는 주격조사가 있고 문법이 비슷하다는 점을 들어 인류최초의 문명을 열어놓고 동방으로 사라진 수메르인 들의 말을 찍어다 붙이기도 한다.

딱히 "우리말은 이것이다"하고 단정 짓기가 어렵다는 것이다. 그만큼 우리말은 여러 종족의 말이 섞여들어 이루어졌다는 뜻이다.

그러나 우리의 얼굴이 대부분 전형적인 북방계 아시아인의 모습을 하고 있고, 돌궐(突厥:투르크)이나 몽고의 옛 사람들이 우리와 비슷하게 큰아버지를 "아빈", 아빠를 "아부지", 엄마를 "어마걱"이라고 하고, 또 할아버지를 "어부지", 할머니를 "터르셴어마지", 아버지를 "어야지", 아빠를 "아부", 어머니를 "어지", 아내를 "어마"라고(蒙語類解) 했을 뿐 아니라, 알타이어의 대표 격인 투르크어(타타르)와 몽고어가 우리말에 지대한 영향을 끼치고 있는 것을 보면 우리말이 알타이어계의 말이라고 해서 크게 잘못된 것은 아닐 것이다.

한 가지만 예로 들어보자.

현재 우리가 쓰고 있는 말 중에 비어(卑語)처럼 들리는 '구멍'이라는 말과 '아구'라는 말이 있다. 똑같이 '굴'이라는 뜻을 가진 말에서 변전(變轉)되어 온 말이지만 뿌리는 전혀 다르다.

'구멍'은 우리 본래의 말로 그 뿌리가 혈거시대(穴居時代)의 "굵"으로까지 거슬러 올라간다. '굵'은 태초에 우리가 살던 '굴(窟)'을 지칭하던 말로 "움"으로 약화하여 '움→움집'이 되기도 하고 '구멍'으로 변전되어 '눈구멍·콧구멍·귓구멍·입구멍·목구멍' 등등으로 가지를 치며 오늘에 이르고 있다.

'아구'는 동굴을 뜻하는 몽고말 "아구이(Agui)"가 들어와 우리말이 되면서 변전된 말로 '아궁이(재래식 부엌 불 때는 곳)', 또는 '아궁지'가 되기도 하고 '입'을 가리키는 '아가리', 또는 '아강이'로 가지를 치며 아이들이 우는 것을 '아가리 벌린다'고 하고 악다구니 쓰는 것을 '아가리질 한다'고 말했는가 하면 '아가리홈'이란 건축용어로까지 발전했다. '아궁이'를 이르는 우리의 본디 말은 '고쿨'이 변해 이루어진 '고쿠락'이 있다.

고쿨은 지난 시절 방안 구석 중간쯤에 소형 페치카처럼 흙벽을 움푹 들어가게 파고 그곳에 관솔불(소나무 옹이 등 송진을 많이 함유하고 있는 불쏘시개)을 피워 조명과 온기를 유지하던 장치다. 벽 속으로 연기 길을 내어 그을음이 밖으로 배출되게 만들기도 했다.

그뿐 아니다. 오늘날 중국의 한 소수민족인 라후족(拉祜族랍호족)이 '나', '너' 등 우리말과 같은 어휘(語彙)를 많이 쓰고 있고, 고구려에 쫓겨 어르구나(额尔古納액이고납:也里古納야리고

납:아리골내) 유역(후룬벌초원 지대)으로 되돌아가 훙지라부(宏吉剌
部굉길랄부:Qongirat)를 세웠던 옥저(沃沮:에벵키)의 옛터에는
지금도 알라야(嘎拉牙알랍아), 아바내(阿巴河아파하), 오마내(烏
瑪河오마하), 곰내(金河금하), 골물(庫里河고리하), 까막내(甘河감
하:곰내), 나도리물(那都里河나도리하), 아리물(阿里河아리하), 아
롱산(阿龍山아룡산), 고려산(古利牙山고리아산), 이리후리산(伊勒
呼里山아륵호리산) 등 우리말과 똑같은 말로 이루어진 지명(地
名)이 적지 아니 남아 있다.

또 중국인들이 '헤이산터우 구청(黑山頭古城:흑산두고성)'이라
고 이르는 주치 하사르(Jöči Qasar:징기스칸의 큰 동생)의 왕성
(王城)을 현지인들은 아직도 "거무고성(巨母古城:검은 고성)"이
라고 발음하고 있다.

「삼국지(三國志)」가 기록한대로 우리말은 우리만이 쓰던 말
이 아니라, 물길(勿吉)→말갈(靺鞨)로 일컬어지는 에벵키족도
우리와 같은 말을 썼다는 것을 알 수 있다. 많은 학자가 말갈
의 뿌리인 퉁구스(東胡동호)계 전체를 "원래 같은 말을 쓰던
종족"으로 보는 것도 그 때문이다.

2. 한자를 빌려 이두식으로 표기한 우리의 지명

원시 이래의 우리말은 삼국(고구려·백제·신라) 초기, 막 정
리가 끝난 한자(漢字)를 들여다 소리를 따 적거나, 뜻과 소리
를 뒤섞어 표기하는 방식으로 우리말을 기록하기 시작했는데,

우리는 그것을 뒤에 '향찰(鄕札)', 또는 '이두(吏讀)', '구결(口訣)'이라고 이름 붙여 불렀다. 「훈민정음」이 제정되던 조선왕조(朝鮮王朝) 초까지 우리에게는 우리말을 적을 수 있는 글자가 없었기 때문이다.

<한자(漢字)는 산동 태산(山東泰山)지역에서 출토된 신석기시대 동이족(東夷族)의 도문(陶文:大汶口 陶文)에서 시작되어 갑골문자(甲骨文字) 등을 거치며 발전해 온 글자인데, 한(漢)나라 때 대폭 개량·정리되며 널리 쓰이기 시작했다. '漢字(한자)'라는 이름은 개화기 일본이 붙였다.>

그래서 역사 이래 우리의 말은 모두 한자에 빌붙어 전해져 왔으나 소리글인 우리말을 뜻글자인 한자로 표기하려다보니 제대로 표기할 수 없다는 근본적인 문제를 애초부터 안고 있었다. 그래서 소리를 비슷한 한자로 표기하기도 하고 뜻을 따서 표기하기도 하였기 때문에 이해가 결코 쉽지 않다.

예를 들어 넓은 벌판을 뜻하기도 하는 '벌'이란 말이 생기기 전에 부르던 이름인 '부르'를 부여(夫餘), '고쿠리'를 고구려(高句麗), '온지'를 백제(百濟), '새나라'를 사라(斯羅사라:신라)라고 표기하고, 도성을 '거믈나(健牟羅건모라:신라) → 거물나라(固麻[津]고마[진]:백제)' 또는 소부리(所夫里:셔븘르) → 사비(泗沘:셔뷔)·서라벌(徐羅(那)伐:셔론벐) → 서벌(徐伐:셔벐)·'사라벌(沙梁伐:셔론벐) → 사벌(沙伐·沙弗:셔벐)이라고 적었는데, 이것들이 바로 소리를 따 표기한 것이고 '세살메바람'을 삼년산성(三年山城), '바람드리(성 옆 들)'를 풍납(風納), '바람부리(성 밑 벌판)'를 풍취(風吹), '사리(살)메'를 청천(靑川)·청산(靑山), '거물내(진천)'를 만노(萬弩), 또는 흑양(黑壤),이라고 표기한 것들이 뜻을 따 기록한 것들인데 어찌하여 그런 표기를 했는지 뒤에 이유를 설명하기로 하겠다.

우리 옛말이 백(百)을 '온'이라 하여 백제(百濟)를 '온지'라 하였고, 천(千)을 '즈믄'이라고 하고 만(萬)을 '거믄'이라고 했기 때문에 충청북도 진천(鎭川)의 고구려 때 이름인 '거물내(今勿內), 거믄내'가 '萬弩(만=거믄, 노=내)', 혹은 '黑壤(흑=거물, 양=내)'으로 표기된 것이다. 弩(노)나 壤(양)자는 '라·나(내)·야' 등의 소리를 나타낸 글자로 내, 또는 땅을 뜻하는 글자이다.

'사리(살)메'를 靑川(청천)·靑山(청산)으로 표기한 이유는 이러하다. 지금도 건축 용어에서 물이 자연스럽게 흘러내리도록 수평을 잡는 것을 "물매 잡는다"고 하듯 '살매'의 '매'는 본디 "물"이라는 뜻이다.(후에 '메'로 바뀌며 마을을 뜻하기도 한다.) 계곡의 깊고 맑게 흐르는 물을 보고 '파랗다'는 표현을 쓰듯이 '맑고 푸른 물'을 표현하는 말 '사리', '살'은 '맑게(푸르게) 흘러가는 형태의 물'을 뜻한다. '물살'이라는 말을 뒤집어 '살물'을 뜻하는 것이라고 하면 이해하기 쉽다.

후대에 이 '薩買(살매:사리메)'라는 지명을 한자로 번역하면서 하나는 '푸른 물이 흐르는 곳'이라는 뜻의 靑川(청천:사리물), 하나는 靑山(청산:사리뫼)으로 바꿔놓았다. 한자음을 따라 읽으면 '청천'·'청산'으로 다르지만 뜻은 '사리매(살매)'·'사리뫼(살뫼)'로 삼국 때의 지명 살매(薩買)와 다를 것이 없는 같은 뜻의 말이다.

3. 한자를 빌려 이두식으로 표기한 우리의 도성이름

신라와 백제 도성의 정식명칭 '건모라(健牟羅건모라:거믈라)'·'고마(固麻[津]고마[진]:거믈[나라])'는 '높은 사람(至尊)이 사는 신성한 땅'이라는 뜻이지만 '서라벌'·'소부리' 등 일반적인 호칭은 모두 '새 부여(新夫餘:셔부르)·새 평양(新平壤:셔푸르)이라는 뜻을 갖고 있는 말로 현재 "서울(셔볼)"이라는 말의 원형이다. 뜻을 따 번역하면 신성(新城)·신도(新都)·금성(金城)이 된다.

<도성을 새부여 새평양이란 뜻인 '셔볼(새부여 → 서울)'이라고 한 것은 우리 조상들이 한내(漢江한강:阿利水아리수) 이남의 땅으로 쫓겨 내려와 한반도 남쪽에 신천지를 개척하듯 소 부족국가를 능욕하고 정복왕조를 세우면서부터이다. 한강 이북 옛 고구려나 부여 땅에는 그래서 도성에 '셔볼(새부여 → 서울)'이라는 이름이 붙을 수 없었다.>

고구려는 그냥 지명을 따라 '녹산(鹿山:푸후메)이라고 부른 것이 부여의 도성이고, 흘승골(紇升骨:홀쑥골) 산마루에 왕성(王城)을 쌓고, 왕을 지칭하던 보통명사 "알라야(아루하)"를 붙여 '알라야바람', 또는 '얼루하바람(五女山城:왕성)'이라고 부른 것이 고구려의 첫 번째 도성이며, 국내성(國內城:집안잣. '잣'은 저자(市)의 옛말)으로 천도하면서 쌓은 두 번째 도성이 '울루하바람'(尉那也城:얼라야바람·尉那岩城:울라얀바람·兀剌山城:올라야바람)이라고 불리는 환도성(丸都城:山城子山城산성자산성)이다.

丸都(환도)는 '환도'라는 지명을 따 적은 것이 아니라, 돌궐어 "아르두(Arda, Ordu)"를 따 명명한 것으로, "칸(한·왕)의 궁성(宮城)"이라는 뜻이다.

丸(환)자에서는 '알(아르)'이라는 뜻을 따고 都(도)자에서는 '두'라는 소리를 따서 "알두", 또는 "아르두"로 읽도록 표기된 것인데, 우리는 지금도 "환도성"이라고 잘못 발음하고 있다.

4. 어려운 표기법의 사멸과 새로운 표기법의 등장

신라시대에 한자를 널리 사용하게 됨에 따라 고유한 우리말 지명을 거의 모든 한자식 지명으로 표기하게 되었고 그 지명은 고려, 조선을 거쳐 오늘에 이르기까지 우여곡절을 겪으면서 변화해 왔다. 그 과정에서 우리 고유의 지명은 죽은 말이 되어 거의 사라져 가고 있다.

예를 들어 미아리고개 아래 우리말 지명 '되넘이'를 敦岩里(돈암리)라고 한자로 표현해 놓아 '되넘이'로 읽지 않고 "돈암동"이라고 발음하여 '되넘이'가 죽은 우리말이 된 것이 그 한 예이다.

되넘이고개(狄逾峴:적유현)를 "미아리고개", '뫼아래(彌阿里)'를 "미아리"로, '무너미(水踰里)'를 "수유리", '쇠귀골'을 "우이동(牛耳洞)", '새터말'을 "신촌(新村)", '가재울'을 가좌동(佳佐洞)', '너븐바우'를 "광암(廣岩:너럭바위)", '굴박나루'를 "공암진(孔岩津)"이라고 우리 고유 말은 점차 사라져 가고 대신 한자

표기로 소리가 바뀌어 잘못 말하고 있는 것과 같다.

그래서 '돌곶이'가 "石花(석화:돌꽃)"가 되고 '뫼곶이'가 "梅花(매화)"가 되고 '들불휘'가 "坪角(평각)"이 되고 '새골재'가 "新村峴(신촌현)이 되고 '가븐티(中峙)'가 "가븍[거북]티(龜峙)가 되기도 한다.

<우리 지명의 '박'은 '바위골'을 '박골'이라 하듯 거의가 '밝→박'의 뜻이 아니라 '바위'라는 뜻으로 붙어 있는 경우가 많다.>

이것은 한자가 널리 보급되고 생활화하면서 우리식의 이두가 본모습을 잃어, "밝힐"이라는 뜻으로 기록된 "白活"을 "밝힐"로 읽지 않고 한자음을 따라 "백활'이라고 읽고, "하시올제", 또는 "하시옵서"라는 뜻으로 기록한 "하숣제(爲白齊)"를 "위백제"로 읽는 사람이 많아지면서 이두는 그 뜻이 통하지 않게 되고 어렵고 불편하게 여겨져 사문화되면서 빚어진 현상이다.

이러한 현상은 우리 사회가 그만큼 문명화 했다는 것을 보여주는 반증일 수도 있다. 우리말을 기록하고자 뜻글자인 한자를 들여와 쓰다 보니 점점 깨이게 된 사람들은 소리와 뜻을 빌어 우리말 어휘를 적는 것보다 한자 뜻대로 우리말을 번역해 적는 것이 훨씬 간편하다고 여겼기 때문이다. 오늘날 한자로 된 명사(名詞)는 모두 그렇게 하여 이루어졌다.

오늘날 우리가 국제기구 이름이나 방송국 이름들을 번역하여 우리말로 적지 않고 UNKRA(국제연합한국부흥위원단) ICAO(국제민간항공기구) IAEA(국제원자력기구) WHO(세계보건기구), 또는

NBC BBC ARTE NHK KBS 등으로 기록하듯 "ᄒᆞ슐올디라두 (하실지라도)"라는 말을 "爲白乎之喩良置(위백호지유량치)"라고 적지 않고 '命(명:분부한다)'자나 '行(행:실행한다)'자 한 자만 적어도 똑같은 뜻을 전할 수 있었으니 얼마나 쉽고 편했겠는가.

新反(새로이), 茂火(더부러), 各乎(ᄯ로:따로), 這這(갓갓:갖가지;각각), 自乎(절로), 先可(아딕:아직), 侤音(다딤:다짐), 適音(마츰:마침), 幷以(아오로:아울러), 尤于·加于(더욱), 不知得(알모로:알므로), 使內事(ᄇ라온일:바라온 일) 등등의 이두는 그래서 점점 쓰이지 않게 되었다.

그렇다보니 한자는 전래 우리말과 어우러지며 새로운 우리말로 자리를 잡고 우리말의 대 변혁을 일으키며 폭발적으로 어휘수를 늘려나갔는데, 늘어난 말은 대부분 문화어로 이전에 없던 말이거나 표현하지 못하던 뜻을 담고 있는 말이었다.

비로소 일상 생활용어를 뛰어 넘는 문화어를 우리도 갖게 된 것이다. 오늘날 일부 계층이 우리말보다 외래어를 더 세련된 말로 인식하여 즐겨 쓰듯 일상용어에 국한되어 있는 전래(傳來) 우리말보다 한자로 이루어진 문화어로 말하는 것을 많은 사람이 좋아하게 되어 결국 한자어와 그 한자어가 변전(變轉)된 말을 빼놓고는 편지 한 장, 신문기사 한 꼭지 쓸 수 없는 오늘의 현실을 맞게 된 것이다. 싫건 좋건 한자는 우리말의 뼈대를 이루고 살을 붙이며 민족정신을 살찌워왔기 때문이다.

5. 주체성 없는 어문정책과 한글전용의 문제점

한자를 버리고 그 소리만 따서 "이것만이 우리말"이라고 한다면 뇌수(腦髓)와 오장육부(五臟六腑)가 없는 허깨비에 오방색 옷을 입혀 내세우는 것과 다를 것이 없다. 어찌 살아 움직이며 말하는 이와 함께 숨결을 나눌 수 있겠는가. 그 결과는 말이 제구실을 못해 제가 한 말도 무슨 뜻인지 모르는 반문맹(半文盲)의 후세를 양산할 수밖에 없게 될 터이니, 국민의 귀를 막고 눈을 가리는 우민정책(愚民政策)도 이보다 더하지는 않을 것이다.

물론 한자와 한자말이 크게 보급되고 오랫동안 쓰이면서 전래의 우리말이 많이 없어지고 대치(代置)된 것은 틀림없는 사실이다. 그렇다고 우리 어음에 맞게 발전하고 자리 잡아 우리말의 뿌리가 되고 살이 된 한자를 남의 나라 글자라고 이단시하며 배격한다는 것은 있을 수도 없는 일이다.

우리나라는 지명(地名)을 원래 부르던 원음으로 부르지 않고 한자어로 바꾼 지명으로 부르고 있다. 예를 들면 '황토마루'를 광화문 네거리, '널다리 → 너더리'를 광교, '너벌섬'을 여의도라고 부르는 것이다.

그러나 이율배반적으로 남의나라 지명과 인명(人名)을 현지 원음을 따라 적어야 한다고 북경을 '베이징', 동경을 '도쿄', 모택동을 '마오쩌둥', 풍신수길을 '도요토미히데요시'라고 적게 하면서 유사 이래 써와 민족의 유산이 된 한자는 아예 아이들에게 배우지도 못하게 한다.

한글이 아무리 뛰어난 글자라고 해도 소리 자체가 다른 남의 나라 말을 똑같이 발음하도록 적는다는 것은 불가능한 것인데도 1939년 왜노(倭奴)의 '현지원음표기령(現地原音表記令: 朝鮮總督府조선총독부)'을 아직까지 굳게 지키며 국민의 언어생활을 옥죄고 있는 진짜 속내가 무엇인지 알고 싶다. 다행히 최근 초등학교에서부터 한자를 병기하여 가르치자는 여론이 있으니 지켜볼 일이다.

말이란 우리가 편한 대로 써야 하고 외래어 역시 일반이다.

아메리카를 '미국(美國)', 잉글랜드를 '영국(英國)', 도이치를 '독일(獨逸)', 이탈리아를 '이태리(伊太利)', 베이징을 북경(北京), 도쿄를 동경(東京), 타이완을 대만(臺灣), 상하이를 상해(上海), 우한을 무한(武漢), 교토를 경도(京都), 오사카를 대판(大阪), 쓰시마를 대마도(對馬島)라고 말하고 적는 것처럼 외래어는 우리 편한 대로 써야 한다. 그런데도 굴욕적인 총독부령을 아직까지 지키며 '외래어 표기악법'을 신주단지처럼 옹위하는 것은 바로 한자를 배격하고자하는 데 목적이 있는 것이 아니냐는 의심까지 받고 있다.

더욱이 부끄럽고 창피한 것은 중국 사람들이 '서울'을 '한성(漢城:한청)'이라고 부르는 것이 못마땅하다고 하여 그들을 위해 '首尔(수이:서우얼)'라고 도성 이름까지 바꿔주는 못난 꼴까지 보였다는 것이다.

漢城(한성)은 '물골'이라는 삼국 때부터 내려온 우리의 지명이고 漢陽(한양)은 '한내 북쪽'이라는 뜻의 이름인데 그것이 무엇이 못마땅하다고 '머리', 즉 '효수(梟首)되어 장대 끝에 매달린 대가리'라고 해석될 수도 있는 이름으로 수도의 이름을 바꾸어 준다는 말인가.

<'首尔'은 북경 표준어(普通話) 발음으로는 '서우얼 → 서월(shǒu-ěr)'이 되지만, 중국에는 숱한 방언이 있고, 또 우리나라에는 북경지방 사람만 오는 것도 아니므로 '首尔'이라고 써놓아도 서울 비슷한 소리, 즉 '서우얼'로 발음하는 사람들보다 '수니(sǔ-ni)', 또는 '시웅기(shǐu-ngi)', '시지(siǐ-ji)', '사우니(saǔ-ni)' 등등으로 발음하는 사람들이 훨씬 많다.

'首尔'을 우리 발음 '서울'처럼 발음하는 사람은 있을 수도 없다. 뿌리가 같고 말 체계(體系)가 같다는 일본 사람들이 '서울'을 '소우루(ソウル)'라고 하는 것을 보면 알 일이다.

외국어로 외국어를 적는다는 것은 발음방식이 다르기 때문에 불가능한 것인데도 그런 줄 뻔히 알면서 전래의 우리말 漢城(물골)을 '수이(首尔)'로 고친 것은 사려 깊지 못한 정책의 산물이라고 밖에 볼 수가 없다. 아무리 현지 음표기를 돕기 위해서라고 해도 그것은 중국 사람들이 알아서 적을 일이지 우리가 남의 나라 표기까지 신경 쓸 일이 아니다.>

알파벳(Alphabet)이 페니키아 사람들이 만든 글자이지만 글자는 어디서 만든 무슨 글자이든 들여다 쓰면 자신들의 글자가 된다. 그래서 같은 한자라도 중국의 음이 다르고 일본의 음이 다르고 월남의 음이 다르고 우리의 음이 다르다. 그에 따라 표기방법도 많이 다르다. 제각기 그 나라의 특성을 지닌 글자로 뿌리박고 있기 때문이다.

한자는 배격해야할 남의 글자가 아니다. 우리의 역사와 전통을 기록한 수십만 권의 서적이 모두 한자로 기록되어 있는 것만 보아도 알 일이다. 우리의 온갖 말이 거의 한자에 붙어 전해져 왔기 때문에 한자를 버리고 그 소리만 따서 '광주·부산·대구·전주·대전'한다면 그 말이 무슨 뜻으로 어떻게 이루어진 것인지도 모르게 된다. 나라의 역사뿐 아니다. 제 가족의 역사마저 추구할 수 없게 되고 할아비와 아비, 제 이름까지 무슨 뜻인지 알 수 없게 된다.

한글은 더없이 우수한 글자임에 틀림없다. 수메르문자를 비롯한 많은 문자에서 볼 수 있듯 표음문자(表音文字)로서의 한계를 극복하지 못하고 있는 것이 아쉬울 뿐이다. 자손만대 우리 문화를 발전시키고 창달시키기 위해서는 표의문자(表意文字)인 한자와 아울러 써야 한다는 주장이 그로 인해 설득력을 얻고 있다.

우선 어떤 것이 원시 이래 우리말이고 어떤 것이 한자어 및 한자와 결합되어 변전된 우리말인지, 또 우리는 어떻게 방향을 잡아 우리말을 가꾸어 나가야 할지, 누구나 알 것 같으면서도 모르고 있는 우리말의 실체와 그 뿌리를 일상용어에서부터 더듬으며 살펴보기로 한다.

제2장
의식주(衣食住) 기본 생활에 관한 우리말

 한반도에 '조선'이란 이름이 붙은 것은 이성계(李成桂)가 고려(高麗) 땅에 조선을 세우면서부터이다. 그러니까 발해만(渤海灣) 이북에 있던 기자조선(箕子朝鮮)과 압록강 이남 한반도(韓半島)에 들어선 조선은 이름만 같을 뿐 아무런 상관도 없는 것인데, 모화사상(慕華思想)에 절어 우물안개구리 같던 조선조 역사가들이 "기자조선이 단군조선(존재하지 않았다)에 이어 한반도 평양에 세워졌던 나라"라고 기록하는 바람에 많은 사람이 착각을 일으킨 때문이다.

1. 입성(衣服의복) : 베·모시·명주와 조선의 위치

사람은 나면서부터 '의식주(衣食住)'의 기본조건이 갖추어져야 살아갈 수 있다. "입고, 먹고, 잘 수 있는" 환경이 충족되어야 한다는 말이다. 그래서 카자흐족은 막 태어나는 아기를 갓 잡아 온기(溫氣)가 가시지 않은 양가죽으로 받아냈다. 어머니의 뱃속처럼 포근한 환경을 유지해주기 위한 한 방편이었다.

누구나 알고 있듯 원시 이래 우리의 '입성(옷)'은, 고려 말 문익점(文益漸:1329.2.8.~1400.2.)이 목화(木花)씨를 들여다 대중화시키기 이전까지는, 극소수 왕실이나 일부 귀족을 제외하고는 올이 굵고 거친 삼베(麻布마포)·칡베(葛布갈포)·모시(苧麻저마)베 옷밖에 입을 것이 없었다. 더러 뻣뻣한 돼지가죽이나 개가죽 덧거리를 걸쳤다 하나 살을 에는 눈바람(雪寒風설한풍)이 얼마나 추웠으면 온 몸에 층이 지도록 돼지기름을 바르고 따갑게 찌르는 고통을 감내해 가며 갈대꽃까지 꺾어다 보온재로 넣었겠는가.

"그 나라에서는 삼베와 모시를 많이 입었다. 잠사(蠶絲)가 적어 비단(깁) 한필이 은(銀) 열 냥의 가치가 있었다."고 12세기(숙종8년:1103) 고려를 다녀간 중국(北宋북송) 사신 손목(孫穆)은 계림유사(鷄林類事)에 기록했다.

조선조 들어 이전부터 입어왔던 삼베·칡베·모시베 등에 목화(木花)실로 짠 무명베(綿布:면포)가 추가 생산되었지만 무명이라는 말은 '무몐(木棉:목면)이라는 중국말이 변전된 것이고, 생산량이 미미해 중국에서 들여다 쓰던 깁(비단)은 '명(明)나라 비단(綢주)'이라는 뜻인 '명주(明紬)'로 그 이름이 바뀌면서, 조선조 초기부터 역대 왕들이 전국 시범지역에 잠실을 짓고 양잠을 장려하여 생산량이 늘었지만, 그렇다고 아무나 입을 수 있는 천은 아니었다.

'지체 낮은 일반인(상것)'이 명주옷을 입고 거리에 나섰다가는 양반들에게 잡혀가 옷을 벗기인 채 똥바가지를 뒤집어쓰고 멍석말이나 당하기 일쑤였기 때문이다.

어떤 이는 "기자(箕子)가 조선(朝鮮)으로 가서 백성들에게 예의(禮儀)와 양잠(養蠶) 및 직조술(織組術)을 가르쳤다"는 중국 역사책(史記)의 기록을 들어, "청동기시대(BC. 1170년 경)부터 우리는 비단을 생산했다"고 자못 '문명국 후손'이라는 듯이 말한다. 당시 '조선(朝鮮)'은 오늘날 중국 하북(河北:허베이)과 내몽고(內蒙古:나이멍구)·요녕(遼寧:야오닝)성 일부지방(山海關산해관·唐山당산·承德승덕·赤峰적봉·翁牛特옹우특·奈曼나만·阜新부신·錦州금주·朝陽조양)에 있던 나라라는 것을 몰라서 하는 소리다.

한반도에 '조선'이란 이름이 붙은 것은 이성계(李成桂)가 고려(高麗) 땅에 조선을 세우면서부터이다. 그러니까 발해만(渤海灣) 이북에 있던 기자조선(箕子朝鮮)과 압록강이남 한반도(韓半島)에 들어선 조선은 이름만 같을 뿐 아무런 상관도 없는 것인데, 모화사상(慕華思想)에 절어 우물안개구리 같던 조선조 역사가 들이 "기자조선이 단군조선(존재하지 않았다)에 이어 한반도 평양에 세워졌던 나라"라고 기록하는 바람에 많은 사람이 착각을 일으킨 때문이다.

조선왕조 태종 16년(1416년)에 들어와서야 비로소 우리나라에서 양잠이 적극 장려된 사실만 보아도 알 수 있는 일이다.

2. 살림집(住居주거):토담집·귀틀집·삼간토옥과 횡포의 상징 흑패

'주거(住居:살림집)'도 매일반이다. 왕실이나 사찰(寺刹), 귀족들의 저택 이외에는 움막 수준을 갓 넘긴 토담집이 대종을 이루었다. 삼간초옥(三間草屋)이라는 말이 아직도 남아 있듯 '웃방↔안방→부엌', 세 칸으로 이루어진 형태가 1천여 년 간 지켜져 온 우리 주거형태의 기본이다. 우리의 사는 모습은 그렇게 조선조 말까지 이어지며 크게 달라진 것이 없었다.

혈거(穴居:동굴 살이)에서 벗어나 반지하에서 돼지와 함께 살며 사다리를 타고 천장으로 드나들었던 움집 생활(竪穴住居수혈주거)에 비기면 그래도 얼마나 쾌적한 문화생활이냐고 자긍(自矜)할만한 삶이었다.

옛 기록에 따르면 우리나라의 살림집은 통나무 구조에 굴피나 너와를 얹은 귀틀집(方機家방기가·木叉家목차가·機木家기목가·투방집·투막집)이 많은 부분 차지했던 것으로 보이나, 나무얼개에 흙을 발라 벽과 천장을 만들고 짚이나 억새로 지붕을 잇는 초가(草家)와 흙 담 벽에 억새를 얹은 초가집이 널리 보급되면서 답답하고 뇌옥(牢獄) 같았던 귀틀집은 반비례하여 자연 도태되었다. 그래서 지금은 강원도 깊은 산골 등의 화전민촌, 또는 울릉도 나리분지에나 가야 볼 수 있다.

<「삼국지」 동이전 변진(弁辰)조 주에는 「위략(魏略)」의 기록을 인용하여 "그 나라에서는 집을 지을 때 통나무를 겹쳐 쌓아 만들어서 뇌옥과 비슷했다(其國作屋기국작옥,橫累木爲之횡누목위지, 有似牢獄也유이뇌옥야."했고 한(韓)조 마한(馬韓)에는 "억새(풀)를 이은 움집을 짓고 살았는데 마치 무덤 같았으며 출입문은 위에 있었다. 온 식구가 함께 그 속에 있었는데 어른·아이·남자·여자의 구분이 없었다(居處作草屋土室거처작초옥토실, 形如冢형여총, 其戶在上기호재상, 擧家共在中거가공재중, 無長幼男女之別무장유남여지별)."고 기록되어 있다.>

살림집이 지상으로 올라앉게 된 것은 구들이 진화하면서 부터이다. 「구당서(舊唐書)」에 "고구려 사람들은 살림집을 반드시 산골짜기에 지었는데 모두가 억새로 지붕을 이은 초가였다. 오직 절집과 신을 모시는 사당 및 궁전과 관아(관청)만이 기와를 썼다. 일반인들 중에는 가난한 사람이 많아 겨울에는 너나없이 장갱(長坑)을 만들고 밑에서 불을 때어 따뜻하게 했다."는 기록이 있다.

그러니까 처음에는 '장갱'이라 하여 방 한 쪽에 구들을 놓아 걸터앉거나 누울 수 있도록 만든 것이었는데 그것이 방 전체로 연장되며 입식생활에서 좌식생활로 바뀌게 되었다는 뜻도 된다.

이처럼 우리의 모든 집은 초가가 그 구조와 형태를 확장·발전시키면서 절집(寺刹사찰)이 되기도 하고 궁집(宮闕궁궐)이 되기도 하고 관아가 되기도 했다.

「가락국기(駕洛國記)」에 그 단서가 남아 있다. "(김수로왕은) 가궁(假宮)을 짓고 사셨는데 모자란 듯 검박하게 짓도록 하여 이엉 끝도 자르지 않았으며 흙으로 쌓은 기단이 세 자 높이에 불과했다(俾創假宮而入御비창가궁이입어,但要質儉단요질검,茅茨不剪모자불전,土階三尺토개삼척)."는 것이 그것이다.

지금은 전국의 살림집이 많이 개량되고 현대화되었지만 아직도 시골 촌락으로 가면 지붕만 기와나 함석 등으로 바뀌었을 뿐 대부분 삼간초옥의 기본 형태를 그대로 유지하고 있다. 그만큼 대물림되어 온 가난은 여전히 우리 민중들의 고달픈 삶의 끈을 넉넉히 풀어주지 않고 있다는 뜻이다.

그 원인을 들여다보면 각 왕조 때마다 토호(土豪)나 군벌(軍閥), 사대부(士大夫)들이 계급·구조적 촌락을 이루고 부(富)를 독과점한 채 1천여 년 간 민중을 수탈하며 살아온데 있다. 그래서 대부분의 마을은 큰 기와집을 중심으로 삼간초옥을 짓고 사는 형태를 띠게 되었다. 큰 기와집에는 사대부나 토호, 중앙권력자의 집사가 살았고 초가에는 그에 딸린 소작농이나 마름, 노비들이 살았다. 경주 양동마을이나 안동 하회마을 등에서 그러한 예를 볼 수 있다.

요즘 TV에 자주 등장하여 전통을 자랑하는 종가(宗家)들이 바로 이들 사대부의 하나였다고 보면 틀림없다. 지연(地緣)과 학연(學緣)을 빌미로 관직에 나가고 집성촌의 수장이 되기까지의 치부(致富)과정을 살펴보면 서원(書院)을 등에 업고 발부했던 흑패(黑牌:牌子패자·墨牌묵패)와도 무관할 수가 없을 터이니, 후손들의 자부만큼 그들의 전통이 그렇게 자랑스럽지 않을 수도 있다.

흑패는 강상(綱常:사람이 지켜야 할 도리)을 바로잡는다는 구실로 서민들을 잡이다가 주뢰('주리'의 원말)를 틀며 금품을 갈취하던 명령장을 말한다. 한 예로 송시열(宋時烈)의 화양서원(華陽書院)에서는 만동묘(萬東廟)를 짓고 중국 황제(萬曆帝만력제)를 떠받든다는 명목으로 치외법권적 권세를 누리며 세세년년 양반이나 부호, 관원들에게까지 묵패를 남발하여 재산을 강탈하는 등 전국적으로 토색질을 일삼아 '화양묵패(華陽墨牌)'라는 소리만 들어도 벌벌 떨었다.

어느 날 어느 시까지 제수전(祭需錢) 얼마를 바치라는 먹도장이 찍힌 고지서를 받으면 마지막 남은 전답이라도 팔아 바쳐야 장두귀(杖頭鬼:몽둥이로 맞아 죽은 귀신)를 면할 수 있었기 때문이다. 이러한 폐단을 근절하려던, 흥선대원군의 혁파대상 1호가 되어 철거되었다. 그러나 몇 년 뒤 그곳을 지나다 보니 그 자리에는 다시 새로운 건물들이 복원되어 있었다. 함께 가던 한 길손은 "참으로 할 일도 없고 돈이 썩어나나 보다."하고 혀를 찼다.

3. 먹을거리(食品식품·食物식물)

주거(住居)나 입성(衣)과는 달리 '식품(食品)'과 '먹을거리(食物식물)'는 유사 이래 많은 종류가 계발, 유입되어 가짓수도 늘고 조리방법도 다양해지며 획기적인 발전을 이루어 왔다.

식품의 이름과 먹을거리의 유입시기만 살펴보아도 우리가 그동안 무엇을 먹으며 살아왔고, 또 우리의 식생활문화(食生活文化)가 어떤 과정을 거쳐 오늘에 이르렀는지 생생히 되짚어 볼 수까지 있다.

"사람은 먹는 것으로 하늘을 삼는다.(民以食爲天민이식위천)"고 했듯 인간의 욕구 중 첫 번째로 꼽히는 것이 식욕(食慾)이다. 누구나 하루에도 몇 번 씩은 대해야 하는 밥상이 이로 인해 생겨났다. 좋은 옷이나 집을 갖고자 하는 욕구보다 먹고자 하는 욕구가 훨씬 가깝고 강렬했기 때문에 식품의 발전이 유독 두드러지게 된 것이다.

우리 밥상에 오르는 음식을 크게 나누면 밥, 국, 구이, 나물, 된장, 간장, 김치 이다. 부자나 가난한 이나 매일 이것을 먹고 삶을 이어간다.

1) 배불리 먹을 수 없는 밥 때문에 생긴 풍속 고려장

18세기 초 경작되던 우리 쌀의 품종만 해도 에우디·되오리·사로리·닭오리·버들오리·잣달이·밀다리·다다기(御飯米) 등 30

여종에 달했고 기장 역시 회색 껍질에 쌀이 흰 찰오리기장과 검은 껍질에 쌀이 연노란 주비기장(잔지리), 회색 껍질에 쌀이 검은 옻기장, 귤빛 껍질에 쌀이 노란 붉은기장 등 5~6종에 달했다. 원시 이래 우리가 먹어왔던 전체 밥 가지 수를 따진다면 수백 가지가 되고도 남을 것이다.

밥에도 쌀밥(이밥)·보리밥·기장밥·조밥·수수밥·밀밥·귀리밥·감자밥·율무밥·옥수수밥·나물밥·고기밥·해물밥·잡곡밥 등이 있고 또 나물밥이라 해도 들어가는 소채류(蔬菜類)에 따라 콩나물밥·산나물밥·시레기밥·무우밥·묵나물밥 등등으로 갈려 열거하기조차 힘들어진다.

그 중 옥수수는 옥속서(玉蜀黍)라는 한자말이 변해 이루어진 것인데, 촉(蜀)자의 우리 옛 음(音)은 '촉'이 아니라 '속'이었다. 「설문해자(說文解字)」에 蜀(촉)자의 음은 "속(市玉切)이다"했고, 개성(開城)의 원이름 "속막(蜀莫)"을 '송도(松都)'라고 한 것만 보아도 알 일이다. '속막에 세운 도성'이라는 뜻이다.

각자 기호에 따라, 또는 생활수준에 따라 먹은 밥이 같을 수는 없었을 것이고 또 현재도 다르겠지만 전처럼 먹고 싶어도 못 먹어 굶는 사람이 지금은 없다고 할 수 있다. 20세기 중반(1960)까지도 우리는 그렇지 못했다.

끊임없이 압박하는 한인화(漢人化)를 거부하고 동쪽 변강(邊疆)지대로 내몰렸던 우리 선대(先代)이래 대물림되어온 가난 때문이었다. 그래서 흔히 말해지는 "찬란한 문화의 흔적"이 우리의 땅에는 거의 없다. 그날그날 먹고 살기가 급급해 미처 딴전으로 눈 돌릴 틈이 없었던 데 원인이 있다.

　날이 새면 어른 아이 할 것 없이 움직일 수 있는 사람들은 모두 밖으로 나가 하루 종일 먹을 것(食物식물)을 채집(狩獵수렵·漁獵어렵) 해야 목숨을 이어갈 수 있고, 가정을 꾸릴 수 있었다. 문명(문화)의 지렛대라 할 수 있는 글과 글자가 있었다 한들 살아가는데 직접 필요하지도 않은 것을 어찌 돌아볼 겨를이 있었겠는가. '개발에 다갈'처럼 여겼거나 기껏해야 사치품쯤으로 치부했을 것이다.

　"젊은이를 귀하게 여기고 늙은이를 천하게 여겼다(貴少賤老귀소천노)."는 「삼국지(三國志:東夷傳동이전)」의 기록을 보거나, "부모가 병이 나면 한 공간에 유폐시키고 조그만 구멍을 내어 약과 끼니를 넣어 주었으며 죽어도 장사지내지 않았다(父母病閉于室中穴一孔與藥餌死不送-鷄林類事계림유사)"는 기록 및 우리의 '고려장'설화를 보면, 우리가 얼마나 먹고 살기가 힘들고 고달팠으면 먹는 입 하나 줄이는 것이, 그렇게 중요한 일이 될 수밖에 없었는지 되돌아보게 한다.

　<러시아 북동쪽 끝 추곳카 자치구(축치반도)에 사는 축치인(Chukch:순록을 가진 사람)들은 지금도 노쇠해지거나 중병에 걸리면 친척들에게 자신을 죽여 달라고 부탁한다고 한다. 그렇게 죽게 되면 저승으로 가서 좋은 삶을 살게 된다고 믿는다. 죽은 사람은 흰색 가죽으로 만든 수의를 입혀 화장하거나 툰드라에 놓아두고 자연에 맡긴다.>

20세기 중반까지도 딸을 팔아먹고 어린 딸을 식모살이로 보

내는 일이 그래서 다반사였다. 고래 적 이야기가 아니다. 6.25 이후까지도 중부지방 노총각들은 처녀들을 사다가 가정을 꾸리는 경우가 허다했다. 내가 6.25 동란(動亂)을 치른 곳에도 그런 가정이 여러 세대 있었다. 요즘 베트남·필리핀 등 남아시아 신부를 데려다 가정을 꾸리는 다문화가정의 예와 다를 것이 없었다.

그렇다보니, 하루 한두 번 끼니로 먹는 것도 언제나 '밥'과 '간', 두 가지 뿐이었다. '밥'이라고 하니까 오늘처럼 흰 쌀밥에 된장찌개라도 떠올릴 사람이 있을지 모르지만 천만의 말씀이다.

2) '쌀'은 보살에서 나온 말

밥을 짓는 쌀 이야기부터 알아보자. 드라비다 사람들도 '쌀'을 '쏘르'라 하고 '벼'를 '뱌'라고 한다니, 벼(나락)와 쌀이 언제 어떻게 되어 우리말이 되었는지 추구(推究)할 길은 없지만, 고려 때 "보살(菩薩)"이라고 불리던 쌀이 '보'자가 탈락하면서 '살→빨→쌀'로 바뀌었다는 것을, 위(胃)를 '보사리(살)감투'라고 이르는 것을 보면 확실하지 않은가 싶다.

3) 쌀 재배의 기록과 귀하디 귀한 쌀

「삼국사기」 백제 본기에 "다루왕 6년(AD 33년) 2월 나라 남쪽 주군(州郡)에 벼농사를 시작하라고 명령했다"는 기록이 있어 늦어도 1세기경에는 한반도 남부지역까지 벼농사가 전파되었음을 알 수 있다. 기원전 6~5세기 것으로 측정되는 탄화미

(炭化米)가 경기도 여주군 흔암리에서 발견된 것으로 보면 부여(夫餘) 때 이미 우리나라 북부지방에 벼가 유입되었음을 알 수 있다.

그러나 경작(耕作)도 제한적이고 소출(생산량)도 보잘 것 없었기 때문인지, 흰 쌀밥은 역사 이래 대다수 우리 국민들에게는 여간해 구경하기조차 힘든 밥이었다. 기껏해야 중국인들처럼 '粟(속:기장과 조)', 즉 '小米(소미)밥'을 주식으로 먹지 않았을까 싶다. "오곡은 모두 있었으나 조를 가장 많이 심었다. 차좁쌀이 없어서 메좁쌀로 술을 빚었다.(五穀皆有之[오곡개유지],粱最大[양최대].無秫糯[무출나],以粳米爲酒[이갱미위주]-鷄林類事[계림유사])"는 기록이 그러함을 보여준다.

그뿐 아니다. 쌀이 얼마나 귀했으면 해코지를 당하고도 관청에 가는 것을 꺼렸겠는가. 「계림유사」는 이렇게 적고 있다. "그곳 풍속은 도둑질도 안 하고 소송을 하는 일도 거의 없다. 국법이 지엄하여 호출하거나 심문할 때 뇌물을 주지 않으면 즉각 처벌한다. 사람들이 관청에 갔다가는 적어도 쌀 몇 말은 허비해야 하므로 가난한 백성들은 관청에 가는 것을 몹시 꺼려 고발할 일이 있어도 가지 않는다.(其俗[기속],不盜少爭訟[불도소쟁송],國法至嚴[국법지엄],追呼唯寸紙不至卽罰[추호유촌지불지즉벌].凡人詣官府[범인예관부],少亦費米數斗[소역비미수두],民貧甚憚之[민빈심탄지],有犯不去[유범불거])."

4) 쌀 대신 먹었던 음식과 속문화(粟文化)

그러했으니, 먹는 것이라고는 '나물밥'이나 '나물 죽'이 주종을 이루었을 것이다. 데친 푸성귀(山野草산야초) 위에 싸라기나 맷돌에 탄 보리·귀리·수수·조를 얹어 지은 나물밥이라면 그래도 좋은 것에 속했다. "사흘에 피죽(稷米粥직미죽) 한 그릇도 못 먹는다."는 말이 있듯 우려낸 도토리를 절구에 넣고 대강 부숴 곡물대신 얹는 '무거리 밥'도 가난한 이들은 모자라 양껏 먹을 수 없는 경우가 허다했다.

중국에서의 조(粟)는 이미 6~7천년의 역사를 갖고 있다. "모든 곡식의 어른(百穀之長백곡지장)"이라고 해서 역대 제왕들이 '곡식의 신(穀神)'으로 받들어 모셨다. 우리나라에도 있는 사직단(社稷壇)이 바로 그것이다. '稷(직)'은 바로 '조(粟)'를 일컫던 옛말이라고 기록되어 있다. 황하(黃河) 유역이 원산지로 중국의 대표적 식량 작물이었다. 하(夏)·상(商[殷은]) 때의 문화를 '속문화(粟文化)'라고 하는 것도 그 때문이다.

조는 낱알이 잘아 '소미(小米)'라고 불렸는데 옛날에는 직(稷:피), 또는 기장(黍서)이라고도 부르다가 후에 와서는 그냥 '곡자(穀子:곡식)'라고 불렸다. 서양 사람들이 조(粟)·기장(黍서)·수수(御穀어곡: Pennisetum glaucum) 등 입자가 작은 곡물을 "밀리트(millet)"라고 통칭하는 것과 다를 바 없다. 현재도 중국인들은 이 소미로 아침(早点조점)을 짓고 죽(稀飯희반)을 끓인다.

5) 메와 기장밥, 이밥

쌀은 낱알이 굵고 찰기가 없는 밭 벼(陸稻육도) 쌀이 대부분이었는데 이 쌀로 지은 누르끄름한 밥을 '메'라고 했다. 제사

때나 올리는 귀한 밥이라는 뜻을 담고 있다. '기장밥'과 함께 1년에 한두 번 명절과 생일에나 먹어볼까말까 한 것으로, 어느 때나 쉽게 먹을 수 있는 것이 아니었다.

차지고 감칠맛 나는, 말 그대로 '흰쌀밥(이밥)'을 지을 수 있는 논벼 (水稻수도) 쌀은 더욱 귀했다. 원래 우리 조상족인 대동국(大徐國·'徐서'는 동쪽을 이르는 우리말 '시(새)'를 사음한 것)의 누리왕(偃王언왕·세계의 왕)이 천하를 호령하던 오늘날 안후이성(安徽省안휘성)과 저장성(浙江省절강성) 일대 중국 남부에서 재배되던 것인데, 주(周)와 춘추전국(春秋戰國)의 힘에 밀려 살던 땅을 내주고 동으로, 동으로 쫓겨 오던 우리 선인들을 따라 오늘날 산동(山東)과 요동(遼東)을 거쳐 한반도로 유입되었고 밭벼와 대치되기까지는 여러 단계의 환경적 조건이 개선된 다음의 일이었다. 그러니 중국 황제(皇帝)도 당시 먹기 힘들었을 쌀을 삼국시대 우리 서민들이 어찌 예사로 먹을 수 있었겠는가.

6) 곡식 이외의 먹을 수 있었던 것들: 참, 빠람죽과 끼니

바닷가 사람들은 조개나 물고기·해조(海藻)를 늘 먹었으니, 내륙 사람보다 영양상태가 비교적 좋았겠지만, 도토리묵과 메밀묵을 귀하게 여겼던 산골사람들에게는 멀건 피죽이나 느릅가루 호박풀떼기보다는 삶아낸 무청에 생콩가루를 버무려 끓인 시래기 국이 훨씬 든든했을 것이다.

도토리묵은 임진왜란 때 피난길에서 임금이 먹어보고 궁궐로 돌아와서도 찾게 되어 수라상에까지 오르게 되어 '수리

(라)'라는 이름이 덧붙었다고 전해질 정도로 질 높은 먹을거리에 속했다. 속수리·상수리·가랑나무·재량나무·굴밤나무 열매의 껍질을 벗기고 여러 날 물을 갈아주며 떫은맛을 우려낸 다음 곱게 빻아 묵을 쑤거나 무거리 밥을 지었는데, 이 열매가 달리는 나무를 통틀어 '참나무'라고 하는 것을 보면 '밤나무' 등의 예처럼 그 이전에는 도토리 류를 '참'이라고 부른 것이 확실해 보인다.

산과 들·바다에 자연적으로 나고 자라는 꽃과 풀들 가운데 '참꽃(진달래)·참나물·참고막·참죽'처럼 사람이 먹을 수 있거나, 특히 맛있는 것에 '참'자가 붙은 것을 보면 '참'은 바로 "맛있는 것"이라든지 "귀한 먹을거리"라는 표현일 수도 있다.

그러나 이르면 매년 음력 12월 중순부터 이듬해 3월까지 계속되는 보릿고개(端境期[단경기]:철이 바뀌어 비축한 양식이 떨어지고 햇보리가 여물 때까지를 이르는 말)의 명줄을 이어준 소나무와 느릅나무에는 '참'자가 안 붙었으니, 이것은 아무래도 '참(도토리)' 같은 열매가 달리지 않기 때문일 것이다.

언 땅이 채 풀리기도 전에 산과 들을 헤매며 달래(달롱)나고들빼기·씀바귀(씬나물)·냉이(나생이·나싱개) 등 야생초(野生草)를 캐고 소나무와 느릅나무의 속껍질을 벗겨다 송기떡을 만들거나 가루를 내어 느릅떡을 찌나하면, 칡을 두드려 갈분(葛粉)을 얻고, 영글지도 않은 보리 목을 따다가 그슬리고 오지 솥에 쪄 말린 다음 통째로 갈아 '빠람죽'을 쑤어 먹을 때쯤이면, 대부분 먹을 것이 떨어진 사람들의 얼굴은 풀물이 들어

누렇게 뜨고 부어올라 투명해졌다. 오늘에는 볼 수 없는 부황(浮黃) 든 모습이다. 바로 굶어죽기 직전의 얼굴이다. 50년대까지도 한 마을에 두세 명씩 흔히 볼 수 있는 아낙의 모습이었다.

매 끼 '조리한 먹을 것'을 통틀어 우리 선대들이 '끼니'라고 이른 것만 보아도, 그 절박함을 피부로 느낄 수 있다. 바로 생명을 이어주는 "끈"이라는 말이 "끄니"를 거쳐 '끼니'가 되었기 때문이다. 이 말은 또 먹는 것이 말할 수 없이 부실했다는 뜻도 담고 있다.

7) 고기를 뜻하는 말 '살'

'육식(肉食)'·'채식(菜食)'·'음식(飲食)'이라는 말도 한자가 쓰이기 전에는 없었다. 몽고에서는 육식을 붉은 음식이라는 뜻으로 '올랑이데'라고 말하고, 가루음식이나 유제품을 흰음식이라는 뜻으로 '차강이데'라고 말한다. 그러나 우리는 '고기(肉육·魚어)'를 무어라고 했는지조차 전해지는 말이 없다.

다만 '살'이라는 말이 있을 뿐이다. 그래서 지금도 '고기 먹기 힘들다'는 뜻으로 "남의 살 먹기 힘들다"고 말하는 이를 간혹 본다. '고기'는 기름기와 살이라는 뜻의 한자 '膏肌(고기)'가 어울려 이루어진 말이기 때문이다.

4. 간(소금)

밥과 함께 먹었던 '간'은 또 어떤 것이 있었겠는가.

요즘은 흔해 빠진 것이 소금이니, 최소한 "소금간이라도 해먹지 않았겠느냐"고 생각할 사람이 있을지 모른다. 그러나 소금을 뜻하는 우리 삼국 때 말이 어떠했는지 알 길은 없다. 수렵시대를 살던 조상들이야 야생 조수(鳥獸)를 통해 충분한 소금기를 섭취했겠지만 농경시대를 살게 되면서 소금을 먹지 않고는 목숨을 유지할 수 없었을 터인데, 생체기능에 없어서는 아니 되는 그 중요한 영양소를 무어라고 불렀는지 알 수가 없다.

1) 소금을 부르던 말 '소감, 쇼곰'이야기

"고려 때는 '소감(蘇甘)'이라고 했고 조선조 때는 '쇼곰'(柳僖유희「物名攷물명고」;1824년)이라고 했다고 기록되어 있을 뿐 그 뜻이 무엇인지는 밝히지 않았다.

고구려가 지금 황해도 연안(延安)을 '시염(豉鹽)'이라고 불렀는데, 당시 '鹽(염)'자의 우리 음은 '간'이었을 것이므로 '시간'이 '소금'으로 변전되었다고 볼 수는 있다. 그러나 같은 뜻으로 '돔골(冬音忽동음홀)'이나 '동삼골(冬彡忽)'이라고도 불렸고 '해고(海皐)'라고도 했으니, '돔(뜸)'이나 '동삼(뜬 실)', '해고'가 '된장(醬장)'이나 '짠 것'이라는 뜻의 말이어야 하는데 확실치 않다.

백제를 통해 많은 문물을 전해 받은 일본 사람들이 소금(鹽)을 '시오(しお:鹽;sio)'라고 하고 '짜다'거나, '바다물', '조수'

따위를 일컫는 말로 가지를 치는 것을 보면 우리말 '소금'도 '쇼(시오)+곰'이 어우러져 이루어진 말로, 옛날에는 우리도 바닷물을 '시오→쇼'라고 하지 않았나 싶다. "바닷물을 곤 것(달인 것)"이 '쇼곰', 바로 소금이기 때문이다.

그러나 '蘇甘(소감→쇼곰)'은 아무나 손쉽게 구해 먹을 수 있는 식품이 아니었다. '금처럼 귀한 것'이라는 한자 별명 '소금(小金:작은 금)'이 본명처럼 굳어 전해지는 것만 보아도 알 일이다.

소금은 예부터 아무나 만들 수도 없고 팔수도 없었던데 그 원인이 있다. 나라의 허가를 받은 사람만이 만들고 팔 수 있었다. 사염(私鹽:몰래 만든 소금)을 제조했다가는 사전(私錢:위조한 엽전)을 주조한 것과 똑같은 벌을 받았다. 그러니 소금장수들이 부르는 금값인 '소금'을 어찌 손쉽게 사 먹을 수 있었겠는가. 우리에게 소금장수와 얽힌 음담패설(淫談悖說)이 많은 것도 그 때문일 것이다.

2) 소금과 순록 그리고 중일전쟁

그렇다고 소금을 안 먹고 살 수는 없다. 야생 순록(馴鹿) 떼가 소금을 먹기 위해서 오로존(鄂倫春악륜춘:沃沮옥저·烏素固오소고·靺鞨말갈·鉢室韋발실위)족과 에벵키(Ewenki:퉁구스, 또는 솔론)에게 사역당하고 목숨을 바쳐 제 살을 먹이면서도 어쩔 수 없이 따라다녀야 하는 것이 그러한 예를 잘 보여준다.

소금을 못 먹으면 소금기를 배설하지 않기 위해 생체는 스

스로 오줌길을 막아 방광(오줌보)은 터질 듯 부풀어 오르고 체
내에 찬 물로 몸은 부석부석해지며 여러 가지 합병증을 일으
켜 결국 죽게 된다.

동물의 이러한 약점을 사람에게까지 적용하여 야욕을 이루
려했던 경우도 적지 않았다. 그 대표적인 예가 중일전쟁(中日
戰爭) 때의 왜노(倭奴)들이었다.

손쉽게 중국 동부 연해지역을 점령한 일본은 소금(海鹽해염)
생산을 규제하고 내륙으로의 운반 길을 철저히 차단했다. 악
랄하리만큼 소금유통도 막았다. 중국을 대공황에 빠뜨려 싸우
지도 못하고 항복하게 만들려는 수작이었다. 그로인해 소금의
절품사태는 급격히 번져나갔다. 남경(南京:난징, 首都수도)을 비
롯해 호북(湖北:후베이)와 호남(湖南:후난)성 주민들은 홍수전(洪
秀全)이 일으켰던 태평천국(太平天國)의 난 이후 다시 한 번
맨밥만 먹어야 하는 고충을 겪어야 했다.

민심안정과 항일전쟁 지속을 위해 중국정부는 특단의 조치
를 강구했다. 그래서 나온 대책이 "천염제초(川鹽濟楚)"였다.
사천(四川:쓰촨) 자공(自貢:쯔꿍)의 소금을 호북·호남성으로 보
내 일본의 소금차단 전략을 깨부수는 것이었다.

자공시에는 신해정(燊海井)이라는 세계에서 가장 일찍, 가장
깊이 판 소금우물이 있었기 때문이다. 1835년(청·도광15년)
1,000m가 넘는 깊이를 3년 만에 사람 손으로 파서 완공했다.
이 우물에서는 짠물과 천연가스가 동시에 분출되었는데, 그
가스로 짠물을 끓여 소금을 만들었다.

이로 인해 소금산업은 다시 활기를 띠어 198개의 염정(鹽井)이 단시일에 굴착되었고 수많은 소금가마에서는 수증기가 가실 틈 없이 뿜어져 나왔다. 일본의 소금차단 전략은 무위로 그칠 수밖에 없었다.

3) 나무에서 얻는 소금, 목염

바닷가 사람들은 소금을 안사더라도 어패류를 통해 필요한 소금기를 섭취할 방법이 있었겠지만 산골 사람들은 소금장수의 횡포를 당해낼 수 없어, 안 먹을 수 없었던 것이 '붉나무 달인 물'이었다. 바로 시고 떫고 짠 목염(木鹽)이 그것이다.

요즘 뇌우(雷雨)를 '네우'라고 쓰게 만들어 놓듯 붉나무도 '북나무'로 써야 옳게 되어 있지만, 중국에서는 염부목(鹽膚木: 얀푸무)이라 하고 이 나무의 줄기와 잎, 열매를 우려 얻은 시고 떫고 짠물을 목염(木鹽)이라 했다.

여름에 꽃이 피고 가을에 씨앗이 수수이삭처럼 늘어지는데, 열매가 익을 때는 소금 같은 희고 투명한 결정이 이삭 알알을 감싸고 맺힌다. 이것을 녹여낸 것을 목염 중 으뜸으로 쳤다. 새순은 참죽처럼 데쳐 장풀을 먹여 말려두었다가 구워 먹기도 했다.

5. 장(醬)과 지(鮨)

'장(醬)'이나 '지(鮨)'가 있었다면 얼마나 좋았겠는가마는 당시 우리에게는 '장'도 '지'도 없었다. 장부터 먼저 알아보자. 장은 '육장(肉醬)'과 '어장(魚醬)', '두장(豆醬)'으로 나누어지는데, 우리는 '육장'도, '어장'도, '두장'도 만들 줄 몰랐다.

1) 육장(肉醬): 고기로 담은 젓국과 김옥균.

「설문(說文)」에 따르면 "장(醬)은 해(醢)를 말하는 것"이라고 했고, 「운회(韻會)」는 "해(醢)는 육장(肉醬)을 말하는 것"이라고 했는데, 「주례(周禮:天官천관·醢人해인)」는 "해(醢:초)나 이(臡:뼈 섞인 젓국)를 만들려면 우선 고기를 발라내어 말린 뒤 잘게 잘라 수수(또는 조)와 누룩 및 소금에 버무려 병에 담고 좋은 술을 부어 봉해두면 백일(百日)이면 완성 된다"고 했다.

그러니까 육장은 육류(肉類)로 담은 장인데, 식초(醢:해)를 말하기도 하고 젓국(醢:혜)을 뜻하기도 하여 어떠한 형태의 것이었는지 확실치 않다. 그러나 "옛날 가혹한 형벌의 하나로 사람을 죽여 육장을 담았다(剁成肉醬타성육장)"고 했으니, 이로 미루어 보면 '젓국'에 가깝지 않을까 싶다. 우리에게도 구한말 갑신정변(甲申政變)을 주도했던 김옥균(金玉均)이 능지처참된 뒤 젓으로 담겨 각 지방으로 조리돌림 되었던 사례가 있다.

2) 어장(魚醬)과 지(鮨)와 김치

어장은 어류(魚類)로 담은 장을 이르는 말인데, '지(鮨)'를 뜻하기도 한다. 우리에게는 비슷한 것으로 '젓갈(새우젓·조개젓·갈치젓·황석어젓 등)'이 유일했는데, 우리의 젓갈은 남아시아의 어장처럼 생선류를 곰삭히어 발효된 국물(어장)을 얻으려 한 것이 아니라, 생선류를 오래 두고 먹기 위해 소금에 묻어 저장한 것으로 어장보다는 오히려 지(鮨)에 가까웠다.

그러니까 우리 선대가 남긴 단 하나의 부식인 '젓갈'은 안타깝게도 '젓갈'로 머무른 채 더 발전되지 못했고, 중국 남부에서 개발된 '지(鮨)'가 '짠 것'이라는 뜻으로 바뀌고 '지(漬)'로 가지를 치면서 우리 부식의 종주자리를 차지하게 되었다.

'지'는 원래 물고기를 소금에 버무려 갈무리한 것인데, 그 말은 차차 의미가 확대되어 채소(菜蔬:남새)나 근채(根菜:뿌리채소)를 짜게 절여 갈무리한 것 역시 '지'라고 부르게 되었다. '짠지(김치)'·'오이지'·'단무지'·'장앗지(장안엣지)'등이 모두 '지'라는 꼬리표를 달고 있는 것이 그러함을 보여준다.

짠지가 지금은 '김치'라고 불리면서 우리의 전통음식으로 자리매김 되어 있지만, 김치는 중국의 절인채소인 '샌차이(鹹菜함채:沈菜침채:菹저)'에 근원을 두고 발전되어 온 것이라, 우리의 개발품이 아니라는 주장이 성립될 수도 있다.

김치라는 말 자체가 절인채소라는 의미의 '침채(沈菜)'가 '딤채→짐채'로 변전되었다가 '짐치'가 되고 '짐서방'이 '김서방'으로 '질동이'가 '길동이'로 바뀌듯 짐치가 다시 '김치'로 변한 것이기 때문에 우리의 예스러운 이름인 '짠지'가 오히려 어울리지 않는가 싶다.

'배추'와 '무'가, 원래 우리에게 없던 중국의 '배차이(白菜백채:behcai)'와 '무(蕪:mou)'를 들여다 심고 먹고 조리하면서 부르게 된 이름이니, 어찌 그 식물(食物)이나 그 식물로 제조한 식품 이름이 우리말에 기인한 것이겠는가 마는, '밥'과 '간'을 빼고는 거의가 한자에 묻어 들어오면서 발전한 우리 식문화의 한 단면이니 어찌하겠는가.

3) 두장(豆醬)에 대한 옛 기록

'두장(豆醬)'은 두시(豆豉:콩장)를 지칭하는 것으로 누런콩(黃太황태:黃豆황두)이나 검은콩(黑太흑태:黑豆흑두)을 삶아 발효시킨 것이다. 우리의 담북장(뜬북장)과 비슷한 것이 아니었을까 싶다. 기록(中國通史중국통사)에 따르면 중국 한(漢)나라 때, "장안(長安)의 번소옹(樊少翁)이 시(豉)를 만들어 팔았는데, '시번(豉樊)'이라고 불렀으며 이것이 중국에 최초로 등장한 두시(豆豉)이다"라고 했고, "회남(淮南)의 왕안(王安)이 처음 두부(豆腐)를 만들었다"고 기록되어 있다.

두장의 원료인 콩의 원산지가 우리의 옛 강토(만주지방)라는 점을 들어 우리 선대가 개발한 장이 중국으로 들어갔다고 주장되기도 한다. 그럴 수도 있다. 그러나 이름까지 빼앗겨 남의 것이 된지 수 천 년인 것을 무슨 근거로 되찾아 우리 것으로 만들 수 있겠는가.

그 근거로 드는 「삼국지(三國志[삼국지]:烏丸鮮卑東夷傳[오환선비동이전]/고구려조)」의 "그 나라 사람들은…갈무리와 술 빚기를 잘한다(其人…善藏釀)"는 기록을 "저장 발효식품을 잘 만든다"고 해석하여 '善藏釀(선장양)'이란 藏(장)자를 醬(장)자로 고치는 우(愚)까지 범하고 있지만 "술을 빚는 것을 釀(양)이라 한다"는 「설문(說文)」의 해석처럼 釀(양)자는 원래 전적으로 술 빚는 것을 뜻하던 글자였다.

후세에 와서 조청(蜜밀)·초(醋)·장(醬) 등 발효식품을 만드는 데도 이용하게 되었을 뿐이다. '선장양(善藏釀)'이라는 기록 바로 위에 "집집마다 작은 창고가 있는데, '부경'이라 한다(家家自有小倉,名之爲桴京)"는 기록만 보아도 이 藏(장)자는 갈무리를 잘한다는 뜻이지, 醬(장)을 잘 담는다는 뜻이 아님을 알 수 있다.

아무리 콩이 우리의 옛 강토에서 생산된 것이라 해도 그 콩을 가져다 두부(豆腐)를 만들고 발효시켜 장(醬)을 만든 것은 중국인들이었기 때문에 지금도 우리는 '豆腐(두부)'를 '두부'라 부르고 '醬(장)'을 '장'이라 부른다. 우리가 개발했다면 당연히 우리의 이름이 붙어 전해졌을 터인데 두부와 장 이외에 전해지는 이름이 없다.

4) 장에 대한 옛 기록 미조

우리 역사에 '시(豉메주,된장,청국장)'자가 기록된 것은 고구려 때 지명이 처음이고 시(豉)를 만들었다는 기록은 발해(渤海) '책성(柵城:東京龍原府[동경용원부])의 시(豉)'가 유명했다는 신당서(新唐書:北狄列傳[북적열전])의 기록이 유일하다.

어떤 사람은 또 메주와 담북장(청국장) 뜨는 냄새 때문에 '고린내(高麗臭:고려취)'라는 말이 생겨났다며 고구려 때부터 우리는 이미 된장과 담북장 같은 것을 먹었다고 주장한다. 「삼국사기」 신라본기 신문왕(神文王) 3년(683년)에 왕은 김흠운(金

欽運)의 작은 딸을 왕비로 맞기 위해 장(醬)과 시(豉)·해(醢)를 쌀(米[미])·술(酒[주])·꿀(蜜[밀])·기름(油[유]) 등과 함께 납채(納采:폐백)로 135여(轝[거]:손수레)를 보냈다는 기록이 있으니, 이로 미루어 보면 그렇게 추단할 수는 있을 것 같다.

그러나, 제조방법에 대한 기록도 없고, 중국 장사(長沙) 마왕퇴(馬王堆:BC.185~168년)에서 출토된 두시(豆豉:콩장)가 신라 왕릉에서는 발견된 적도 없다. 일반 가정에서 담가 먹었다고 볼 수 있는 흔적이 없는 것이다. 상류 가정에서나마 일상 담가 먹었다면 어찌 장(醬)·시(豉)·해(醢)를 그렇게 많이 폐백으로 보냈겠는가.

당시는 삼국이 676년에 통일되고 당군(唐軍)도 물러 간지 오래여서 온 나라가 정말 오랜만에 안정기에 들어서 있을 때이니, '장'이나 '시'는 고구려 유민에게서나 당나라 군사들에게 배워 만들기 시작 했거나 왕실이 중국에서 수입해 먹었던 것이 아니었나 싶다.

고려 때 초(醋)를 "싱검(生根[생근])"이라 했듯이 최소한 '장(醬)'이란 명칭을 신라 때 이두로 '미조(密祖[밀조])'라고 표기하고 '시(豉)'를 "담북이(冬鐘伊[동종이]:담북장)라고라도 표기했다면 7세기 이전부터 우리는 된장과 간장을 담가 먹었다고 당당히 말할 수 있다.

'미조(密祖)'는 '말장(末醬:메주)'을 이르는 말로 콩을 발효시켜 만든 것인데, 여진(女眞:만주) 사람들은 '미순', 우리는 '미조→며주→메주', 일본 사람들은 이것을 들여다 '미소'라고 불렀다. 학자들은 오늘의 장과는 다른, 간장과 된장으로 발전하기 이전의 어떤 형태였을 것으로 추정하고 있다.

그러나 고려 때 이르러서야 비로소 "장을 '미조'라 한다(醬曰密祖[장왈밀조])"는 기록이 계림유사(鷄林類事)에 보이고 15세기에 이르러야 우리나라에 본격적으로 장이 등장하는데, 1459년 당시 산가요록(山家要錄)의 기록에 따르면 이때의 장은 간장도 아니고 된장도 아닌 질척한 형태의 장이었다.

5) 조선시대 장 담그는 법

세종대왕의 「구황벽곡방(救荒辟穀方)」의 후신이라 할 수 있는 「구황촬요(救荒撮要)」의 '장 담그는 법(沉醬法[침장법])'을 참고해 조선왕조 초·중기의 장이 어떤 형태의 것이었는지 알아보자.

<"더덕이나 도라지의 머리를 따버리고 씻어 말린 다음 방아로 찧고 체로 쳐서 가루를 만든다. 가루를 물에 담가 독기를 우려낸 다음 꼭 짜서 독에 넣는다. 가루가 약 열 말이면 '며주(末醬[말장])'한 두 말을 그 위에 얹고 '소곰(鹽[염])'물은 알맞게 지어 붓는다. 다 익으면 장이 된다.

또 한 가지 방법은 콩깍지를 푹 무르게 삶아 '소곰'을 섞고 사이사이 '며주'를 넣어 담그면 그 장이 가장 좋다. 그렇기는 하지만 '며주'를 안 넣어도 괜찮다. 그러나 반드시 먼저 물에 담가 독기를 뺀 다음 삶아야 한다. 그렇지 않으면 사람을 죽일 수 있다.

또 한 가지 방법은 콩닢을 깨끗이 씻어서 푹 삶는다. 국물이

걸쭉하게 졸여지면 항아리에 가득 담고 소금을 요량하여 섞으면 청장(淸醬)이 된다. 콩장(豆醬[두장])보다 맛있다. 느릅나무 열매로도 장을 담을 수 있다.">

오늘날처럼 메주를 이용해 간장과 된장을 얻는 방법과 고추장(苦椒醬[고초장])·담북장(淸國醬[청국장]:煎豉醬[전시장]) 만드는 방법은 18세기가 되어서야 계발, 유입되는데, 그 방법이 개량 발전하여 오늘날 우리가 먹고 있는 간장과 된장 등이 된 것이다. 그러므로 우리가 오늘 같은 장을 먹은 지는 300년도 채 되지 않는다.

6) ㄹㅎ·ㄴㅎ·ㄴㅈ 받침은 왜정 때 만들어져

끝으로 한 가지 짚고 넘어가야 할 대목이 있다. 항간에 "중국 사람들이 메주(豉시) 뜨는 냄새를 고려취(高麗臭:고린내)라고 했다"는 등 전거도 없는 말을 지어내나 하면 어떤 유식자는 "고린내는 '곯다'에 어원을 둔 순 우리말"이라고 강변한다. 우리말의 표제어를 '다'종지형으로 만들기 위해 왜정(倭政) 때 일부 한글학자가 만든 것이 'ㄹㅎ'받침이라는 사실을 몰라서 하는 소리다. 'ㄹㅎ·ㄴㅎ·ㄴㅈ' 등은 「훈민정음」에 없는 받침이다.

우리말은 원래 '오'종지형의 구조로 되어 있다. 그래서 '고르오 → 고르니 → 고라서'가 되고 '고랐니 → 고랐다 → 고랐어'가 된다. 모두가 살아있는 말이다. 이 순한 우리말을 '다'종지형으로 고치다 보니 '고르오(현재진행형)' 대신 '고르다'라고 할 수 없으니까 'ㄹㅎ'받침을 만들어 '곯다'라는 과거형의 죽은 말(사람들이 쓰지 않는 문어)을 만들어 표제어로 삼고 '곯으니 → 곯아서, 곯았니 → 곯았다 → 곯았어'등으로 쓰게 만들어 놓은 것이다.

7) 고려취(高麗臭)의 진실

그렇다고 고려취(高麗臭)가 꼭 고린내·구린내의 어원이라는 말은 아니다. 박지원(朴趾源)의 설명(熱河日記[열하일기]/口外異聞[구외이문]:麗音離[여음리])대로 조선에서 간 사신들이 몇 달이 걸리는 사행길 내내 옷을 빨아 입거나 목욕을 하지 않아 몸에서 나는 쉰내가 역겨운데다, 발 고린내까지 진동했기 때문에 중국 객주집 하인들이 "아이구, 이 지독한 냄새야!"하는 뜻으로 "쿠리처우(苦力臭[고력취])"라고 했을지 모른다. 누더기를 걸친 채 짐승처럼 살아가던 최하층 막노동꾼들에게서 나던 참기 어려운 땀 냄새를 이르는 말이다.

그 말을 들은 우리의 역졸이나 구종꾼들이 "쿠리처우"라는 말을 "까오리처우(高麗臭[고려취])"로 받아들여 별 생각없이 전파했던 것이라고 볼 수도 있다. 그렇기 때문에 연암(燕巖)은 "역졸이나 구종꾼들이 배운 중국말은 거의 잘못 전해진 말들이다.…그들은 그러한 사실도 깨닫지 못하고 항상 쓴다(驛卒刷驅輩[역졸쇄구배], 所學漢語[소학한어], 皆訛聱[개와오],…渠輩不覺而恒用也[거배불각이항용야])"고 했다.

중국말 "처우(臭[취])"는 '구리다·썩다·추악하다·역겹다·더럽다·지독하다'는 뜻을 갖고 있으니, 일부러 힘써서 구린내나 고린내를 '고려취'라고 할 필요가 없다. "처우웨얼(臭味兒[취미아])"하면 온갖 악취나 구린내가 난다는 말이 된다. 그래서 냄새가 지독해 못 참겠거나, 냄새 때문에 죽겠으면 "처우쓰(臭死 [취사])"라고 말한다.

지금도 중국인들은 한국인을 경멸하여 "조선 놈!, 한국 놈!" 할 때는 '까오리(高麗:고구려)'라는 말을 넣어 "까오리방즈(高 麗棒子[고려봉자]:하찮은 고구려놈)"라고 말하고 '쿠리(苦力[고력])' 의 어원을 한(漢)나라 때 중국으로 잡혀가 노예로 팔렸던 고구 려인들에게서 찾기도 한다.

그러니 조선 사람에게서 나던 나쁜 냄새를 '까오리처우(高麗臭 [고려취])'라고 했을 수는 있다. 그렇지만 같은 한자라 해도 중국 의 발음과 우리의 자음(字音)이 현격히 다른데, 중국인 들이 어 찌 '高麗臭(고려취)'를 우리처럼 '고린내, 구린내'라고 발음했고 그 말이 들어와 우리말로 자리를 잡았겠는가. 말 꾸미기 좋아하는 호사객이 비슷하게 얽어놓은 객쩍은 소리에 불과한 말이다. 더 논할 가치도 없다.

6. 생활용구(生活用具): 수저, 안질개, 의자, 소반

1) 수저 사용 전에는 바닥에 놓고 손으로 뜯어 먹어

한자에 묻어 들어와 우리의 문명을 열고 식문화(食文化)를 살찌운 것이 소금과 배추·무·지 뿐만은 아니다. 지금도 몽고 나 카자흐스탄 등 북방 유목민족의 게르나 유르트로 가보면 그들이 어떻게 끼니를 해결하고 있는지 잘 보여준다. 우리민 족과 DNA가 가장 가깝다는 티벳 사람들 역시 별로 다를 것이 없다. 땅바닥에 음식 그릇 몇 개 벌려 놓고 온 식구가 둘러앉아 맨손으로 쥐고 뜯고 집어먹는다.

우리도 그들과 다르지 않았다. 음식을 먹는 기구 "수저(匙箸:시저)"를 중국에서 들여다 우리말 '가락'을 붙여 "수(匙시:술)가락(숟가락)", "저(箸:저)가락(젓가락)"한 것을 보면, 수저가 우리의 식문화를 발전시키기 이전에는 우리도 "손가락"으로 먹었음을 시사한다.

<여진(女眞) 사람들은 숟가락을 '새비(賽篚)'라고 했다. 나무로 만들었고 길이는 네 치 쯤 되었다.>

2) 안질개 호상은 귀족들의 사치품이었다

박물관에 진열된 굽다리접시(高杯고배)등을 보면 일부 왕가나 귀족들을 제외하고는 모두가 바닥에 음식그릇들을 벌려놓고 둘러앉아(平坐평좌) 손으로 먹었음을 보여준다. 고구려 벽화에도 음식이 차려진 밥상은 보이는데 수저는 보이지 않는다.

중국도 같았다. 기록(中國通史중국통사)에 따르면 "옛날에는 모두 땅에 자리를 깔고 앉았는데, 전국(戰國)때 조무령왕(趙武靈王:BC.340~295)이 비로소 북방 호족(胡族:林胡임호·樓煩누번·東胡동호)의 안질개를 본 떠 '호상(胡床:馬扎마찰)'을 만들어 앉았다"고 했고, "한무제(漢武帝) 때 북번(北蕃:북쪽 속국)의 것을 본떠 교의(交椅)를 만들었는데, 대체로 호상(胡床)과 같았다. 그러나 일반인에게까지 전파되지는 않았다"고 했다.

그러니까 진무제(晉武帝:司馬炎사마염) 태시(泰始태시:265~274

년)이래 중국 귀족이나 부호들에게 없어서는 아니 되는 자랑거리로 크게 유행했다는 '호상(胡床:안질개)'과 '맥반(貊盤:고구려소반)', '맥적(貊炙:고구려 불고기)'이 우리 선대에게서 배워간 생활용구고, 음식이었음은 틀림없어 보인다. 다만 고구려 무용총(舞踊塚)의 접빈도(接賓圖)와 각저총(角觝塚) 풍속도에 보이는 밥상이 '맥반'이라고 불린 기기(器機)였는지 규명할 길은 없다.

호상(胡床:馬扎마찰)은 4개의 막대로 된 'Ⅱ'형태의 구조물 2개를 엇갈리게 짜 맞추어 X자 형태로 벌리면 촘촘하게 엮인 새끼줄이나 가죽이 펴지며 앉을 수 있게 고안된 간이 걸상(繩床승상)이다.

「삼국사기」고구려본기 보장왕 26년 기사 끝에 "학처준(郝處俊)이 안시성 밑에서 호상(胡床)에 걸터앉아 말린 밥을 먹었다"고 했고 「일본서기(日本書紀)」흠명조(欽明條)에 세살메군(三年山郡삼년산군:報恩보은) 싸움에서 패한 백제 성왕(聖王:明王명왕)이 "호상에 걸터앉아 죽었다"했으니, 호상은 삼국 때 이미 널리 쓰였다는 것을 알 수 있다. 그러나 무용총이나 각저총 등 고구려벽화에 그려진 안질개는 등받이가 없는 '걸상(踞床거상)'들 뿐이라 당시 어떤 형태의 것을 호상이라고 했는지 역시 알 길이 없다.

3) 등받이 의자 교의는 아무나 앉을 수 없었다

교의(交椅)는 구조가 비록 호상과 같다고 했으나, 등받이와 발 받침대를 두어 편히 앉을 수 있게 만든 1인용 고급 의자인데, 알아야 할 것은 아무나 앉을 수 있는 물건이 아니었다는 사실이다.

　여러 명의 부인이 밥상 앞 구들에 꿇어앉아 걸상에 걸터앉아 밥상을 받은 남편과 함께 음식을 먹는 각저총벽화의 모습을 보면 당시 왕가에서도 여성들은 걸상에 앉을 수 없었음을 보여주고 있지만, 19세기까지도 우리나라에서는 당상관(堂上官), 즉 장관급이 되어야 교의에 앉을 수 있었다.

　　<기록에 의하면 1797년 2월 25일 이조 판서 이병정(李秉鼎)이 아뢰기를, "대전통편에 당상관은 등받이가 있는 접는 의자인 호상(胡床)에 앉으면 안롱(鞍籠:수레나 가마 등을 덮는 우비)을 든 자가 앞에서 인도하도록 되어 있습니다. 잡기 당상(雜歧堂上)이 비록 첨지나 오위 장을 지냈더라도 어찌 호상에 앉을 수 있겠습니까. 이 뒤로는 문관과 음관으로 도정(都正)을 지낸 자와 무관으로 승지와 총관(摠管)을 지낸 자에 한하고, 이 이외에는 호상에 앉지 못하게 하는 것이 합당합니다."하니, 정조가 윤허하였다.>

　그러니 지체 낮은 사람이 교의에 앉았다가는 당장 관부로 잡혀가 치도곤을 당해야 하는 것이 나라 법이었으니, 어찌 평민이 안질개(胡床호상)엔들 편히 앉을 수 있었겠는가. 흙바닥에 납작 엎드리거나 주저앉는 것이 세상 편한 일이었으니, "재주는 곰이 넘고 돈은 대국 놈이 다 거둬간다"는 속담대로 우리 조상들이 개발한 식탁과 걸상은 남의 나라 주거문화 발전에나 크게 기여한 꼴이 되고 만 셈이다.

4) 소반은 작은 상이 아니라 송반(松盤)에서 생긴 고유명사

기왕 상(床)이야기가 나왔으니 밥상부터 좀 더 알아보자. 요즘은 생활방식이 입식(立式)으로 바뀌어 시골에 가도 재래식 밥상을 보기 힘들게 되었지만 얼마 전까지 쓰던 '소반'을 보면 고구려벽화 속 밥상과 그 형태가 크게 다르지 않다.

문제는 당시 그 기구(器具)들을 무엇이라고 불렀는지 전해지는 이름이 없고 '상(床)'이나 '소반(松盤)', '걸상(踞床)' 등등 한자로 번역되어 기록된 이름과 그 이름이 변전되어 이루어진 명칭만 남아 있으니, 애초부터 우리에게 그러한 기물(器物)의 이름이 있었는지조차 의심하게 만든다.

어떤 이들은 해주반(海州盤)·통영반(統營盤)·전주반(全州盤)·나주반(羅州盤)을 들먹이고 송자반(松子盤)이냐 행자반(杏子盤)이냐를 따지며, 죽 한 그릇도 '개다리소반'에라도 받쳐주어야 먹었다는 양반문화는 그러니까 한자에 묻어 들어와 생성된 풍속일 뿐 우리 고래의 전통이 아니라는 말도 된다.

국어사전에 "소반"을 '작은 바침'이라는 뜻으로 "소반(小盤)"이라고 적어놓아 잘못된 지식이 그대로 이어지고 있지만, 小盤(소반)이 '소반(松盤송반)'이 아니라면 "大盤(대반)"이라는 말도 쓰여야 하는데, 사전에 사어(死語)로 기재되어 있을 뿐 큰 상을 "대반"이라고 하지 않는다. '교자상(交子床)'이라고 한다.

그래서 김삿갓(金笠김립:金炳淵김병연 1880~1922년)도 소반(松盤)이라 했다.

네다리 소반(松盤) 위의 한 그릇 죽은(四脚松盤粥一器[사각송반

죽일기])

　하늘과　구름을　그대로　반사하네(天光雲影共排徊[천광운영공배회]).

　주인양반아! 조금도 민망해 하지 마오(主人莫道無顔色[주인막도무안색])

　나는 본시 물속에 비친 경치를 좋아한다오(吾愛靑山倒水來[오애청산도수래])."

　'소반'이라는 말 자체가 '송반(松盤:소나무반)'이라는 '송'자의 'ㅇ'이 탈락하여 이루어진 말이기 때문이다. 지난 시절 일반이 쓰던 '개다리소반' 등 소반이 모두 소나무로 만들어진 것만 보아도 알 일이다.

　요즘은 전시용으로 괴목(槐木) 소반을 만들기도 하지만, 괴목은 무거워 소반의 재료로 적합한 나무가 아니다. 그래서 예부터 은행나무나 피나무 반(盤)을 꼽았는데 다리 부분은 거의 소나무로 만들었다.

　그러니까 사전에 올라 있는 소반(小盤)·대반(大盤)은 편찬 초기 어휘를 모으는 과정에서 한자(漢字) 기록 속에 '小盤(소반)'·'大盤(대반)'이라는 단어가 나오니까 이것을 상(床)의 이름인줄 잘못 알고 풀이를 덧붙여 갖다 붙인 것이다. 한자 기록 속의 소반(小盤)·대반(大盤)은 '작은상'이나 '큰상'이라고 쓴 보통명사인데 어느 인사가 고유명사로 알고 둔갑시켜 놓은 탓이다. 식자우환(識字憂患)이라 아니할 수 없다.

7. 사라졌고 사라져 가는 것들

1) 시대가 변하면서 말도 변하고 사라져 간다

그러나 '대반(大盤:큰상)', '소반(小盤:작은상)'은 이미 대탁(大卓)·소탁(小卓), 또는 식탁(食卓)으로 바뀌었고 상(床:밥상)은 거의 효용가치가 없어 횃대(옷을 걸 수 있게 가로로 매달아 만든 막대)와 횃대보(횃대에 걸어 놓은 옷을 덮는 큰 보자기), 버들고리(옷을 넣는 데 쓰는 키버들의 가지로 결어 만든 상자)처럼 버려진 상태이니, 얼마안가 그 이름조차 모르거나 없어질 것이다.

"횃대 밑에 더벅머리(자식) 셋이면 날고뛰는 놈도 별 수가 없다"거나 "횃대 밑에서 호랑이 잡고 나가서는 쥐구멍 찾는다 (방 안에서만 큰소리치고 밖에 나가서는 꼼짝도 못한다는 뜻)는 속담도 그래서 요즘은 쓰지 않거나 바뀌어 쓰이고 있다.

아무리 긴요하고 널리 쓰였다 해도 말은 시대의 변화에 따라 바뀌고 없어진다. 고려 때 기록에 "이 닦는 것을 양치(楊支양지)라 한다."고 했지만, 지금은 입을 헹구는 것을 '양치'라고 한다. 버드나무 가지로 이를 닦던 풍습을 말한 것이지만 지금은 그마저 없어지고 '이쑤시개(牙枝아지)'만이 남아 있다.

이미 시렁 위의 고리짝(버들고리)도 볼 수 없게 되었고, 아파트 붙박이장에 밀려 장롱(欌籠)도 애물단지가 되어가고 있는 것이 그러함을 보여 준다. 그 옛날 생활필수품이었던 '따비(풀을 뽑거나 밭을 가는 데 쓰는 농기구)'와 '가래(흙을 파거나 떠서 던지는 기구)'

처럼 물품이 없어지며 이름도 따라 사라지는 것이다.

  <이라크 남부 텔로(Telloh)에서는 1877~1933년 우바이드기(BC 5200~500년) 라가시 도시유적에서 BC 3000년대 수메르의 중요한 사실이 기록된 5만여 점의 쐐기문자 점토판(粘土板)이 발굴되었는데, 출토된 지 100년이 넘도록 아직 완전 해독되지 못하고 있다.

  한자(漢字)처럼 뜻글자로 되어 있다면 아무리 오래되어도 그 뜻을 금방 해독할 수 있지만 쐐기문자는 우리글처럼 소리글자로 되어 있어 세월이 지나면 그 말이 없어지는 속성 때문에 많은 연구를 하지 않는 이상, 읽을 수는 있으나 그 뜻이 무엇인지 알 수 없기 때문이다.>

2) 집시처럼 전국을 떠돌던 사람 무자리, 양수척(揚水尺)

'고리짝' 이야기가 나왔으니 알고 넘어가야 할 대목이 있다. 그 옛날 우리 주위에는 '양수척(揚水尺)'이라고 불리는 사람들이 살고 있었다. 고리나 결어(씨와 날이 서로 어긋나게 엮어 짜서) 팔고 짐승이나 잡던 '무자리(후삼국·고려 시대에, 떠돌아다니면서 천업에 종사하던 무리)'를 이르는 말이다. 우리나라 전래의 집시 같던 불가촉천민(不可觸賤民)으로 이방인처럼 취급해 부역(賦役)도 안 시켰던 무리다.

후삼국 시대부터 조선조까지 물길을 따라 떠돌면서 사냥을 하거나 목축을 하고 키버들(고리버들)을 잘라 고리나 키를 만들어 팔거나 도축을 해 팔며 살아왔다. 갖바치(皮革피혁)도 그들이 하던 일이었다.

광대(廣大)와 백정(白丁)·기생(妓生)이 이들에게서 비롯되었다고 알려지고 있다. 여기서 기생이라는 것은 춤도 추고 소리도 하는 광대 보조로 유력가나 토호 부잣집 잔치에 불려가 술 시중도 들고 몸도 팔던 여성을 말한다. 생김새가 약간 달랐던 여진의 포로나 귀화 야인(野人)들이었는데, 조선조 중후반 정착생활을 하며 차차 동화되어 같은 국민이 된 것으로 보인다.

지금은 '무자리(揚水尺)'라는 집시들이 전국을 떠돌았다는 것을 안다는 것이 오히려 비정상으로 비칠 정도가 되고 있으니, 고리 속에 갈무리하던 잠방이(가랑이가 무릎까지 내려오도록 짧게 만든 홑바지)와 적삼(윗도리에 입는 홑옷)을 분간 못하는 것은 당연한 일이다.

3) 사라져간 농기구와 안방가구

방안 온갖 틈새에 바글거리던 빈대(집안 문틈에 살면서 흡혈하던 몸길이는 6.5~9mm 곤충)도 없어진지 반세기가 훌쩍 넘었으니, 고려 때 빈대를 '갈보(蝎甫)라고 불렸다는 것을 어찌 알겠는가. 더욱이 농사꾼들마저 '따비'와 '가래'가 괭이(坑-)와 삽(揷)으로 바뀐 내력을 알려고 하지 않는데, 일반 국민이 보습(넓적한 삽 모양의 쟁기)과 흙쟁이(흙쟁기)·도리깨(곡식의 낟알을 떠는 데 쓰는 농기구)가 무슨 소용이 있어 두고두고 기억하려 하겠는가.

「흥부전」의 놀부가 뺏어 지고 가며 그토록 좋아하던 화초장(畫角欌:화각장), '반다지' 자개장(螺鈿欌:나전장)·괴목장(槐木欌:괴목장)·먹감장(烏枾木欌:오시목장) 등도 그래서 우리의 생활에서 거의 사라졌다. 아무리 괴목 혹 판과 물푸레 등걸(뿌리가 달린

줄기부분) 판에 오동나무를 받쳐 화려한 무늬가 극치를 이루었다 해도 골동품 상점이나 박물관으로나 가야 볼 수 있는 고가구가 되어 있을 뿐이니 일부 애호가들 이외에 무슨 소용이 닿아 대중의 마음을 사로잡고 실생활 속으로 다시 들어올 수 있겠는가.

안방가구들만 그런 것이 아니다. 서가(書架)·서안(書案:책상)·문갑(文匣)·연상(硯床) 등등 사랑방 가구도 다를 것이 없다. 경상(經床)→서안(書案)이라고 불리던 안질뱅이 책상(冊床)이 지금은 형태도 쓸모도 완전히 다르게 입식으로 바뀌었는데도 "서탁(書卓)이나 책탁(冊卓)"이라고 안하고 여전히 '책상'이라고 부르는 것이 이상할 따름이다.

제3장
인칭(人稱)과 관한 것

  유사 이래 우리에게도 분명히 사람 따라 부르던
호칭이 있었겠지만 전해지는 말이 없다.
  고려때 이르러서야 비로소 우리에게는 한아비(할
아버지)·한아미(할머니)·아비(아버지)·아미(어머니)·아
자비(아저씨)·아자미(아주머니)·아슈(아우)·아지(여동
생)·아춘(며느리)·사회(남편)·시비(아내)·아돌(아들)·보
달(뚤:딸)·아춘아달(손자)이라는 가족명칭과 늙은이를
'조근(ㅋ斤:조그라든)', 젊은이를 '아퇴(亞退:아티)'라
고 했다는 기록이 계림유사(鷄林類事)에 나타난다.

1. 고려이전 전해오는 가족관계 호칭이 없다

'나'가 있으면 '너'가 있고 '그'가 있으면 '우리'가 있다. 그래서 가족이 형성되고 사회가 이루어진다. 가족(근친)이나 인척간 호칭은 그로 인해 생겨나며 가지 수를 늘려갔다.

우리가 지금 쓰고 있는 남자(男子)나 여자(女子), 조부(祖父)나 조모(祖母), 부친(父親)·모친(母親), 숙부(叔父)·숙모(叔母), 형(兄)·형수(兄嫂)·동생(同生)·제수(弟嫂)·형제(兄弟)·자매(姉妹)·고모(姑母)·고모부(姑母夫)·이모(姨母)·이모부(姨母夫)·조카(足下)·손자(孫子)·외숙(外叔)·외숙모(外叔母) 등등의 말은 없었다.

유사 이래 우리에게도 분명히 사람 따라 부르던 호칭이 있었겠지만 전해지는 말이 없다. 父(부)·母(모) 등 한자의 뜻으로 기록된 명칭만 보일뿐 고려 이전 소리(음)를 따 기록한 호칭은 '아모', '엄' 이외에 없기 때문에 삼국 이전 우리는 아버지·할아버지를 무어라고 불렀는지 알 수가 없다.

그만큼 우리말은 한자에 붙어 생명을 유지하며 한자에 동화해 뜻은 같으나 소리가 다른 중국 명칭들로 굳어져 왔다. 요즘 젊은이들이 아버지·어머니, 아내·남편이라는 말보다 '파더(father)'·'마더(mother)'·'와이프(wife)'·'허즈번드(husband, hubby)'라는 말을 즐겨 쓰듯 옛사람들도 그렇게 하여 빚어진 결과이다.

고려 때 이르러서야 비로소 우리에게는 한아비(할아버지)·한
아미(할머니)·아비(아버지)·아미(어머니)·아자비(아저씨)·아자미(아주
머니)·아수(아우)·아지(여동생)·아춘(며느리)·사회(남편)·시비(아내)·아
둘(아들)·보달(뿔:딸)·아춘아달(손자)이라는 가족명칭과 늙은이를
'조근(ㅋ斤:조그라든)', 젊은이를 '아퇴(亞退:아티)'라고 했다는 기
록이 계림유사(鷄林類事)에 나타나는데, 여기에 한 치 건너
'큰'이나 '작은'이란 말을 덧씌우면 인척간 호칭마저 더 이상
필요하지 않았을 것 같다.

 <몽고에서는 할아버지를 '어부그(於付居)', 할머니를 '투록선어
 마그(偸彔仙於麻居)', 아버지를 '어야그(於冶居)', 아빠를 '아부
 (兒付)', 어머니를 '어거(於巨)' 또는 '어지(於只)', 아내는 '어마
 (於麽)', 형은 '아하(兒何)'라고 했고 타타르에서는 아버지를 '어
 지그(額直革)', 어머니(母)를 '어그(額克)', 큰아버지를 '아빈(阿
 賓)', 아빠를 '아부지(阿不子)' 엄마를 '아마걱(我麻個克)'이라고
 했다.>

2. 아내에 대한 호칭 하님, 시비, 마누라, 아내

고려시대에 아내를 또 '하눔(하님)'이라고도 했는데 이 말은
서·남아시아의 왕족이나 귀족 여성을 일컫던 호칭으로, 군주(君
主), 또는 통치자(칸)라는 호칭과 대비되는 여성존칭이다. 중세
몽골에서 널리 사용되었다. 지금도 우르두(Urdu)어 권에서는 "여
성(부인)"을 뜻한다.

1) 비비하님을 사랑한 건축가 이야기

티무르 제국의 황후 '비비 하님(Bibi-Khanym)'이 바로 "최고의 여성"이라는 뜻으로 붙은 이름인데, 그녀는 몽골제국 4개 한국중 하나인 서차가타이(西察合台서찰합태) 한국의 칸(汗: 술탄) '카잔 칸' 이븐 야사우르(Qazan Khan Ibn Yasaur)의 딸 사라이 물크 하눔(Saray Mulk Khanum:1343~1406:왕궁 재산의 여주인이란 뜻)이었다. 우즈베키스탄 사마르칸트에는 아직도 그녀의 모스크가 남아 있다.

<1399년 인도 원정에서 돌아온 티무르는 가장 사랑하는 아내 비비하님을 위해 세계에서 가장 크고 높은 모스크를 짓고자 결심하고 200여명의 기술자와 500여명의 노동자, 95마리의 코끼리를 동원하여 직접 공사를 독려했다.

티무르는 준공을 기다리지 못하고 아랍으로 원정을 떠났는데, 그 때 페르시아에서 온 한 건축가는 비비하님을 사모하여 단 한번의 키스를 간청하며 공사를 지연시켰다. 그녀는 갖가지 빛깔을 아름답게 칠한 여러 개의 계란을 보내주며 "겉으로 보기에는 각기 다르지만 맛은 똑같으니 시녀들 중에서 하나를 고르라"고 거절했다.

그러자 건축가는 컵 2개를 보내며 "한쪽에는 물, 다른 한쪽에는 술이 들어있습니다. 겉으로 보기에는 똑같지만 술은 물과 다르게 사람의 마음을 고혹시킵니다."라고 했다. '다른 사람 눈에는 (여자가) 모두 같아 보일지 모르지만 님을 사모하는 나의 마음은 다릅니다.'라는 뜻이었다. 그래서 비비하님은 키스를 허락했다.

그 키스자국이 멍이 되어 지워지지 않았다. 아랍원정을 마치고 돌아온 티무르는 비비하님의 얼굴에 난 멍을 보고 이유를 물었다. 그녀는 사실대로 고했다. 티무르는 건축가를 잡아다 모스크 위에서 떨어뜨려 죽였다. 비비하님도 3일 후에 같은 방식으로 처형했다.>

2) 아내에 대한 호칭 '시비' '마누라' '부인'

문제는 고려 때 아내에 대한 정식호칭이었다는 "시비"가 '몸종'이라는 한자말 '侍婢(시비)'에서 온 말인지 아니면 어떻게 이루어진 말인지 알 수 없지만 그 소리를 어찌 들으면 소스라쳐 놀라게 한다. 절구통처럼 인격이 완전히 무시된 채 다만 '섹스도구'로 인식된 듯한 말로 들린다는 것이다.

그에 대한 반작용의 영향이었는지 조선조 말부터는 아내를 "마누라"라고 불렀다. 마누라는 "말루하(抹樓下:마노라)"가 변해 된 말로 대대 마노라, 대전 마노라, 선왕 마노라 처럼 왕이나 왕비를 이르던, 마마와 혼용되어 쓰이던 극 존칭어였는데 이 말을 가져다 붙인 것이다.

명칭으로 따진다면 이보다 더 여성숭배적인 말은 없을 듯하다. 그러나 이 말마저 그 의미가 점점 낮아지다 '과일가게 마누라(毛廛抹樓下모전말루하)', '분가게 마누라(粉廛抹樓下분전말루하)'로 곤두박질치더니 '부인(夫人)'이 오히려 높은 말인 것처럼 인식되고 있다.

<'마누라'는 "고려 후기 몽골에서 들어온 말"이라는 설이 있으나 전거를 찾을 수 없다. 그보다 '마누라'는 '抹樓下(말루하)'가

변전되어 이루어진 말로 우리말 '마루[宗]'를 한자를 빌어 적은 것이라는 설도 있다. 1600년 「계축일기(癸丑日記)」에 '抹樓下(말루하)'가 '마노라'로 기록되며 '마마'와 함께 임금과 대비(大妃)를 의미하는 극존칭으로 쓰이다가 세자빈, 상전, 마님을 일컫는 말로 바뀌고 여러 차례의 의미 변화를 거쳐 1812년 「어수록(禦睡錄:僧止兩祝승지양축」)에 이르면 '모전·분전마누하(毛塵粉塵抹樓下)'라고 하여 '전방 마누라'로 격하된다. 지금은 아내나 중년 여성을 속되게 이르는 말로 쓰인다.>

부인(夫人)이라는 뜻의 '아내'라는 말이 언제 생겨났는지 모르지만, 조선조 중종 13년(1518) 간행된 「번역소학」에 '안해(呂榮公의 안해 張 夫人는)'라는 어휘가 처음 기록되는 것으로 보아 조선조 중기에 생겨난 말로 보인다. 이 말의 '안'은 집안(家內)을 뜻하고, '해'는 "니해(너의 것)", "내해(나의 것)" 하는 것처럼 여성을 소유물로 인식하여 '안의 것'이라는 의미로 생성된 말이다.

3) '가시내'는 각시가 될 아이라는 뜻

「월인석보(月印釋譜)」 등을 보면 15세기 이전에는 아내를 '가시(夫는 샤오이오 妻는 가시라)'라고 불렀다. '갓(妻)'이라는 말이 늘어 이루어진 말이다. 「예종실록(睿宗實錄:元年)」에도 "항간에서는 희첩을 '가시'라고 한다(俗號姬妾爲加氏)"고 기록되어 있다.

더러 운위되는 '각시(各氏,閣氏)'와 같은 말이다. '가시'가 변하여 이루어진 말로 여기에 '새'자를 덧붙여 막 결혼한 여성을 '새각시'라고 일렀고, 이 '새각시'라는 말은 또 줄어 '색시'라는 말로 변전되어 나타났다.

'가시아이 → 가시나이 → 가시내 → 간나' 등은 '가시'라는 말에 '아이'가 붙어 이루어진 말인데, "가시가 될 아이", 즉 남의 아내가 될 아이라는 뜻이다. 일부 지방에서 쓰이는 '지지바, 지지배'라는 말은 '겨집(계집), 겨집애(계집애)'라는 말의 ㄱ과 ㅈ이 서로 갈마들며 변전된 호칭이다.

3. 삼국시대 왕비에 대한 호칭 '얼루'와 '부인'과 '복금'

그렇다면 삼국시대에는 왕비를 무엇이라고 불렀을까. 고구려에서는 왕을 '가(加:ga)', 또는 '가이(皆:kay)'라고 불렀다는 것이 정설이지만 어디에도 그렇게 불렀다는 기록은 없다. 개화기 신채호(申采浩)의 '개왕동의설(皆王同意說)'에 따른 것으로 보이나 반은 맞고 반은 틀린 말이다.

부여(夫餘)의 주인이 여러 '가(加:왕)'를 임명하여 거느리고 있는 것을 볼 때, 나라 주인(國主국주)은 중국의 천자(황제)와 같은 개념의 왕이었던 것으로 보이나 무엇이라 불렀는지 추구할 길이 막혀 있고, 고구려의 국주(國主) 역시 여러 '가(加)'와 '고추가(古雛加)'를 거느리고 있던 황제 같은 개념의 왕(王:천자)으로 궁호(宮號) 등을 참고할 때 '울루(얼루)'라고 불렀던 것이 확실해 보인다. 황후는 '울루'라고 불렀을 개연성이 크다.

백제가 왕을 '얼라야(於羅瑕:올ᄅ)'라고 하고 왕비를 '얼루(於陸:올루)'라고 불렀던 것이 고구려를 모방한 것이 확실해 보이기 때문이다.

신라와 가야는 '불그뉘칸(赫居世干[혁거세간]-弗矩內干[불구내간]:누리[세상]를 밝게 하는 황제)'이후 차차웅(次次雄) → 니사금(尼師今:尼叱今) → 마립간(麻立干)으로 이어지고, 가야는 나도칸(我刀干) → 너도칸(汝刀干) → 그도칸(彼刀干) 등에 이어 '아라수리칸(金首露干[김수로간]:태양 같은 황제)'으로 이어졌지만 선비가 '카한(可汗:칸)'의 적처를 '카둔(可敦)'이라고 한 것과는 달리 '카둔'이라고 하지 않고 그냥 '부인'이라고 했다. 불그뉘칸(赫居世干:혁거세칸)의 부인이 '알라곳부리부인(關英夫人:알령부인)'인 것을 보면 알 수 있다.

<가야 아라수리칸(金首露干)의 부인을 후대에 '허왕후(許王后)'라고 기록했지만 「가락국기」에 그의 호칭에 대한 기록이 없는 점으로 보아 당시에는 역시 '부인(夫人)'이라고 불렸을 것으로 보인다. 허왕후는 자신이 아유타국(阿踰陀國)의 공주 허홍옥(許黃玉)이라고 했는데, 실제로 인도에는 기원전 6세기경 번성했던 16개 도시국가 중 '코살라(Kosala)'라는 나라가 있었고 이 나라의 첫 수도가 '아요디아'였다고 한다.

그가 어떻게 가야까지 올 수 있었느냐에 대해서는 여러 가지 설이 있다. '가야'는 인도 드라비다어(타밀어)로 '물고기'를 뜻하는 말이다. 김해에 있는 수로왕과 허왕후 합장릉의 정문(納陵正門[납을정문])에는 그래서 인도 아요디아국의 문장(神魚像)이라는 쌍어문(雙魚紋)이 그려져 있다. 흰 3층 석탑(파사석탑)을 가

운데 두고 두 마리의 물고기가 서로 마주보는 형상이다.

또 왕릉 밖에 있는 비석 머리에는 태양문(太陽紋)과 신어문(神魚紋)이 함께 그려져 있는데, 바로 태양처럼 밝고 높고 따뜻한 왕이라는 뜻의 알라수리칸(金首露干)과 허황후(許皇后)가 함께 묻혀 있다는 것을 상징하는 문장이다.>

구한국 말까지 우리나라의 멱 줄을 잡고 쥐락펴락했던 청(淸)나라에서는 황후와 비빈(妃嬪)들을 '푸진(福晉[복진]·福金[복금]:Fujin)', 또는 '거거(格格[격격]:gege)'라고 했는데, 嫡(적)·側(측)자 등을 덧씌워 신분의 높낮이를 표시했다. 우리나라 이북 출신 여성 중에 '복금(福金)'이라는 이름이 많았던 것은 아마도 여진말 '福金(푸진)'의 영향 때문이 아니었나 싶다.

4. '여보'는 사위를 가리키는 '여부(女夫)'에서 생긴 말

요즘 내외간에 흔히 쓰이는 '여보'라는 호칭을 두고 한글전용론자들은 "'여기 보시오'가 줄어 된 말"이라거나 "'여보시오'의 낮춘 말"이라고 주장하고 있지만 천만의 말씀이다. 아무리 가까운 사이라 하더라도 "여기 보시오, 여보시오, 여봐요, 여봐!" 할 사람과 "여보!" 할 사람이 완전히 다른 것만 보아도 알 일이다. '여보'와 '여보시오'는 생겨난 뿌리가 다르기 때문이다.

'여보'는 '女夫(여부)'라는 한자말이 변하여 이루어진 말이다. 원래는 사위(壻서)를 이르는 보통명사였는데, 그 말이 "여부, 여부"하다가 '여보'로 바뀌어 내외간의 호칭으로 굳은 것이다.

15세기(성종 7년-1476) 간행된 우리나라 최초의 족보(安東權氏成化譜안동권씨성화보-徐居正序서거정서)가 그러한 사실을 전하고 있다. 요즘처럼 "子 ○○(이름), 女 壻○○○(성명)"라고 쓰지 않고, 딸을 기록할 때는 "女夫(여부)"라고 쓴 다음 사위의 성명을 기록했다. 이 호칭은 장인·장모를 비롯하여 처가의 온 식구가 사위를 이르는 호칭으로 썼음을 보여주고 있다.

<이 족보의 편제는 요즘 족보들보다 매우 진취적이다. 출생 순서에 따라 아들·딸은 물론 친손·외손을 모두 실었는데, 적서(嫡庶)를 구분하지 않았다. 딸이 재가(再嫁)한 경우 전부(前夫)·후부(後夫)를 모두 기록하여 부끄럽게 여기지 않았음을 보여준다. 또 아들·딸이 부모의 재산을 똑같이 상속받은 경우가 많았고 그에 따라 제사도 돌아가면서 지내거나 책임을 분담했다.>

5. '아씨'는 '아기씨'가 줄어서 된 말로 알씨와 관련 없다

지난시절 일부 학자는 우리말 '아씨'가 흉노(匈奴), 또는 선비(鮮卑)가 아내나 첩을 이르던 '알씨(閼氏)'라는 말이 변하여 이루어진 것이라고 해석했다. 그러나 '아씨'는 '아기씨'가 줄어서 된 말로 '알씨'와는 아무런 상관이 없다.

'알씨(閼氏)'는 몽고(Tümed)말 '이엔지(ienzhi)'를 한자로 '얀지'라고 음사해 놓은 것으로 '연지꽃(烟脂花)', 즉 홍화(紅

花)를 가리키는 말이다. 여기에 'ㄴ(n)'만 덧붙이면 '여주인', 또는 '애들 어머니'라는 말 '이엔진(ienjin)'이 된다. 연지처럼 아름답고 사랑스럽다고 해서 붙인 호칭이다.

몽고말 '이엔지(연지)'나 중국말 '얀지(閼氏)'가 들어와 우리 말 '아씨'가 될 수 없다는 것은 이를 보면 알 수 있다.

6. 남편의 신분에 따른 아내의 호칭

중국 사람들은 일반적으로 남편을 '장푸(丈夫)' 또는 '한지 (漢子)'라 하고 아내를 '치지(妻子)', 또는 '라오퍼(老婆)'라고 한다. 그러나 지방 따라 계층 따라 아내를 이르는 호칭은 다 양하다. 지난 시절 우리의 지도층이 가끔 수입해 썼던 호칭이 아직까지 통용되기도 한다. 그 예는 다음과 같다.

부인(夫人 → 푸런):고위 관리의 아내에 대한 호칭.

우처(愚妻 → 위치)·졸처(拙妻:줘치):문인의 아내에 대한 호칭

집추(執帚 → 지저우):선비의 아내에 대한 호칭

천내(賤內 → 쳰네이):천한 안 것. 상인의 아내에 대한 호칭

낭자(娘子 → 냥지):고지식한 학자의 아내에 대한 호칭

노반(老伴 → 라오반):짝. 늙은이들의 아내에 대한 호칭

내자(內子 → 누이지):안사람. 대만 사람들의 아내에 대한 호 칭

나구자(那口子→나커우지):안식구. 순 토박이들의 아내에 대한 호칭

가리적(家裏的→쟈리더):집안 것. 허베이 사람의 아내에 대한 호칭

당객(堂客→당커):당상 손님. 쓰촨 사람들의 아내에 대한 호칭

노파자(老婆子→라오퍼지):동북 사람들의 아내에 대한 호칭

해타랑(孩他娘→하이타냥):애들 에미. 북방 사람의 아내에 대한 호칭

7. 심양에서 환속해 돌아온 여자 환향녀

이처럼 부부는 가족구성원의 핵이며 평생의 동반자인데도 지방 따라 사람 따라 그 인식도는 천차만별이다. 우리도 아내를 소유물로 인식하여 옥죄고 학대하다 제 잘못을 아내에게 덮어씌워 못할 짓까지 저지른 예가 많다. 그 대표적인 것이 환향녀(還鄕女)이다.

남편이라는 자가 저만 살겠다고 아내를 팽개친 채 달아나 놓고는 적군에게 잡혀 갔다 가까스로 돌아온 아내를 "죽지 않고 돌아왔다"고 맨몸으로 내쫓아 화냥질 밖에 할 수 없게 만들기도 했다.

<'환향녀'는 병자호란이 끝난 후 청군에게 잡혀 심양(瀋陽)으로

끌려갔다가 몸값을 물고 놓여나 돌아온 여성들을 가리키는 말이다.

병자호란은 비록 한 달 남짓한 짧은 전쟁이었지만 피해는 임진왜란에 못지않았다. 그래서 전쟁이 끝나자 가장 심각하게 떠오른 문제가 수많은 고아들을 어떻게 거두어 기를 것인가 하는 것이었고 청군에게 잡혀 끌려간 수만 명(50만 명이란 기록도 있다)의 남녀를 어떻게 도로 사올 것(贖還속환)인가 하는 문제였다.

청군은 사로잡은 남녀노소를 전리품으로 보고 몸값을 많이 받을 수 있는 왕족이나 양반의 부녀자를 많이 잡아가려 하였으나 잡혀간 사람들은 대부분 몸값도 제대로 마련할 수 없는 가난한 사람들이었다. 몸값은 싼 경우 1인당 25~30냥이었으나 150~250냥까지 치솟았고 신분에 따라 1,500냥에 달했다.

청군은 잡아온 남녀노소를 노예로 삼아 멋대로 부려먹고 갖고 놀다가 일부는 몸값을 받고 놓아 주어 돌아올 수 있었다. 그 돌아온 여성들을 우리는 '환향녀(還鄕女)'라고 불렀는데 "몸을 더럽힌 채 죽지 않고 돌아온 것은 조상에 죄를 짓는 것"이라 하여 이혼 문제 등 큰 정치·사회 문제로 대두되었다.

조정에서는 서대문밖 홍제천 길목에 못을 파고 그곳에서 목욕을 하고 나오면 잡혀가기 이전의 '깨끗한 몸으로 인정'해 주기로 했으나 많은 환향녀가 버려진 채 모진 목숨을 이어가기 위해서는 정말로 '화냥질' 밖에 할 것이 없게 되기도 했다.>

제4장
인체(人體)에 관한 것

머리 꼭대기를 '정수리'라고도 하는데 이 말은, 꼭대기를 의미하는 한자말 '頂(정)'에 높은 곳을 이르는 전래의 말 '수리'가 붙어 이루어진 겹말로 "꼭대기, 높은 곳"이라는 뜻이다.

수리는 높고 험하다는 뜻으로, 수리뫼가 수락산(水落山:수리뫼)·설악산(雪嶽山:서리뫼)·속리산(俗離山:소리뫼)으로 이두표기 되고, 높고 험한 재가 '수리재(車峴:차현)'라고 이두표기 되었다는 것은 잘 알려진 사실이다.

원시 이래 아직까지 원형 가까이 보존되고 있는 우리말은 인체(人體) 각 장기에 대한 명칭이 아닌가 싶다. 거의 해부학적 수준으로 명칭이 자세하게 남아 있다. 수렵생활에 기인한 영향이 컸던 데 따른 것으로 보인다. 요즘은 일부 명칭이 비어화(卑語化) 하여 대부분 한자말로 바뀌어 쓰이고 있지만 우리말은 그렇지 않았다. 없어지거나 뜻을 모르게 된 말이 많다.

1. 대갈머리와 정수리

"대갈머리"부터 우선 살펴보자. "대갈(대가리:다갈)"의 '대'는 '동그랗게 올려 솟은 곳'이라는 뜻의 말이고 '갈'은 '가락'이 변한 말로 '머리털이 붙어 있는 것'을 뜻하는 말이며 "머리"는 '마루→마리'로 변전되는 말로 '마테(麻帝마제)'가 되기도 했는데 '가장 숭고하고 중요한 곳'이라는 뜻의 말이다.

그러니까 '대갈머리'는 "동그랗게 생기고 머리털이 있는 가장 숭고하고 중요한 곳"이라는 뜻의 말이고 '대갈박'은 "둥그렇게 생긴 바가지"라는 뜻으로 해골의 형태를 함축하고 있는 말인데, 한자말 頭上(두상)'이 들어와 함께 쓰이면서 대갈머리나 대갈박, 대가리는 천한 말이 되어 짐승에게나 붙여 쓰는 말, 또는 비어로 전락하여 욕설화 되기에 이르렀다. 그래서 지금도 '두상'은 점잖은 말 대접을 받고 '머리'는 일반용어쯤으로 치부된다.

머리 꼭대기를 '정수리'라고도 하는데 이 말은, 꼭대기를 의미하는 한자말 '頂(정)'에 높은 곳을 이르는 전래의 말 '수리'가 붙어 이루어진 겹말로 "꼭대기, 높은 곳"이라는 뜻이다. 수리는 높고 험하다는 뜻으로, 수리뫼가 수락산(水落山:수리뫼)·설악산(雪嶽山:서리뫼)·속리산(俗離山:소리뫼)으로 이두표기 되고, 높고 험한 재가 '수리재(車峴:차현)'라고 이두표기 되었다는 것은 잘 알려진 사실이다.

2. 머리카락과 눈썹 그리고 수염과 털

'후시(核試핵시) → 수시(숳)'로 불리던 '머리카락'은 "마루+가락"이 변전되며 경화한 말로 "가장 숭고하고 중요한 곳에 올올이 뻗어난 가락"이라는 뜻이고 '눈썹(썹)'은 눈 위에 있는 '섭(섶)'이라는 뜻인데, 섶(薪)은 키가 작고 많은 가지가 밑동에서 나와 우거진 '키 작은 나무숲', 또는 '땔 나무숲'을 이르는 말이다. 검부지기라는 뜻의 '검불'이 변전된 말 '거웃'이 치모(恥毛:불거웃)'가 된 것도 그러한 예이다.

수염은 '나룻'이라고 했는데, 물고기의 가슴지느러미를 '나라미'라고 한 것을 보면 그 어원을 짐작할 수 있다. 왜 이렇게 체모의 명칭이 난 곳에 따라 다르고 다양했는지 알 길은 없다.

현재 총칭으로 쓰이는 '털(터럭)'은 '수염'과 함께 원래의 우리말이 아니다. 수염(鬚髥)은 한자에 묻어 들어온 중국말이고 터럭(털)은 '투륵(禿黑)'에서 변전된 몽고말이다.

자작나무 장대 끝에 갈기털이 풍성하게 늘어진, 쇠와 은·가죽으로 장식된 조형물을 투룩이라고 했는데, 옛날 몽고인 들이 세워놓고 하늘에 소원을 빌던 도구였다. 갈기털 빛깔에 따라 '차강투룩(査干禿黑)'·카라투룩(哈刺禿黑)·알락투룩(阿刺黑禿黑)으로 불렸는데, '차강'은 흰색, '카라'는 검은 색, '알락'은 희고 검은 색이 얼룩진 것을 말했다. 오늘날 몽고 도처 돌더미(오보) 위에도 이와 비슷한 것이 꽂혀 있다.

여러 가지 밝은 빛깔의 점이나 줄 따위 무늬가 고르게 촘촘한 것을 '알락알락하다'라고 쓰고 '알라갈라카다'라고 읽는다. 알락투룩과 카라투룩에서 연유했을 개연성이 있고 알록달록의 어원일 수도 있다.

3. 생식기

마는 남쪽과 앞쪽을 가리키는 순 우리말이니 "마박(이마박)"은 '앞 바가지'라는 의미이고 남성의 심벌(陰莖)은 "불대"라고 했다. '뜨거운 대궁'이라는 뜻이다. 지금도 일부 지방에서는 까닭 없이 들이대며 불쑥불쑥 성을 내는 것을 "뿔대 낸다."고 하는데 조정래의 소설 한강에서도 "담임 뿔대났잖아."란 표현이 나온다. 그 말이 바로 불대에서 온 말인데 사전에도 나오지 않는 우리말이다.

요즘도 그렇지만, 옛날에도 치부의 명칭을 직접 입에 올리는 것은 껄끄러운 일이었다. 그래서 어떻게 들어보면 '자지'와 비슷하게 들리는 중국말 '차오지(雀子작자:참새)'를 들여다 쓰다 보니 우리말은 점점 사라져 아는 사람이 드물게 되었고 은어 (隱語)처럼 쓰이던 '차오지'라는 명칭도 "작자(雀子) → 작지 → 자지"로 변전되며 비어화(卑語化)하자 식자(識者)들은 어쩔 수 없이 그냥 '새'라는 뜻으로 한자말 "조(鳥)"라고 했다. 그러나 이 '조'마저 '좃 → 좆'으로 바뀌며 욕설화 되기에 이른 것이다. 지금은 음경(陰莖), 또는 '페니스'라는 서양말을 쓰거나 밑도 끝도 없는 '거시기'라는 말로 얼버무리고 있다.

그러나 여성치부에 대한 우리말은 영영 잃어져 찾을 수 없게 되어 있다. 어떤 이는 동물(암캐) 생식기가 운위되는 속담(개 ○에 보리알 끼듯) 등으로 미루어 보아 원래 "십"으로 불리던 것이 "씹"으로 변전되어 경음화(硬音化)한 것으로 보기도 하고 '불알'의 경우처럼 음핵(陰核)을 "공알"이라고 하니까 음호(陰戶)를 "공"이라고 하지 않았을까 의심하기도 한다.

어쨌거나 그 말도 직접 거론하기가 어려워 중국말 '비지(屄子:비자)'를 들여다 은어처럼 써 왔는데, 그 말마저 "보지"로 변전되며 불가촉의 비어화 하여 요즘은 그냥 '중요부위' 쯤으로 넘어간다.

4. 오장육부에 있는 우리말이 심장에는 없다

우리 인체의 여러 장기인 폐(肺폐)는 허파, 간(肝애:간)은 애, 위(胃위)는 밥집/보사리감투, 담(膽담)은 쓸개, 비장(脾비)은 지라, 췌장(膵췌) 이자, 창자(腸子창자)는 밸, 신장(腎신)은 콩팥, 방광(膀胱방광)은 오줌집, 자궁(子宮자궁)은 아기집 등등과 같이 이름이 다 있는데 심장에는 우리말이 없다.

인체의 가장 중요한 장기인 심장(心臟)에 대한 원래의 우리말이 없어진 것이다. 오직 "염통(념통)"이라는 말이 있는데 이것은 念筒(염통)이라는 한자말일 뿐 전래의 우리말이 아니다. '심장'이라는 말처럼 '생각이 나오는 통'이라는 뜻으로 이루어진 말이다. 보(褓)나 통(桶·筒)은 원래의 우리말에 없었다.

수렵시대 이래 짐승을 잡아 배를 가르고 각을 뜨거나, 생피를 마시기 위해 미처 죽지 않은 짐승의 가슴을 열고 벌떡이는 심장에서 뿜어나는 피를 퍼낸 것이 사내들의 일상이었으니, '피풀무'라거나 '피집' 같은 말이 아니면 '벌떡이'라는 이름이라도 붙여 불렀음 직한데 까맣게 잊혀지고 전해지는 것이 없다.

아마도 잠시도 진중하지 못하고 까분다는 식의 부정적 이미지의 이름이 붙어 있어 기피했기 때문에 염통이라고 새로 만든 한자이름이 본이름이 된 것이 아닌가 싶다.

제5장
알(태양:하느님)에 관한 것

태양을 뜻하는 '알→아르'는 무함마드가 태어나기 오래전에 이미 '하느님'이라는 뜻을 갖게 되며 '알라'가 되었고, 우리에게는 '밝은 알' '환한 알' 즉 '흰알(白卵)'이라는 뜻으로 이해되면서 '환한 알'이 곧 '한알→하날→하날님', '한울→하눌님→하느님'이 되고 만상(萬象)의 시작과 으뜸을 의미하는 '하나'가 되었다.

우리는 해가 뜨면 날이 밝았다고 한다. 태양(太陽)을 '해'라고 하고 또 '날'이라고도 한 이유를 알 수 있다. 태양을 '해'라고 하기 이전에는 '알(아리)'이라고 했다. 우리 조상 족이 남겨두고 온 해뜨는 산 '알산'을 '아리다이(Ağri Daği:Ararat)', '알타이(Altay)'라고 한 것을 보면 동진(東進)하기 이전 서아시아에 머물 때부터 쓰던 말로 보인다. '다이(대)'나 '타이(태)'는 모두 '산(뫼)'을 이르는 말이다.

'알→아르(해)'는 무함마드가 태어나기 오래전에 이미 '하느님'이라는 뜻을 갖게 되며 '알라'가 되었고, 우리에게는 '밝은 알', '환한 알' 즉 '흰알(白卵)'이라는 뜻으로 이해되면서 '환한 알'이 곧 '한알→하날→하날님', '한울→하눌님→하느님'이 되고 만상(萬象)의 시작과 으뜸을 의미하는 '하나'가 되었다.

1. 알에서 태어난 동이족의 시조들

우리 동이족(東夷族)의 위대한 조상들이 모두 '흰 알'에서 태어나는 것도 그 때문이다. 부여의 시조 해모수(解慕漱)가 그러하고 신라의 시조 박혁거세(朴赫居世)가 그러하고 고구려의 시조 주몽(朱蒙)이 그러하고 석탈해(昔脫解)·김알지(金閼智)가 그러하고 수로왕(首露王) 등 육가야(六伽耶)의 왕이 모두 그러하다. 하느님의 아들(天子)로 땅의 지배자라는 뜻이다. '천손사상(天孫思想)'이라는 말이 이로 인해 생겨났다.

그뿐 아니다. 중국의 하(夏)왕조를 이은 동이족 은(殷:商)왕조의 시조인 설(契)이 또 그러했고 주왕조(周王朝)를 징벌하고 동이(東夷)의 천자가 되었던 대서국(大徐國:대동국)의 누리왕(偃王언왕)이 그러하며 중국 황제(漢桓帝한환제)가 "왕으로 봉하고 공주를 바치겠다"며 인수(印綬)를 싸들고 가서 간청했으나 황제가 직접 와서 항복하라며 끝내 거절했던 징기스칸 이전의 징기스칸이라 할 수 있는 선비(鮮卑:白明백명,시베)의 대찬우(大單于:대선우) 단석괴(檀石槐후한 말기 선비족을 통일하고 활발한 정복사업으로 흉노의 땅을 수복한 선비족의 왕)가 역시 그러하다.

2. 대동국 누리왕, 서언왕(徐偃王)이야기

기왕 말이 나온 김에 대서국(大徐國)의 서언왕(徐偃王)에 대해 좀 더 알아보자. 徐(서)는 고음(古音)이 '시'로 동쪽을 가리키는 말이고 偃王(언왕)의 '偃'은 '누울(눌) 언'자로 우주, 즉 '누리(르)'를 뜻하는 동이의 말이다. 대동국은 서쪽 주제국(西周帝國)에 대칭되는 동쪽에 있는 큰 나라라는 뜻이으로 대서국(大徐國)과 같은 말이다. 36개국의 조공을 받는 동쪽 서제국(大東帝國)의 누리왕(宇宙王:세계의 왕)이라는 뜻이다.

대동국(大徐國대서국)의 누리왕(偃王언왕)은 부여족(夫餘族)의 지도자로 오직 인자하고 정의롭게만 천하를 다스렸다. 사방의 백성들이 구름처럼 몰려들며 떠받들었다. 인근의 36국의 왕은 스스로 굴복하여 조공을 바쳤다. 나라가 강성해지자 누리왕은 구이(九夷)를 연합하여 백성들을 수탈하는 서주(西周)의 수도로 대거 진격해 들어갔다.

향락에 빠져 있던 주목왕(周穆王:BC. 976년~BC. 922년)은 천하를 반으로 나누어 동쪽을 누리왕에게 넘기고 그의 통치를 승인하는 조건으로 강화를 맺었다. 대동국의 관할 지역은 오늘날 장수(江蘇)·안후이(安徽)성의 장강(長江) 이북 및 산둥(山東)성을 아우르는 광대한 지역이었다.

후대의 중국 학자들은 주천자가 이민족에게 무릎을 꿇은 것을 고깝게 여겨 '동쪽 나라'라는 뜻의 '徐國(서국)'을 서융(徐戎:동쪽 되놈)·서이(徐夷:동쪽 오랑캐)·서방(徐方:동쪽 나라)이라고 폄하하는가 하면 언왕은 "먼 산 바래기(目可瞻焉목가첨언)"에 "가슴이 튀어나온 곱사등이처럼 휘어 구부릴 수 없었기(其狀偃仰而不能俯기강언앙이불능붑) 때문에 언왕(偃王)이라고 한다"거나 "힘줄만 있고 뼈가 없어(有筋而无骨유근이무골)" 누워서만 살았기 때문에 언왕이라 한다는 등 '偃(언)'자 풀이를 놓고 악담을 늘어놓으면서도 "깊은 물속으로 들어가 괴상한 물고기를 잡아오고 깊은 산속으로 들어가 기이한 짐승을 잡아왔다(没深水而得怪魚, 入深山而得怪獸몰심수이득괴어, 입심산이득괴수)"고 그의 어릴 적 행적을 소개하고 있어 그들의 '偃(언)'자 해석이 얼마나 잘못된 것인지를 스스로 증명하고 있다.

그 뒤 서주의 왕은 초(楚)나라로 사신을 보내어 자기들 대신 대서국을 정벌해 달라고 했다. 누리왕은 초나라 군사가 크게 쳐들어오자, 백성들이 다칠까봐 대항해 싸우지도 않고 스스로

패망을 감수했다.

서언왕에 대한 최초의 기록은 「순자(荀子:非相비상)」(BC.313~ BC.238년)에 나오는데, 무력을 일절 배제하고 "인의(仁義)만 베풀다가 망국을 자초했다"고 했고 「한비자(韓非子:五蠹오두)」(약 BC.281~BC.233년)와 「설원(說苑:指武지무, BC.77~BC.6년 劉向 著유향저)에는 "초문왕(楚文王:BC.689~BC.675년)이 자기의 국민들도 모두 서나라로 도망칠까봐 두려워 군사를 일으켜 서국을 멸망시켰다(徐偃王處漢東서언왕처한동,地方五百里지방오백리,行仁義행인의,割地而朝者三十有六國할지이조자삼십유육국.荊文王恐其害己也형문왕공기해기야,擧兵伐徐거병벌서,遂滅之수멸지.)"고 했는데, 「회남자(淮南子:人間篇인간편)에는 초문왕이 아니라 '초장왕(楚莊王:BC.613~ BC.591년)'이 서국을 멸망시켰다고 기록하고 있다.

그밖에 「사기(史記:秦本紀진본기)」와 「후한서(後漢書:東夷列傳동이열전)」등에 고루 보이는데, '서왕모(西王母)와 즐기느라 돌아올 줄 몰랐던 주목왕이 서언왕이 난리를 일으켰다는 말을 듣고 하루에 천리씩 행군하여 서국을 쳐 없앴다'는 등 이전의 기록과 많이 다른 내용을 담고 있다. 후대 사가(史家)들이 동이(東夷)에게 주천자(周天子)가 무릎을 꿇었다는 것을 용인하기 싫었기 때문에 그런(잠시 나타났다 사라졌다는) 기록을 조작해 남긴 것으로 보인다.

「한비자」「회남자」등의 최초 기록이 믿을 만하다고 보면 대동제국은 주목왕(周穆王:BC 1054~BC 949년) 때 36국의 조공을 받기 시작하여 초장왕(楚莊王:BC 613~BC 591년) 때까지 인

민들의 절대적 지지를 받으며 3백 몇 십년간 제업(帝業)을 이
어왔다고 보아야 할 것이다.

제6장
朴(박)·昔(석)·金(김)은 태양이라는 말

昔(석)'은 우리말 '새'를 소리대로 적은 것인 동시에 '解(해)'를 뜻하고 있음을 알 수 있고, 또 '解(해)'는 바로 우리민족의 첫 나라 부여(夫餘)를 세운 위대한 우리 시조 '태양제 해모수(太陽帝 解慕漱:해머슴)'를 떠올리지 않을 수 없다.

탈해가 부여를 탈출하여 망명해온 해씨(解氏) 왕자였기 때문에 유리왕(儒理尼師今)도 그를 성골(聖骨)로 보아 자신의 자리를 물려주었으며 "'해씨 나라(부여)'에서 벗어나 왕이 되었다"하여 '脫解王(탈해왕)'이라고 했다고 볼 수 있다.

다시 '알'로 되돌아가 보자. '알'은 또 '붉·새(해)'로 변전되며 제각기 한자로 '朴(박)·昔(석)·金(금)'이라고 표기되는데 '朴'이 '밝다'는 뜻의 우리 옛말 '붉'의 음사(音寫)인 줄은 알면서 '金'이 '알'이고 '昔'이 '새(해)'인 줄은 모르는 경우가 많다. 昔(석)과 金 (금)이 어째서 '새(해)'이고 '알'인지 알아보자.

1. 석탈해(昔脫解) 설화

우리의 역사책인 「삼국사기(三國史記)」나 「삼국유사(三國遺事)」에 따르면 '석탈해(昔脫解)'는 토해(吐解)라고도 하는데, 그가 알(卵)의 상태로 궤짝에 담겨 바다로 떠내려 올 때 까치가 따라오며 깍깍거렸기 때문에 '까치'를 뜻하는 한자 '鵲(작)' 자에서 오른쪽의 '鳥(조)'자를 떼어버리고 나머지 '昔(석)'자를 성으로 삼았다거나, 양산(楊山) 밑에 있는 호공(瓠公)의 집을 "옛날 우리 집이라며 남의 집을 빼앗아 살았기 때문에 '옛날' 이라는 뜻의 글자 '昔(석)'을 성씨로 삼았다 한다."고 기록되어 있다.

<탈해 이사금(脫解尼師今:BC. 19년~AD. 80년; 57년~80년 재위)은 신라의 4대 국왕이다. 「삼국사기」에 따르면 석탈해(昔脫解)는 본디 왜(倭)의 동북쪽 1천리에 있는 다파나국(多婆那國) 출신이 다. 그 나라 왕은 여국(女國)의 왕녀를 아내로 맞이했는데 임신 한지 7년 만에 큰 알을 낳았다. 왕은 "사람이 알을 낳다니, 상 서롭지 못하다."하고 버리라고 했다. 그녀는 차마 못하는 마음 에서 비단으로 알을 싸 보물들과 함께 궤 속에 넣어 바다에 띄

워 보냈다. 그 궤가 처음 도착한 곳은 금관국(金官國:가야) 바닷가였다. 금관 사람들은 괴이쩍게 여겨 건지지 않았다. 그 궤는 다시 진한(辰韓:신라)의 아진포(阿珍浦:아돌개) 어귀로 와 닿았다. 이때가 박혁거세(朴赫居世)가 즉위한지 39년(BC. 19년)이 되는 해였다. 해변에 사는 노모(老母)가 뭍으로 끌어내어 궤를 열어 보았다. 아이가 들어 있었다. 거두어 길렀다. 장성하자 키가 9척에 용모가 수려하고 모르는 것이 없었다. 누가 말했다. "이 아이의 성씨를 모르니, 처음 궤짝이 떠내려 올 때 까치가 따라오면서 짖었다고 했으니 까치작(鵲)자에서 새조(鳥)자를 떼버리고 昔(석)자로 성씨를 삼고 또 궤(櫃온독)를 열자 나왔으니 이름을 脫解(탈해)라고 하는 것이 마땅하다"고 해서 그렇게 했다. 후에 남해왕(南解尼師今남해이사금)은 석탈해가 현명하다는 말을 듣고 사위로 맞아 대보(大輔)로 삼고 국정을 맡겼는데 "아들이나 사위를 막론하고 나이가 많고 현명한 사람이 왕위를 계승해야 한다"는 유리왕(儒理尼師今유리이사금)의 유언에 따라 왕이 되었다.

「삼국유사」가락국기(駕洛國記)에는 완하국(琓夏國:或作혹작 花廈화하) 함달왕(含達王)의 부인이 임신하여 달이 차자 알을 낳았고 알이 변화하여 사람이 되었으니 이름을 탈해(脫解)라고 했다고 했고, 탈해왕 편에서는 용성국(龍城國) 사람이다. 부왕 함달파(含達婆)가 적녀국(積女國)의 왕녀를 비(妃)로 삼았으나 아들이 없어 아들을 얻게 해 달라고 기도한지 7년 만에 한 개의 커다란 알을 낳았다. 대왕은 여러 신하를 모아놓고 물었다. "사람이 알을 낳는 다는 것은 고금에 없던 일이니, 결코 상서로운 조짐이 아니다"하고 궤짝을 만들어 알과 함께 칠보(七寶)를 넣고 노비들과 함께 배에 실어 바다에 띄우며 축원하기를 흘러가는 대로 인연이 있는 땅에 도착하여 나라를 세우고 가정을 이루도록 하라고 했다. 탈해는 왕위에 오른 뒤, "옛날 우리 집이라며 남의 집을 빼앗아 살았기 때문에 성을 '옛날'을 뜻하는 석씨(昔氏)라고 했다. 어떤 이는 까치가 궤를 열게 했기 때문에 새조(鳥)자를 떼어버리고 성을 석씨(昔氏)라고 했으며 궤를 열고 알에서 깨어났기(解櫃脫卵而生해궤탈란이생) 때문에 이름을 탈해(脫解)라고 했다고 한다.>

2. 석탈해의 신분

석탈해가 알(卵)의 상태로 궤짝에 담겨 바다로 떠내려 올 때 까치가 따라오며 깍깍거렸기 때문에 '昔(석)'자를 성으로 삼았다는 설화를 어떻게 이해해야할까?

이러한 설화의 기록들은 '昔(석)'이나 '金(금)' 등이 '한자를 빌어 적은 우리말(이두)'이라는 것을 도외시하고 한자 뜻에만 매달려 해석하려다 지어낸 이야기에 지나지 않으니, 족히 입에 올릴 거리도 못된다.

그보다는 '탈해'는 '머리' 또는 '꼭대기'라는 뜻의 타밀어 '탈에(Tale)', 또는 '탈아이(Talai)'이고 니사금(尼師今) 역시 일반 왕보다 높은 황제(皇帝) 및 왕들의 왕(王中王)을 일컫는 타밀어 '니사금(Nisagum)'이라는 주장이 오히려 현실감을 주기도 한다.

성골 진골이 아니면 왕위에 오를 수 없었던 신라 사회에서 유리이사금은 어찌하여 근본도 모르는 석탈해에게 왕위를 물려주라는 유언을 할 수 있었을까?

신라는 왕위계승권을 둘러싸고 성골(聖骨)이나 진골(眞骨)이냐를 따지는 바람에 남매가 결혼을 하고 삼촌-조카가 내외가 되는 혈통지상의 근친상간(近親相姦)이 이어졌던 골품제도(骨品制度)로 끝내 대가 끊기고 말았는데 그러한 폐쇄적 골품제도 속에서 천둥벌거숭이마냥 굴러들어온 근본 없는 사내가 공주와 결혼을 하고 성골이 되어 왕이 되었다는 것은 전해지는 기록 이외에 분명 그럴만한 까닭이 있었기 때문일 것이다.

<골품제도(骨品制度)는 신라 때 혈통에 따라 나눈 신분제도를 말한다. 왕족은 성골(聖骨)과 진골(眞骨)로 나누었는데, 근친결혼으로 성골이 소멸되자 진골이 왕위를 계승했다. 귀족(貴族)은 육두품·오두품·사두품으로 나누었고, 평민(平民)은 삼두품·이두품·일두품으로 나누었다.>

3. 석탈해는 해(解)씨 나라에서 벗어나(脫) 된 탈해왕(脫解王)

삼국사기에는 탈해가 알로 태어난 곳이 다파나국(多婆那國), 삼국유사에는 완화국 화하국(琓夏國:花厦國), 용성국(龍城國)이라고 제각기 다르게 적혀 있는데 그곳이 어디인지 밝혀진 바는 없다. "왜(倭)의 동북쪽 1천리에 있다"라는 기록에 따라 '일본의 어느 섬이다', '캄차카 반도다', 라는 주장에 '인도 타밀의 촐라 왕국이다', 라는 주장까지 대두되고 있다.

그러나 여기서 주목해야 할 것은 지리적으로는 밝혀진 것이 없지만 그 말이 어디서 왔는지를 추적해 보면 실마리가 풀릴 수 있을 것이다.

'昔(석)'자의 원 소리가 '시→셰→셱(xi, sie, siɛk)'으로 解(해)자의 원 소리 '셰→햬[샤]→해(xie, xia, haae)'와 비슷하다는 점이다. '셰[새]'와 '해' 두 소리는 '해→(혜→세→)새'로 변전되어 다르게 발음되고 있을 뿐 여전히 '밝은 빛(光明)'이라는 뜻은 변함이 없다.

그래서 지금도 '해'는 태양을 의미하고 '새'는 해가 떠오르는(날이 밝아오는) 것을 의미한다는 것은 '새날이 밝았다'는 표현을 쓰는데서 알 수 있다. 우리말의 '해(태양)'가 퉁구스어계로 거슬러 올라가면 '새(해)'가 되는 것만 보아도 알 일이다.

이로 미루어 보면 '昔(석)'은 우리말 '새'를 소리대로 적은 것인 동시에 '解(해)'를 뜻하고 있음을 알 수 있고, 또 '解(해)'는 바로 우리민족의 첫 나라 부여(夫餘)를 세운 위대한 우리 시조 '태양제 해모수(太陽帝 解慕漱:해머슴)'를 떠올리지 않을 수 없다.

탈해가 부여를 탈출하여 망명해온 해씨(解氏) 왕자였기 때문에 남해임금(南解尼師今)도 그를 자신과 같은 골품(骨品)으로 인정하여 사위를 삼았고 유리왕(儒理尼師今)도 그를 성골(聖骨)로 보아 자신의 자리를 물려주었으며 "'해(解)씨 나라(부여)'에서 벗어나(脫) 왕이 되었다"하여 '脫解王(탈해왕)'이라고 했다고 볼 수도 있다.

4. '알'이란 말의 생성과 변전 그리고 남아있는 흔적들

이제 '金(금:김)'이 왜 우리말 '알'을 표기한 글자인지 알아보기에 앞서 '알'이라는 말이 언제 어디서 생겨나 어떻게 발전해온 말인지부터 알아보자. '알'의 원말은 '아르'였다. 인류가 서남아시아(중동)에 머물던 시절(이슬람이 생겨나기 훨씬 이전) 이미 '아르'는 '하느님(창조주)'을 일컫던 호칭이었다고 위에서 말한 바 있다.

그 호칭은 세월 따라 변전하며 '알' 또는 '알라(아르의 변형)'가 되었는데, 이집트 최고신 '라'가 '알라'의 '알'이 탈락된 형태로 태양을 지칭하는 것처럼 '알' 역시 태양을 바탕으로 형성된 신격체로 세상만사를 환히 알고 가름하는 유일신을 일컫는 말이었다.

'아르(알라)'가 '아(알)'와 '르(라)'로 갈라졌지만 여전히 똑같은 뜻을 그대로 가지고 있는 것만 보아도 하나에서 갈렸다는 것을 알 수 있다.

그래서 '하느님(알:창조신)'은 언제나 가장 높고 가장 깨끗한 곳에 머무는 신성불가침한 존재로 숭앙되어왔고 이동하는 인류를 따라 그 의미가 재해석되고 늘어나면서 사방으로 퍼져나갔다.

우리 조상족(祖上族)이 오랫동안 머물렀던 '알타이(Altay)'도 그래서 생긴 이름이다. '깨끗하고 존귀한 하느님(天神)이 내려와 계시는 산'이라는 뜻인데, 중국 사람들은 '천[신]산(天[神]山)', 또는 '백산(白山)', '박달산(博達山)'이라고 부르다가, 몽고 사람들이 황금 덩어리를 '알탄(Altan)'이라 부르며 '존귀'하게 여긴다 하여 '알타이'를 별도로 떼어내어 '알'은 '금(金)', '타이'는 '산(山)'이라고 직역하여 '金山(금산)'이라고도 부른다. 삼국시대 우리가 '알'을 '卵(란)'이라고 표기한 것과 크게 다르지 않다.

<우리 원말의 '알(얼)→아르(아리)'는 모든 것을 '환히 아는 신(神)'을 뜻했고 '알타이(Altay)'나 '아리다이(Ağri Daği:Ararat)'의 예에서 보듯 '다이→대'나 '타이→태'는 높은 산(山)을 뜻했다.

'환히 안다'는 것은 '밝다'는 뜻이고 '밝은 것'은 희기 때문에 그 말은 다시 '버(Bē)·배(Bæ)→백(白)'으로 발전하여 '대백(大伯)'과 '태백(太白)'이 되는데, 바로 '백산(白山)'이라는 말로, 신산(神山), 즉 '천신이 내려와 계시는 산'이라는 뜻이다.

그 신을 지칭했던 '버(Bē·Bæ·Bö)'가 지금은 '무당', 또는 '모르는 것이 없는 이'라는 뜻을 가진 말로 바뀌어 몽골 등 일부 지방에 전해지고 있고 우리에게는 존칭인 '버·배'로 바뀌어 '할버·할배·아버·아배' 등에 붙어 쓰이다가 지금은 '빠'로 바뀌어 쓰이고 있다.

'알(얼)→아리(르)'가 '하늘'이나 '신(神)'을 뜻하는 이름으로 발전한 예는 그밖에도 많다.

'알안 고아(Alan Goa)'가 몽골의 시조 여신(女神)이고 '아리 (알)산(阿里山:하느님이 강림한 산)'이 대만(臺灣)의 신산(神山)이며 '아리디무(阿犁帝母)'가 운남(雲南) 바이족(白族)의 조상신이고 '공알산(貢嘎山)'이 사천(四川)의 '신이 사는 눈 덮인 산'이며 탁 발선비(拓跋鮮卑)의 발상지 '알선동(嘎仙洞)'이 '알', 즉 '하느님 [天神]'이 강림한 곳이고 '조상에게 물려받은 씨'가 '씨알(하느님 의 씨)'이며 '조상대대 물려받은 정신'이 '얼'이다.

또 있다. '하느님이 강림해 계시는 산'이라는 뜻인 '알라타우 (Alatau)'가 그것인데 시베리아 남부에 있는 '쿠즈네츠크 알라타 우(Kuznetsk Alatau)'를 비롯, 몽골-중국-러시아 국경지대인 중앙아시아(5개 스탄국)에 솟아 있는 수많은 '알라타우'를 보면 사얀샨(Western Sayan)·탄누울라(Tannu Ola)·알타이(Altay)· 몽골 알타이(Mongol Altay)·톈샨(天山:Tien Shan) 등을 인류이 동 초기에는 모두 같은 산계(山系)로 보아 '알라타우(Alatau) 또 는 알라투(Ala-Too)'라고 불렀는데 뒤에 각자 이름을 갖게 되면 서 '쿠즈네츠크 알라타우'를 제외하고는 모두 톈산산맥(天山山脉 천산산맥)의 한 줄기를 이루게 된 것으로 보인다.

카자흐스탄 알라타우(Alatau,Kazakhstan)/ 준가르 알라타우 (Dzungarian Alatau)/ 일리 알라타우(Ili Alatau)/ 테르스케이 알라타우(Terskey Alatau)/쿤게이 알라타우(Kungey-Alatau)/ 키르기스 알라타우(Kyrgyz Alatau)/탈라스 알라타우(Talas Alatau) 등이 그것이다.>

5. 금(金)은 알이고 지(智)는 지도자라는 뜻

신라 사람 함보(函普)의 손자들이 세웠던 금(金)나라의 발상지 알추카[코](阿勒楚喀아르초객[按出虎안출호])가 역시 '황금의 성(城)'이라는 의미라고 「금사(金史)」는 적고 있고, 모용선비(慕容鮮卑)의 시조 건라(乾羅)가 하늘을 뜻하는 '알라'의 사음이라고 본다면, 신라에서도 당시 '금(金)'을 태양을 상징하는 '알'이라고 불렀고 '박(朴:붉)'이나 '새(昔:해)'와 마찬가지로 광명을 뜻했다는 것은 두말할 필요가 없다. 그러므로 세 성씨가 모두 '알(卵:하늘)'에서 나온 하늘의 자손으로 이 땅의 지배자'라는 뜻으로 붙였다는 것은 물을 필요도 없다.

그러나 이 존귀한 '알'이라는 호칭이 어째서 그대로 전해지지 않고 '김'으로 변하여 고려 사람들이 금(金)을 '노란쇠(那論歲나론세)', 은(銀)을 '하얀쇠(漢歲한세)', 철(鐵)을 '쇠(歲세)'라고 말하게 되었는지 전해지는 기록이 없다.

김알지(金閼智)설화를 보면 "탄생과정이 박혁거세(朴赫居世)와 같았기 때문에 혁거세가 스스로를 일컬어 '알지(閼智)'라고 한 선례에 따라 '알지'라고 이름 붙였다"고 했다.

그러니까 성을 '김'이라고 한 것도, 혁거세(赫居世:弗矩內불구내)가 '혁'자의 뜻 '밝→박'을 따 이름 위에 덧씌우듯 알지(閼智)의 '알'자 뜻 '김(金)'을 따 덧씌운 것이다. '지(智)'는 신지(臣智)의 '지'나 막리지(莫離支막리지:마리지)의 '지'처럼 '위'나 '으뜸', '우두머리'를 뜻하는 우리말 '치'를 한자로 표기한 것이다. '알지'는 '알치'로 하늘이 낳은 거룩한 사람이라는 뜻이다.

6. 신라시조 혁거세왕(赫居世王) 설화

<전한(前漢) 지절(地節) 원년(元年) 임자(壬子)[고본(古本)에는 건호(建虎) 원년이라 했고, 건원(建元) 3년이라고도 했지만 이것은 모두 잘못이다] 3월 초하루에 육부(六部)의 조상들은 저마다 자제(子弟)를 거느리고 알천(閼川) 언덕 위에 모여 의논했다.

"우리들은 위로 임금이 없어 백성을 다스리지 못하기 때문에 백성들은 모두 방자하여 저 하고 싶은 대로 하고 있다. 그러니 어찌 덕 있는 사람을 찾아서 임금을 삼아, 나라를 세우고 도읍을 정하지 않겠는가."

이에 높은 곳으로 올라가 남쪽을 바라보니 하늘에서 이상한 기운이 양산(楊山) 밑 나정(蘿井) 옆으로 번갯빛처럼 드리우고 있었고 백마(白馬) 한 마리가 꿇어 앉아 절을 하는듯한 모습을 하고 있었다.

그곳으로 찾아가 보았다. 자줏빛 알(紫卵자란) 한 개가 있었다. 말은 사람을 보자 길게 울부짖으며(長嘶장시) 하늘로 올라갔다.

* 자주빛 알은 커다란 푸른 알(靑大卵청대란)이라고도 한다.

알을 깨자 단정하고 아름다운 사내아이가 나왔다. 놀랍고 기이하게 여기며 동천(東泉)[동천사(東泉寺)는 사내들(詞腦野사뇌야) 북쪽에 있다]에 목욕시키자 몸에서 광채가 났다. 새와 짐승들이 모여들어 춤을 추었고 천지가 진동하더니 해와 달이 투명하고 밝아졌다. 그리하여 혁거세왕(赫居世王)이라고 이름했다.

   * 아마 사투리(鄕言향언)일 것이다. 혹은 불구내왕(弗矩內王)이라고
도 한다. 밝게 세상을 다스린다는 뜻이다. 서술자가 말하기를, "이
것은 서술성모(西述聖母)가 (혁거세를) 낳은 것이다. 그렇기 때문에
중국사람[송(宋)나라 사신 왕양(王襄)]이 선도성모(仙桃聖母:서술산
을 선도산이라고도 했다)를 찬양하는 글에, '어진 이를 임신하여
나라를 창건하게 했다(仙挑聖母隨喜佛事선도성모수희불사 조에 보
임)'는 구절이 있는 것도, 이것을 두고 한 말이다"라고 했다. 뿐만
아니다. 계룡(雞龍)이 상서(祥瑞)를 나타내어 알부리(閼英알영)를 낳
았다는 것 역시 어찌 서술성모의 현신(現身)이 아니겠는가!

위호(位號)를 거실한(居瑟邯거슬한)이라고 했다.

   * 혹은 거서간(居西干)이라고도 한다. 그가 처음 입을 열 때에 자
신을 일컬어 말하기를, "알지거서간(閼智居西干)이 한번 일어났다"
하였으므로 그 말에 따라 일컬을 것이다. 이로부터 (거서간은) 모
든 왕자(王者)의 존칭이 되었다.

이에 당시 사람들은 다투어 치하하기를, "이제 하느님의 아들
(天子)이 이미 내려왔으니 마땅히 덕 있는 왕후(王后)를 찾아 배
필을 삼아야 합니다"했다.

이날 사량리(沙梁里)에 있는 알부리샘(閼英井알영정)가에 계룡
(雞龍)이 나타나더니 왼쪽 옆구리에서 계집아이가 태어났다.

   * 알부리샘(알영정)은 아리영정(娥利英井)이라고도 한다.

   * 용(龍)이 나타났다가 죽었는데 그 배를 가르고 계집아이를 얻었
다고도 한다.

용모가 남달리 고왔으나 입술이 마치 닭의 부리 같았다.

월성(月城) 북천(北川:북쪽에 있는 시내)으로 데려가 목욕을 시키자 그 부리가 떨어져 나갔다. 이로 인해 그 시내를 발천(撥川)이라고 한다. 남산(南山) 서쪽 기슭에 궁실(宮室)을 짓고 두 성스러운 아이를 받들어 길렀다. 남자아이는 알(卵)에서 태어났는데, 알은 호(瓠:조롱박)처럼 생겼고, 이 고장 사람(鄕人)들은 호(瓠)를 '박(朴)'이라고 일렀기 때문에 성(姓)을 박(朴)이라고 했다.

* 남산 서쪽 기슭은 지금의 창림사(昌林寺)이다.

또 여자아이는 그가 태어난 우물 이름 알영(閼英)을 이름으로 삼았다. 두 성스러운 이는 13세가 되자 오봉(五鳳) 원년(元年:전 57년) 갑자(甲子)에, 남자는 왕이 되고 이내 여자를 왕후(王后)로 삼았다. 나라 이름을 서라벌(徐羅伐), 또는 서벌(徐伐)이라 하고, 혹은 사라(斯羅)·사로(斯盧)라고도 했다.

* 요즘 시쳇말(俗訓속훈)에서 경(京)자를 서벌이라고 이르는 것은 이 때문이다.

처음에 왕이 계정(鷄井)에서 탄생했기 때문에 어떤 이는 나라 이름을 계림국(鷄林國)이라고도 했다. 이것은 계룡(鷄龍)이 상서(祥瑞)를 나타냈기 때문이다.

일설(一說)에는 탈해왕(脫解王) 때 김알지(金閼智)를 얻는데 닭이 숲속에서 울었다 해서 국호(國號)를 계림(鷄林)이라 했다고도 한다. 후세에 와서 드디어 신라(新羅)라고 국호를 정했다. 나라를 다스린 지 61년 되던 어느 날 왕은 하늘로 올라갔는데 7일 뒤에 그 죽은 몸이 땅에 흩어져 떨어졌다.

그러더니 왕후(王后)도 역시 왕을 따라 세상을 떠났다고 한다. 나라 사람들은 이들을 합해서 장사지내려 했으나 큰 뱀이 나타나더니 쫓아다니면서 방해하므로 오체(五體)를 각각 장사지내어 오릉(五陵)을 만들고, 또한 능의 이름을 사릉(蛇陵)이라고 했다. 담엄사(曇嚴寺) 북릉(北陵)이 바로 이것이다. 태자(太子) 남해왕(南解王)이 왕위를 계승했다.

「삼국사기」와 「삼국유사」에 실려 있는 '김알지(金閼智)설화'는 이러하다. 65년(탈해왕9) 8월 4일 호공(瓠公)은 시림(始林:鳩林구림이라고도한다)에서 굉장하게 밝은 빛이 뻗쳐나는 것을 보았다. 보라색 구름이 하늘에서 땅으로 드리웠고, 그 구름 속에 황금 궤 하나가 나뭇가지에 걸려 있는 것이 보였다. 밝은 빛은 그 궤에서 나왔고 흰 닭 한마리가 나무 밑에서 울고 있었다.

그는 본대로 왕에게 아뢰었다. 왕은 그 숲으로 가서 궤를 열어보았다. 누워 있던 사내아이가 벌떡 일어났다. 혁거세(赫居世)의 출생과 같았다. 그래서 혁거세가 했던 말을 따라 '알지(閼智)'라고 이름했다.

> * 혁거세가 태어나 처음 입을 열 때 자신을 일컬어, "알지거서간이 한번 일어났다(閼智居西干一起알지거서산일기)"고 했다는 기록이 있다.

'알지'는 바로 '아기(小兒소아)'를 일컫는 시쳇말이다. 아기를 싸안고 대궐로 돌아오자 새와 짐승들이 다투어 따라오며 기뻐했다. 왕이 좋은 날을 받아 태자로 책봉했으나, 뒤에 파사(婆娑)에

게 양보하고 왕으로 즉위하지 않았다. 금궤에서 나왔기 때문에
성을 금씨(金氏)라고 했다.>

7. '알'이란 말의 뜻과 발전 계통도

'알'은 이처럼 하늘인 동시 태양(太陽)이고 만물(萬物)을 생
육(生育)·소멸(消滅)시키는 유일무이한 절대신(絶對神:天神천신·
聖神성신·造物主조물주)이다. 우리 민족의 뿌리(卵生說난생설)와
사상적 근간(天孫천손)을 이루고 있으며 생활철학(滅私奉公멸사
봉공)을 담고 있을 뿐 아니라, 추구해야할 방향(明明白白명명백
백)까지 제시하고 있다. 그 흐름과 변화를 도표로 정리하면 다
음과 같다.

* '알'이 하늘이고 절대신이라는 근거: 이슬람이 태동하기 이전
부터 'Allah(알라)'는 하느님을 뜻했고, 우리민족이 거쳐 왔거나
오랫동안 머물렀던 'Ağri Daği(아리다이;Ararat)'와 '알타이
(Altay)'가 '천산(天山)'·'백산(白山)', 또는 '금산(金山)'으로 번역
되고 있는 것을 보면 '알'은 바로 '하느님', 만사를 알고 통섭하
시는 '밝은 분', 또는 지극히 성스러워 근접할 수도 없는 '귀한
분'이라는 의미이고 '다이(Daği)'나 '타이(tay)'는 '산'이라는 뜻
이다.

'다이'나 '타이'에서 변전되어 나온 '대'나 '태'는 원래 고아시
아족이 '산'을 이르던 말인데, 우리는 그 '대'를 '달'로 발음했
다. 그래서 만년설을 지고 있는 봉우리가 하얀 밝은 '백산(白
山)'을 '밝달→박달'이라 했다. '밝다르산(박달산)'을 이두식으로

표기하여 지리산(智異山)이 되었는데 지금 박달산이라 부르지 않고 지리[이]산(智異山)으로 잘 못 불리고 있는 것이 그 좋은 예이다.

태백산(太白山)은 '한밝뫼'로 해석할 수는 있으나 '신이 계시는 산'이라는 뜻인 '투뱃'의 와전이므로 또 다르다.

알의 계통도

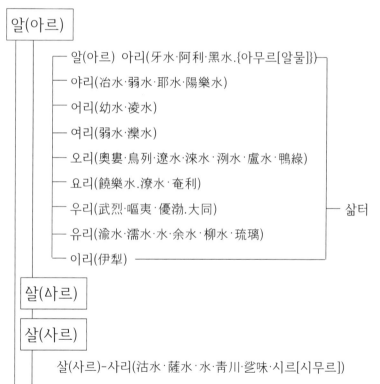

살(사르)-사리(沽水·薩水·水·靑川·㐌味·시르[시무르])

　* 아리계와 사리계의 물은 모두 天神(산신)이 계시는 산 (天山·白山)에서 내려오는 성스러운 물이라는 뜻으로 살 (肌)이라는 의미도 갖고 있다.

사람(삶)

* 인간은 그 성산(聖山)을 지고 성산에서 흘러내리는 물가에서 삶(生)을 이어왔기 때문에 산다(生)는 뜻에서 '살(肌기)'과 '사람'이라는 명사가 생겨나고 '나고 죽는다(生死생사)'는 뜻을 내포하게 되었다.

얼(精神정신)

* 알(하느님)인 '해(해→새)'는 낮(밝은 면)과 밤(어두운면)이 있지만 본질이 공평무사하고 명명백백하기 때문에 어두운 그늘도 드리우고 밝고 따뜻한 볕도 비추지만 때로는 구름으로 얼굴을 가리고 요란한 천둥과 함께 모진 비바람을 몰아쳐 산천초목까지 벌벌 떨게 한다. 그러나 이런 것은 모두 인간이 어떻게 하느냐에 따라 결정되는 것이므로, 쉬지 않는 천도(天道:자연)를 따라 항상 부지런하고 밝고 착하게 살아야 한다는 것이 중심적 이념이었다.

해(太陽태양·歲月세월)

* '해'는 하느님인 '알'을 상징하지만 세월(年년)을 뜻하기도 했다. 「삼국사기」에 세 곳의 '살(사리)매'를 묶어 '三年山郡(삼년산군,세살매군)'을 만든 것을 보면 '살(年년·歲세)'이 세월을 뜻하는 말로 쓰인 것이 이미 오래전부터임을 알 수 있다. 흐르는 물결을 '살'이라고 하듯 흐르는 세월 역시 '살'이라고 한 것이다. 그래서 나이를 '살(齡령)'이라고 하고 사계(四季)를 지나 새로운 '사람의 한살이'가 시작되는 첫날을 '설'이라고 한다.

선인(先人·仙人;고구려의 僧軍)

  * 바로 시배(鮮白선백;鮮卑선비)에 뿌리를 두고 발전한 명칭으로 '션(失元실원)', 또는 '조의(皂衣)'라고도 한다. 머리를 깎고 집을 나와 엄격한 집단생활을 하며 지식을 쌓고 무술을 연마했다. 하늘을 본받아 명명백백하게 처신하고 조금의 사심도 없이 멸사봉공의 자세로 국가 기간시설을 유지보수했다. 국경지방에 전운(戰雲)이 일면 나라가 부르지 않아도 자신이 먹을 것을 자신이 갖고 가 용감히 싸우다 젊은 나이로 죽는 것을 최고의 영예로 알았다. 군량을 축내거나 국고에 부담을 주지 않았다.

  다만 선인(先人;션)이 되면 그 가족의 생계는 나라에서 책임졌다. 이른바 서긍(徐兢)의 「고려도경(高麗圖經)」에 "가사도 입지 않고 계율(戒律)도 따르지 않으며 검은 명주(皂帛조백)로 허리를 묶고 맨발로 다닌다. 아내를 얻고 자식을 낳아 기르는데, 기물(器物)을 져 나르고 길을 청소하며 도랑을 치거나 새로 내고 성을 수리하거나 집을 짓는 등 공공사업에 종사한다. 국경지방에 경보가 일면 자진해서 뭉쳐 싸우러 나가는데, 한번은 거란(契丹;키탄)도 이들에게 패하였다"고 한 '재가화상(在家和尚)'이 이들이고, 「고려사」 최영전(崔瑩傳)에, 최영이 "당나라 30만 대군이 고구려를 침략하자 고구려는 승군(僧軍) 3만 명을 출동시켜 그들을 무찔렀다"고 한 '승군'이 이들이다.

  이들을 '선인(仙人)이라고도 하는데 신라의 국선(國仙)과 같은 것으로 보고 종교적 무사단(武士團)의 우두머리로 파악하기도 한다. 고구려가 멸망한 뒤 선배(선인)의 남은 무리는 그 전통을 보전하기 위해 촌락으로 숨어들어 의무를 다했다. 송도(松都)의 수벽치기(手拍수박)가 바로 선인 무술의 하나였는데, 조선조이후 무예를 천시하면서 명맥이 거의 끊어졌다.

선비(士사)

* 선비는 시배(혜배)에 뿌리를 두고 생성된 전통적 선인(先人)사상에 조선조 이후 전파된 유교사상이 결합되어 나타난 사조(思潮)를 이념으로 하는 지식 계층이다.

사서삼경(四書三經)의 가르침을 기본으로 하는 것처럼 보이지만, 그 중심을 이루는 "명명백백하고 멸사봉공적 자기희생 정신"은 유교적 이념이 아니라, 그 이전부터 면면히 이어온 시배(鮮卑) 정신이다.

즉 하늘(알)을 본받아 희(혜 → 시)고 깨끗하며 명명백백(배)함을 삶의 목표로 삼았던 시배의 정신이 자신도 모르는 사이 표출되고 있은 것이다.

유교의 본고장인 중국의 '사개념(士槪念)'이 우리와 다른 것을 보면 알 수 있다.

우리노래 「아리랑」처럼 남의 말이나 글에 오염되지 않은 순수 전통적 민족정신이, 유교적 이념이 많이 퇴색한 오늘까지 아무도 모르게 이어져오고 있는 것이다.

우리 얼굴이 대동석굴(大同石窟)의 불상들처럼 얼굴이 긴 선비족(鮮卑族)의 모습에서 벗어나지 못하는 것처럼 우리 뼈 속 DNA에 각인된 그 올곧은 정신은 언제까지나 계속 표출되고 지켜질 것이다.

제7장
금씨(金氏)를 왜 '김씨'라고 부르는가

김알지(金閼智)의 '알'이 변해 이루어진 '金(금)'자가 성씨였을 때부터 우리는 지금 무조건 '김'이라고 발음한다는 점이다.

언제부터 그렇게 읽게 되었는지 확인할 수도 없다.

나당(羅唐)연합군으로 들어왔던 당나라 군사들이 모두 '金(금)'자를 당시 중국 음인 'gim(김)'으로 발음했을 터이니 '금'을 '김'이라고 한 것은 조선조의 영향이 아니라 삼국통일 이후 이미 '금'과 '김'이 병존했던 것으로 보아야 옳을 것이다.

신라인이 세웠던 금(金)나라의 발상지를 '황금의 성(城)'이라고 금사(金史)는 기록하고 있고 '금(金)'을 태양을 상징하는 '알'이라는 것은 위에서 언급한 바 있다.

문제는 김알지(金閼智)의 '알'이 변해 이루어진 '金(금)'자가 성씨였을 때부터, 우리는 지금 무조건 '김'이라고 발음한다는 점이다. 언제부터 그렇게 읽게 되었는지 확인할 수도 없다.

항간에는 "이씨 조선이 들어선 후 '금극목(金剋木:쇠[金씨]가 나무[李씨]를 이긴다)'이라는 음양오행설(陰陽五行說)에 따라 금씨를 꺼림칙하게 여기던 태조(이성계)가 '쇠 금'자가 아닌 '성 김'자로 바꾸게 했을 것"이라는 설이 떠돌고 있으나 김해(金海)·김천(金泉)·김제(金堤)·김포(金浦)등 일부 지명이 '김'으로 발음되고 있는 것을 보면 그렇지도 않다.

'金(금)'자의 현재 중국 음은 JĪN(진)이지만 상고음(上古音)은 '금(今聲, 居音切:krɯm)'이다. 그래서 우리도 '금'으로 발음했다. 그러나 중고음(中古音)은 'ḳiəm kiĕm kjəm kɣiɯm kɯim kjim kim kym'으로 '기음→김'이었다.

또한 중원음운(中原音韻)이 '기엄(kiəm)'으로 나타나고 있고 당송(唐宋)시대의 음으로 알려지고 있는 학가어(客家語) '김(gim)'이 그 옛날 신라현(新羅縣), 또는 신라방(新羅坊)이 설치되었던 광둥성(廣東省) 동부, 푸젠성(福建省복건성) 서부, 장시성(江西省강서성) 남부 뿐 아니라, 타이완(臺灣대만), 말레이시아·싱가포르·필리핀·베트남·타일랜드·인도네시아 등지의 중국인들이 지금도 쓰고 있는 것을 보면, 나당(羅唐)연합군으로 들어왔던 당나라 군사들이 모두 '金(금)'자를 당시 중국 음인 'gim(김)'으로 발음했을 터이니 '금'을 '김'이라고 한 것은 조선 조의 영향이 아니라 삼국통일 이후 이미 '금'과 '김'이 병존했던 것으로 보아야 옳을 것이다.

<청(淸:後金후금)나라 황제들은 자신들이, 금(金)나라를 세우고 '황금의 성' 알추카(阿勒楚喀아륵초객)에서 중국 천자들의 절을 받았던 신라 사람 함보(函普)의 후손이라고 여겼다. 그래서 성(姓)을 '아이신교러(愛新覺羅애신각라)'라고 했는데 '아이신교러'는 '금의 겨레', 즉 금족(金族[宗親종친])이라는 뜻이다. '아이신'은 금이 변한 말이고 '교러'는 겨레와 같은 형태의 말이다.>

더욱이 '金(금)'을 몽고(蒙古)의 자운(字韻)이 'gim', 'kim'이고 거란(契丹:遼요) 역시 '기음'이라고 발음했다고 하니 고려 때에도 두 가지 음이 함께 쓰였을 것은 분명해 보인다.

더욱이 김알지(金閼智)가 한무제의 신임을 받아 김씨(金氏) 성을 받았던 흉노(匈奴) 휴도왕(休屠王)의 태자(太子)인 김일제(金日磾: BC. 134~BC.86년 음 8월)의 후손이라고 주장되었으니, 그의 성 '金(금)'을 삼국당시의 훈(訓)인 '알'이나 음(音)인 '금'이 아닌 중국 음 '김'을 따라 호칭했을 것으로 추측되어 '금씨'가 '김씨'가 된 것은 이미 신라 당시였을 것이 확실해 보인다.

ㅈ을 ㄱ으로 발음하다.

'gim'을 우리가 '김'이 아니라 '짐'으로 발음했다 해도 달라지지 않는다. 실제로 19세기 말까지 우리 할아버지 할머니들은 'ㄱ' 발음이 어려워 '김씨'를 '짐씨'라고 호칭했다. 김가 성을 가진 사위를 부를 때도 '김서방'이라고 부른 적이 한 번도 없다. "짐서방, 짐서방"했고 "길동이"도 "질동이"였다.

그러던 것이 '짐(海苔)'이 '김'이 되고 '질(道)'이 '길'이 되듯 '짐서방'이 '김서방'이 된 것은 20세기 중반 이후 우리말 체계가 바로잡히면서부터이다. 혼란도 적지 않았다. 'ㅌ'이 'ㅊ'으로 바뀌고 'ㄷ'이 'ㅈ'으로 대체되면서 '턴'이 '천'이 되고 '뎡(丁)가'가 '정가'로 바뀌는가 하면, 'ㅈ'을 'ㄱ'으로 바꿔 발음하는 것이 상류계급의 말이고 신식 말인 것처럼 인식되는 풍조가 크게 번져 '점심(點心)'까지 '겸심'이라고 부르며 거드름을 피우는 사람이 적지 않았다.

제8장
우리말로 착각하는 남의 말들

"까짓 거 아무려면 어때?" 할 사람이 있을지 모른다. '까짓거'가 여진말(女眞語) '카지커(喀齊喀)'가 변해 이루어진 말이라는 것을 안다면 더 놀랄 것이다.

'카지커'는 작은 개(犬)를 뜻하는 말이었다. 이것이 '하찮은 것', '작은 것'이라는 뜻으로 변전되며 우리말 '까짓 거'가 되었다.

1. '점심'은 중국말에서 '까짓거'·'등'은 여진말에서 왔다

'점심'은 '마음에 먹었다고 점이나 찍을 정도의 극히 간소한 요기 거리'를 뜻하는 중국에서 들어온 한자말이다. 그 말이 지금 우리에게는 오찬(午餐)을 의미하고 중국에서는 간단한 요기 거리인 과자등속(디엔신:딘섬)을 가리킨다.

"까짓 거 아무려면 어때?" 할 사람이 있을지 모른다. 그러나 그렇게 말하는 사람도 '까짓 거'가 우리말이 아니라는 사실은 모를 것이다. 더더욱 '까짓거'가 여진말(女眞語) '카지커(喀齊喀)'가 변해 이루어진 말이라는 것을 안다면 더 놀랄 것이다.

'카지커'는 작은 개(犬)를 뜻하는 말이었다. 이것이 '하찮은 것', '작은 것'이라는 뜻으로 변전되며 우리말 '까짓 거'가 되었다.

이뿐이 아니다. 우리가 '묘등', '산등[성이]'하며 흔히 쓰는 '등'이라는 말이 있다. '높은 곳'을 이르는 말이다. 이말 역시 우리말이 아니다. 여진 말을 들여다 그대로 쓰고 있는 것에 불과하다.

2. 일상 언어 "야", "응", "해해"는 한자어이다

이처럼 우리말은 일부 백안시(白眼視)되는 한자어뿐만 아니라, 순수 우리말로 여기며 쓰고 있는 말 들 가운데도 우리말이 아닌 것이 꽤 많다.

지극히 평범한 일상용어인 "야(唔:공손히 대답할 야[녜])", "응(唅:코대답하며 말할 응)", "해해(咳咳:방글방글 웃을 해)거려"라는 말 등이 그런 범주에 속한다.

감탄사·자동사뿐 아니다. 명사에서 꼽으라면 '사발'을 예로 들 수 있다.

3. 몽고에서 온 말 '사발'과 각종 그릇 이름

"오사카성(大阪城)과도 바꾸지 않았다"고 할 만큼 일본에서 큰 인기를 누린 것이 '조선 사발(井戶茶碗:이도다완)'이니, '사발'은 당연히 우리말이라고 많은 사람이 생각할 것이다.

<조선 사발을 일본인들은 '이도자완(井戶茶碗[정호다완])'이라고 부른다. 한반도 위등(韋登)에서 생산된 조선 사발을 이도(井戶若狹守覺弘[정호약협수각홍:이도와카사슈가쿠히로시])라는 사람이 가져왔기 때문에 '이도'라고 부른다고도 하고 나라현(奈良縣)의 이도무라(井戶村[정호촌])에서 발굴되었기 때문에 '이도'라고 부른다고도 한다. 일본의 일급 보물로 지정된 조선 사발이 3점이고 이

도자완이란 이름으로 역사가 기록되어 있는 조선 사발이 70여 점이다. 이 중 20여점은 중요문화재로 등록되어 있다. "오사카 성(大阪城[대판성])과도 바꾸지 않았다"는 진주 멧사발 쯔쯔이쯔 쯔이도(井筒井筒戸[정통정통호])는 일본 야마또(大和[대화])지방에 소영주가 다이묘(大名:대영주)이자 주군인 쯔쯔이준께(筒井順慶 [통정순경])에게 바쳤던 것을 쯔쯔이준께가 다시 도요토미 히데요 시(豊臣秀吉[풍신수길])에게 바쳤던 조선 사발이다.>

그래서 지난 시절에는 '사기로 만든 발우'라는 뜻으로 '沙鉢 (사발)'이라고 한자로 만들어 적었고 오늘날 「국어사전」에도 "사발은 사기로 만든 국그릇이나 밥그릇으로 위는 넓고 아래 는 좁으며 굽이 있다."고만 해설하고 있다.

그러나 '사발'은 우리 땅에서 생겨난 우리말이 아니다. 그릇 을 일컫는 몽고어 '사바르(撒八살팔)'·'사바(薩巴살파)'가 어원으 로, 수입하여 쓰는 과정에서 '사발(沙鉢)'로 변한 것뿐이다. 「만주원류고」 어언(語言)조에 그 증거(薩巴살파,蒙古語器皿也몽 고어기명야.原文作撒八원문작살팔)가 남아 있다.

사발뿐 아니다. 주발(周鉢)·대접(大楪)·탕기(湯器)·종기(鐘器: 종지), 또는 종발(鐘鉢)을 삼국시대에는 뭐라고 불렀는지 알 수 가 없다. 고려 때 동이(盆분)를 '아수야', 오지 솥(鬲격)을 '재', 주발(碗완)을 '사현', 접시(楪접)를 '뎝지', 발우(盂우:밥그릇)를 '대야', 숟가락(匙시)을 '술', 젓가락(箸저)을 '절'이라고 했다고 기록되어 있으니, 설명 없이 삼국 때 이름이 어디 기재되어 있다고 해도 그 말은 오늘날과 많이 달라 무슨 뜻의 말인지 알 수가 없게 되어 있을 것이다.

4. 대폿집의 대포는 큰 바가지란 뜻

우리가 흔히 '큰 술잔'을 '대포'라고 하는 것도 그러한 말 중의 하나다. 요즘은 '큰 바가지'라는 뜻의 大匏(대포)가 '대폿집(선술집)'의 대포인 줄 아는 사람이 적지 않지만 그렇지 않다.

대포는 고대 중국어 '大白(대백)'에서 온 말인데, 당시의 중국음 '다뽀(da bo)', '대버(dɛ bêh)'가 우리나라로 들어오며 '대보→대포'로 변한 것이다.

「국어사전」에 괄호 안 한자 없이 "대포 몡 ① 선술집 등에서 술을 별다른 안주 없이 큰 그릇에 따라 마시는 일. ②↗대폿술."이라고 해설하고 있는 것이 그 때문이다.

대포(大白)의 역사는 10세기 초 북송(北宋) 때 시인 소순흠(蘇舜欽)에서 비롯되었다. 그는 처가살이를 했는데 술을 어찌나 좋아하는지 매일 밤 책을 읽으면서 말술을 마셔대었다. 장인이 설마 그러랴 미심쩍어 알아보게 했다. 「한서(漢書)」 장량전(張良傳)을 읽고 있던 그는 슬프거나 기쁘거나 안타까운 감정이 일 때마다 강개(慷慨)하여 책상을 내리치며 대포(大白:큰술잔) 가득 술을 채워 마시기를 반복했다. 자제(子弟)에게서 이런 사실을 전해들은 장인은 "이런 술고래(下物하물)라면 말술도 많이 마시는 것이 아닐 게다"하고 웃었다.(中吳紀聞중오기문)

이러한 이야기는 조선조 내내 글공부보다 술 마시기를 좋아했던 선비들이 자기합리화를 위해 방패막으로 내세워 오면서 주막집 술대접을 '대포'라고 부른 것이 오늘날 '대폿집'이 태어나게 된 연유이다.

5. 개자추의 슬픈 죽음에서 생겨난 말 '조카'

그와 비슷한 말로 '조카'가 있다. '삼촌', '조카' 하는 그 조카이다. 춘추 때 진문공(晉文公:重耳)이 충신 개자추(介子推)가 그러안고 타죽은 버드나무 등걸로 나막신을 만들어 신고 그가 생각날 때마다 나막신을 굽어보며 "그립다 족하야, 불쌍하다 족하야(悲乎足下비호족하)."했는데 그 말이 뒤에 경칭(敬稱)으로 널리 쓰였고 우리나라로 들어와 '족하 → 조카'로 변하여 형제자매의 자녀를 뜻하는 말이 되었다.

<춘추시대 진(晉)나라 헌공(獻公)은 아버지의 첩이었던 제강(齊姜:齊桓公제환공의 딸)을 부인으로 삼아 딸 백희(伯姬)와 아들 신생(申生)을 낳았다. 딸은 진목공(秦穆公)의 아내가 되었고 아들은 태자가 되었다. 그 뒤 헌공은 여희(驪姬)의 치마폭에 싸여 헤어날 줄 몰랐는데, 사랑을 독차지했던 여희는 자신의 아들 해제(奚齊)를 후계자로 삼기 위해 태자를 모함해 죽이고 주목받던 두 공자(公子) 중이(重耳)와 이오(夷吾)도 죽이려 했다. 중이는 적(狄:翟적)나라로 도망쳤고 이오는 양(梁)나라로 망명했다.

양나라로 망명한 이오는 양나라 임금의 사위가 되어 남매를 두었는데, 사내 이름은 어(圉)이고 딸 이름은 첩(妾)이었다. 이때

본국에서는 헌공이 죽고 해제가 임금이 되었는데 태자 신생의 사부(師傅)였던 이극(里克)이 반란을 일으켜 해제를 상청에서 죽였고 해제의 동생 탁자(卓子)를 임금으로 세우자 이극은 다시 조회자리에서 탁자를 죽였다. 여희는 자신도 살아나기 어렵다고 판단하고 우물로 뛰어들어 자살했는데 이극은 건져내어 고기떡을 만들었다.

그런 뒤 이오를 맞아들이기 위해 양나라로 사람을 보냈다. 이오는 자신을 데려다가 해치려는 음모가 아닐까 의심스러워 누이 백희를 통해 진목공에게 도와달라고 했다. 자신이 임금이 되면 하서(河西) 쪽 땅을 진(秦)나라에 떼어주겠다는 조건도 붙였다. 진목공은 이오가 고국(晉)으로 돌아가 즉위할 수 있도록 군사력을 동원하여 도와주었다. 이가 바로 진혜공(晉惠公)이다. 혜공은 즉위하자 인민들의 촉망을 받는 중이가 외국에서 망명생활을 하고 있는데다 이극이 다시 반란을 일으킬 수 있다고 판단하여 이극을 사사(賜死)하고 자신을 비호하지 않았던 고위관리들을 모두 도살했으며 아버지의 부인이었던 큰어머니 가군(賈君)을 간음하는 등 거칠 것이 없었다. 다만 진목공에게 약속했던 하서쪽 땅에 대해서는 입도 뻥긋 않았다. 게다가 나라에 흉년이 들어 지원을 요청하자 진목공은 많은 양식을 넘겨주었는데 진목공이 흉년을 맞아 처남에게 지원을 요청하자 혜공은 한 톨의 양식도 넘겨주지 않으려 했다. "은혜를 잊고 의리를 저버리면 기필코 재난을 부르게 될 것"이라는 대신의 권고도 듣지 않았다. 크게 화가 난 진목공은 진(晉)나라 정벌에 나섰다. 두 나라 군사는 한원(韓原)에서 맞붙었다. 참패한 혜공 이오는 사로잡혀 진(秦)나라로 끌려갔다. 누이 백희 덕분에 가까스로 살아난 혜공은 아들 어(圉)를 인질로 잡히고 나서야 고국으로 돌아올 수 있었다.

진목공은 처남의 아들 어에게 자신의 딸 회영(懷嬴)을 짝지어 사위로 삼았다. 그러나 어는 늘 불안했다. 아버지 혜공은 앓고 있는데다 외가인 양나라마저 진목공의 손에 멸망한 뒤라, 자기의 임금 자리를 다른 사람에게 주지 않을까 겁이 났다. 몰래 도망쳐 자신의 나라로 돌아갔다. 진목공은 즉시 대책을 바꿨다. 중이를 도와 진나라 임금으로 앉혀야겠다고 결정한 것이다. 그래서 초(楚)나라에 머물고 있던 중이를 맞아들여 딸 회영을 다시 중이에게 시집보냈다. 중이로서는 어린 질부(姪婦)를 또 하나의 아내로 맞은 셈이다.

그 이듬 해 이오(혜공)가 죽자 어는 진나라 임금(懷公)이 되었고 진(秦)나라와의 모든 관계를 끊었다. 진목공은 혜공 부자의 신의 없는 행동을 괘씸하게 여기다가 어가 대신들을 마구 죽이고 인심을 잃자 중이가 고국으로 돌아가 새로운 임금으로 즉위하도록 병력을 동원해 도와주었다.

중이는 43세에 적나라로 도망쳤다가 55세에 제(齊)나라로 가서 이모(제환공의 작은 딸 제강)와 결혼했고 61세 때 초(楚)나라에서 진(秦)나라로 갔다. 그가 이렇게 19년 동안 이리저리 떠돌다가 진목공(자형)의 도움으로 고국으로 돌아가 오패(五覇)의 하나인 진문공(晉文公)이 되기까지는 그를 따라 온갖 고생을 사서하며 충성을 바친 사람들의 공이 컸는데 그 중의 하나가 개자추(介之推)였다.

개자추는 자기 넓적다리 살을 베어내 배곯다 기절한 중이에게 먹일 정도로 지극정성을 다했으나 중이가 새로운 임금이 되어 고국으로 돌아가게 되자 자신의 공이 더 크다며 다가서는 사람들과 달리 저만큼 뒤처져 혼자 귀국했다. 그동안 말 못할 고생을 참아가며 자신이 바친 충성이 부귀를 탐하여 벌인 일로 오해 받는 것이 수치스러워서였다. 집으로 돌아온 개자추는 홀어머니를 모시고 조용히 살았다. 밖에서 들려오는 소문과도 일절 담을 쌓았다. 논공행상에서도 빠지고, 세월은 흘러갔다. 개자추는 노모를 모시고 면산(綿山)으로 숨어들었다.

이것을 지켜본 이웃이 "너무나 불공평한 대접"을 받는 것에 공분을 느껴 남몰래 궁전 문에 대자보(龍蛇歌용사가)를 써 붙였다. 이 글을 읽게 된 진문공은 뒤늦게 자신이 은혜를 잊고 의리를 저버렸다는 사실을 깨닫고 크게 후회했다. 직접 개자추를 찾아 면산으로 갔다. 개자추는 피하며 나타나지 않았다. 진문공은 개자추가 나오도록 압박하기 위해 산 3면에서 불을 질렀다. 불은 사흘 동안이나 크게 타올랐다. 개자추는 끝내 나오지 않고 어머니와 함께 그 불길에 타 죽었다. 어떤 사람이 불에 타다 남은 버드나무 등걸 밑에서 개자추 모자의 시신을 발견했다. 진문공은 매우 슬퍼했다. 개자추의 시신을 땅에 묻으며 개자추가 타 죽은 3월 5일을 '금화일(禁火日)'로 전국에 선포했다. 불을 못 피우는 날로 정한 것이다. 그래서 음식도 '찬 음식'을 먹을 수밖에 없었다. 이것이 뒤에 명절의 하나인 '한식(寒食)날'이 되었다고도 한다.

진문공은 면산에서 돌아오면서 개자추가 그러안고 죽은 버드나무 등걸을 잘라 궁으로 가져왔다. 그것으로 나막신(木屐목극)한 켤레를 만들어 신고 늘 그의 공이 생각날 때마다 나막신을 굽어보며 "그립다 족하, 불쌍하다, 족하(悲乎足下)!"라고 말했다. 그 뒤 '족하'라는 말은 하급자가 상급자를 부르거나 나이가 비슷한 사람끼리의 경칭(敬稱)으로 쓰였다. 이 말이 우리나라로 들어와 '족하 → 조카'로 변해 오늘날 형제자매의 자녀를 일컫는 말로 자리 잡은 것이다.

율곡 이이는 벗인 우계 성혼에게 보낸 많은 편지의 첫머리에 '호원족하(浩原足下)'라고 경칭을 썼다. 호원은 우계의 자이다.>

6. '창피하다'는 '창부'가 변해 만들어진 중국말

또 우리는 체면이 깎이거나 아니꼬운 일을 당하면 금방 "창(챙)피하다"고 얼굴을 붉히면서도 그 말이 남의 말인 줄은 모른다. '창피(猖披:chāngpī)'는 지금도 그대로 쓰이고 있는 중국말이다. 단정하지 못하고 흐트러진 모습을 보이거나 어울리지 않고 제멋대로인 것을 뜻하는 말이다. 그러나 이 말은 "거칠고 몰상식하다, 촌놈, 비천한 놈, 시골뜨기"라는 뜻을 갖고 있는 '창부(傖父:chāngfù)'가 변하여 이루어진 말로 깊은 역사를 담고 있다.

<서진(西晉) 때 유명한 문장가 겸 서예가였던 육기(陸機: 261 ~ 303)라는 사람이 있었다. 지금 강소성 소주(江蘇蘇州) 출신으로 저작랑(著作郞) 등의 관직을 역임했는데 그의 동생 육운(陸雲)과 함께 문장으로 세상에서 널리 알려져 '이육(二陸)'이라고 불렸다. 그는 처음 낙양(洛陽)으로 올라왔을 때부터 삼국 당시 세 수도인 촉도(蜀都)와 오도(吳都) 허도(許都)에 관한 시 「삼도부(三都賦)」를 지으려 구상 중에 있었는데, 후궁으로 뽑혀오는 손아래 누이(左棻[좌분])를 따라 산동에서 올라온 못난 시골뜨기 좌사(左思)가 "「삼도부」를 짓고 있다"는 소식을 듣고 손뼉을 치고 웃었다. 그리고 아우 육운에게 편지를 보내 말했다. "이곳에

있는 쥐불(좆)도 모르는 놈(傖父[창부])이 「삼도부」를 지으려 한
다니, 그가 다 짓기를 기다렸다가 그 종이로 술독이나 싸매야겠
다"고 했다. 그 후 육기는 좌사의 「삼도부」를 보고 너무 감격하
여 「삼도부」를 다시 짓겠다는 생각을 감히 못했지만 '창부(傖
父:chen fù)'라는 말은 동서진과 남북조시기 남방 사람들이 북
방 사람들을 거칠고 비루하며 자기 주제도 모르는 촌놈이라고
멸시하는 말로 '호로새끼(虜父[로부])'와 같은 말로 자리 잡았고
그 뒤에는 '뻔뻔하고 저속하고 비천한 사람'들을 다잡아 이르는
말로 쓰였는데 , 이 '부끄러운 줄도 모른다'는 말 창부가 '창보-
창비'로 변하다가 창피로 발전하여 다른 말이 된 것이다>

제9장
'지랄'이 무슨 뜻인가?

거란(遼)을 세운 예루아보기(耶律阿保機)가 지랄부(迭剌部) 출신으로 술자리에서 반대파를 쳐 죽이고 거란의 각 부족을 통일했기 때문에 우리는 왕을 비롯한 전 거란인을 '지랄들'이라고 일컬었다. 그들이 고려를 쳐들어와 10년 전쟁하는 동안 지랄을 떨었다.

1. '사랑한다'는 어른이 아이들에게 하는 말

요즘 젊은이들이 가장 잘하고 좋아하는 말 중에 '사랑'이란 말이 있다. 어른 아이 구별 없이 아무에게나 대고 "사랑한다." 고 재롱을 떤다. 중국말 '사량(思量:쓰량)'이 들어와 변한 말이 니까 '생각하겠다., 기억하겠다.'는 뜻 정도로 이해하는 것이 아닌가 싶다.

<중국어 思量(사량)은 衡量(형량:비교하다)·忖量(촌량:헤아리다)· 思念(사념:생각하다)·思考(사고)·思索(사색)과 같이 쓰이는 말이 다. '사랑한다'고 할 때는 愛(애)자를 쓰고 '아이'라고 발음한다. 서양말 'Love(러브)'와 비슷하다. 그래서 "我愛你 思量(워 아이 니 쓰량), 我愛你 歌唱(워 아이니 꺼창)"이라고 노래한다. "나는 너를 사랑해서 생각하고 나는 너를 사랑해서 노래 부른다"는 뜻 이다.>

우리의 '사랑'이란 말은 그런 뜻이 아니다. '유난히 귀하고 예쁘게 여기며 곁에 두려고 하는 것'을 이르는 말이다. '그리 워하고 사랑하는 것'을 '연애(戀愛)'라고 한 것을 보면 '사랑 (愛)'과 '사랑(思量)'은 다르다는 것을 알 수 있다.

지난 시절에는 '고임', 또는 '굄'이라고 했다. '귀염(귀엽다)' 이라는 말이 여기서 생겨났다. 남의 사랑을 받을 만한 자질이 없는 것을, 그래서 "귀염성(굄성)이 없다"고 했다.

'사랑'이라는 말은 그러니까 어른들이 아이들에게 하는 말이지, 아이들이 어른들에게 할 수 있는 말이 아니다. 어른이 "사랑한다."고 하면 아이들은 "존경합니다."하거나 "받들어 모시겠습니다."하는 것이 옳은 대답이다. 그마저 하기 싫다면 "가르쳐 주시는 대로 따르겠습니다."하거나 "많이 예뻐해 주세요.", 또는 "많이 깨우쳐 주세요."하는 것이 본데 있고 재치 있는 대답에 속한다.

2. 오빠, 아빠라고 부르는 남편 호칭 속에 든 무서운 진실

하기야 남편을 '오빠', 또는 '아빠'라고 부르는 데도 집안 어른이 나무라거나 고쳐 줄 생각은 않고 그냥 따라 허허거리는 것이 요즘 세태이니, 더 말해 무엇 하겠는가.

가뜩이나 출산율이 떨어져 인구감소가 걱정된다는 이때, 숙질(叔姪:삼촌과 조카) 간에 결혼을 하고 남매(男妹) 간에 상피(相避:가까운 친척 사이의 남녀가 성적관계를 맺는 일)가 붙어 대가 끊긴 신라 진골(眞骨)처럼 된다는 전조(前兆)가 아닌지 모두가 생각해 보아야 할 일이다.

남편이 '아빠'이고 '오빠'라면 자신이 한 결혼은 대부분의 문화권에서 터부시하는 '근친상간(近親相姦)으로 이룬 가정'이라는 뜻이니, 어찌 얼굴을 들고 남을 대할 수 있겠는가.

설령 '아이들의 아빠'라서 '아빠'라 하고 '선배'라서 '오빠'라고 했다고 치자. 그렇다고 말뜻이 달라지는 것은 아니다. '여보(女夫)'라고 부르기가 싫다면 아이들의 이름을 앞에 붙여

'○○ 아빠'라든가 그냥 '선배'라고 하는 편이 'Husband(허즈 번드)'라고 하는 것보다 훨씬 부드럽고 듣기 편하다.

<상피제(相避制)는 고려 때 생겨나 조선조 때 강화되고 세분화된 제도로 아버지와 아들, 아저씨와 조카 등 친척관계에 있는 사람들이 같은 관서에 근무하거나 긴밀한 관계가 있는 업무에 종사하지 못하도록 한 제도다. (요즘도 비슷한 제도가 행해지고 있다.) 함께 근무하면 서로 불편할 수도 있고 정실에 얽혀 부정을 저지를 수도 있기 때문이다.

그래서 피고의 친척은 재판관이 될 수 없고 시험생(擧子)의 친척은 시험관이 될 수 없었다. 이처럼 "서로 피해야(相避) 할" 처지에 있는 사람이 친척이라는 사실을 숨기고 피하지 않았다면 이것은 '해서는 안 될 일을 한 것'이라, "상피 났다"고 말했다. '상피하지 않고 붙어 있다'는 뜻이다.

이 말은 차차 근친 남녀가 간음(姦淫)하는 것을 의미하기도 하여 "상피 붙었다"고 크게 놀라워했다. 근친 남녀는 조상이 같기 때문에, 똑같은 종류의 열성 유전자를 갖고 있을 가능성이 크고, 그 열성 유전자 때문에 근친상간으로 태어난 아이는 장애가 생기거나 치사율이 높은 병에 걸리기 쉬워 절대 금기로 여겨왔다. 근친부부가 아닌 경우는 남녀가 모두 특수한 형질의 유전자를 갖고 있다고 해도, 한쪽에는 그것을 무효화시키는 우성 유전자를 갖고 있는 경우가 많아, 그 형질이 아이에게 나타나는 경우가 적다고 한다.>

이런 자가능욕적인 말이 스스럼없이 쓰이게 된 데는 일부 생각없는 방송극 작가의 저급한 사고에 기인한 바 크지만 그런 줄 뻔히 알면서 방관하거나 부추기는 듯한 제작 담당자들의 책임도 적지 않다. 그들의 사시(社是)를 보면 어디에도 우리말의 질서를 무너뜨리고 생뚱맞은 말이나 지어내 전통적 어문화(語文化)를 파괴하고 가족관계나 희화해 부정적인 이미지를 전파하면서 퇴폐풍조를 진작시키겠다는 다짐은 없다.

3. 한자에서 온 겹말들과 일상언어

우리말에는 겹말이 의외로 많다. '장(場)마당', '처가(妻家)집', '역전(驛前)앞', '가게(假家)집', '고목(古木)나무', '봉(峰)부[우]리' 등의 명사가 그런 류이고 '굳건(健)히', '맞당(當)히', '얄팍(薄)히', '익숙(熟)히' 등이 또한 그런 류이다.

말이 한자로 만들어지다 보니 전래의 말이 겹쳐들어 그렇게 된 것이다.

'場(장)'이란 '마당'을 뜻하는 한자말이라 '장' 자체가 '마당'이라는 뜻인데 여기에 다시 '마당'을 덧붙여 '장마당'이라고 하면 '驛前(역전)+앞'이나 '古木(고목)+나무', '妻家(처가)+집', '가게+집'과 마찬가지로 마당을 '장마당', 앞을 '전앞', 나무를 '목나무', 집을 '가집'이라고 말하는 것과 다름이 없다.

'가게'는 원래 임시로 지은 집(가건물)이라는 뜻의 '假家(가가)'가 변해 이루어진 말이라, 집이라는 말이 이미 들어있다.

그래서 우리말에서 한자어를 빼놓고는 일상적인 대화마저 할 수가 없다. '장사'라는 말은 장에서 사고파는 일을 뜻하는

場事(장사)에서 온 말이고 '과일'은 瓜颬(과질)이 변한 말이며 '불쌍한'은 不祥(불상)이 변한 말이고 '무지무지'는 無盡無盡 (무진무진), '굉장히'는 宏壯(굉장), '무척'은 無測(무측), '무진 장'은 無盡藏(무진장), '조잘조잘·주절주절'은 嘲哳啁哳(조절주 절)에서 온 말이다.

4. 지랄은 거란사람 되놈은 중국사람

한자에서 온 말은 평범한 말뿐만 아니다. 심한 욕설도 한자 로 이루어져 있는 경우가 허다하다. "육실할 놈 무턱대고 지 랄이야!"라는 말을 예로 들어보자. '육실'은 능지처참(陵遲處 斬)하는 형벌 '육시(戮屍)'를 말하는 것이고 '무턱'은 의탁할 곳, 즉 '뒤를 봐줄 사람도 없다'는 뜻의 '무탁(無託)'이 변해 이루어진 말이며 '지랄'은 갑자기 이상(異常)행동을 한다는 뜻 의 지랄(迭剌질랄:뎨랄→제랄→지랄)에서 온 말이기 때문이다.

그렇다면 이 지랄의 원 뜻은 무엇인가. 이 말을 이해하려면 고려 때로 거슬러 올라가야 한다. "지랄 같은 놈들"이라는 말 이 지금도 더러 쓰이지만 '지랄'은 거란군(契丹軍)을 일컫는 말이었다. 조선조 때 중국인(淸國人)을 '되놈'이라고 했듯이 '거란 놈들'이라는 말 대신 '지랄'이라고 한 것이다.

거란(遼)을 세운 예루아보기(耶律阿保機야율아보기)가 지랄 부(迭剌部) 출신으로 술자리에서 반대파를 쳐 죽이고 거란의 각 부족을 통일했기 그들이 잡아간 우리나라 백성을 수용하기 위해 삼한현(三韓縣)이라는 새로운 고을을 설치해야 했던 데서 볼 수 있듯 거란은 1011년 고려의 수도 개성으로 쳐들어와 종묘와 궁궐에 불을 지르는 것을 시작으로 1020년까지 고려와 10년 전쟁을 치렀다.

언제 어디로 쳐들어와서 또 무슨 짓을 저지를지 모르는 것이 지랄들이라. '지랄'이라는 말에는 갑자기 예상 못할 짓을 하며 사람을 놀라게 한다는 뜻을 갖게 된 것이다. '지랄발광'이라는 말도 그래서 생겨났다. "지랄들이 미친 듯 날 뛴다"는 뜻이다.

제10장
사나히와 지지바

　남성 생식기 '산'을 달고 태어난 아이가 '사나이'이듯이 여성 생식기 '지치'를 갖고 태어난 아이가 '지치아이' 즉 지지바, 지지배이다.

　집에 앉아 지키기 때문에 '겨집'이라고 한다는 한글 학자들의 주장이 얼마나 황당하고 부끄러운가?

　'지지바'는 결코 '계집 → 계집애'의 사투리가 아니다.

1. 사나이와 계집의 통석적인 어원 해석

사람은 나면서부터 남성(사내)과 여성(계집)으로 구분된다. ♂과 ♀이 상징하듯 원시 이래 구분방법은 생식기였다. 애초부터 우리는 남성을 '머스마(머슴아)'라고 불렀고 지금도 일부에서 사용하고 있는 말이다. 부여를 세운 우리의 시조 해모수(解慕漱:해머슴)가 그러했음을 증명한다. 그러나 지금 우리가 쓰고 있는 말은 그렇지 못하다. 지난 시절 우리는 남성을 '사나흠이(ᄉᆞ아히 → 사나히)', 또는 '사남(사내)'이라고 부르며 먹을 것을 찾아 산을 헤매기 때문에 '산(山) 아이'가 줄어 '산아히(사내)'가 되었다고 하고 여성을 '겨집애'라고 부르는 것은 겨집애는 집을 지키고 '집안에 계시는(있는) 아이'가 줄어 있어 '겨집(계집)'이 되었다고 한다. 그러나. 고려 때는 '하눔(하님)'이라고도 했다. 몽고에 묻어 들어온 말이다.

아무리 되짚어 곱씹어 보아도 이런 정의는 무엇인가 미흡할 뿐만 아니라 잘못되었다는 느낌을 떨쳐버릴 수 없다. 구분방식이 기본 원칙에서 크게 벗어나 있는 말이기 때문이다.

2. 암각화 속 남과 여의 상징

중국 사람들이 새내아이를 '남(男)'이라 하고 계집아이를 '뉘(女)'라고 하는 것도 하란산 암각화(賀蘭山岩畵)와 신강(新疆)

강가석문자암각화 (康家石門子岩畵)의 교합상(交合像)을 참고할 때 '남(𤗇)'자는 「𤗇」자로 들에서 교합하기 직전의 생식기 형태를 나타낸 글자이고 '여'자는 갑골문(甲骨文)이 꿇어앉은 모습(𡚸)으로 그려져 '집에 앉아 있는 것'이라고 해석했는지 모르지만, 이것은 여성비하적 사고에서 그려진 것일 뿐 암각화를 고려하면 「𢆉」의 형태로 여성 생식기를 나타낸 글자였다. 어머니라는 '모(母)'자가 「𢆉」자 배부분에 아이가 들어있는 「𢆉」형태의 글자임을 보면 그 뜻이 더욱 명확해 진다.

3. '산'이 뜻하는 것

국어 사전을 찾아보니 숟은 사내의 옛말이라고 정의하고 있다. 우리말 '산아이'의 '산'이 어떤 까닭에 사내인지 생각해보지 않을 수 없었다. 고대 한의학서적 황제내경(黃帝內經)을 찾아보니 '산(疝)'에 대한 풀이가 있는데 '생식기와 고환이 붓고 아픈 증상으로. 아랫배가 당기며 아프고 소변과 대변 길이 막힌다.'고도 했다.

이것만으로도 산은 남자의 생식기를 의미한다는 것을 짐작할 수 있다. '산(疝)'자를 뜯어보면 '疒(역) 자와 산(山)자가 합쳐진 회의(會意)문자(두 개 이상의 글자를 합쳐 다른 뜻과 소리를 나타내는 글자)'이고 "병(疒)든 산(山)"이라는 뜻이다.

그러나 글자 그대로의 '산(山)'이 병에 걸릴 리는 없는 일이므로 이곳에서 말하는 산은 '산'이라고 불리는 인체기관, 즉

남성의 생식기를 지칭하는 북방 고대인의 말이었다고 밖에 볼
수 없다.

우리 기록에도 그런 말이 있는지 찾아보았다. '검은개(黔浦)'
로 불렸던 김포(金浦)의 하성면을 고구려 때 '童子忽(동자골)',
또는 '嶂山縣(동산현)'이라고 불렀다는데 눈길이 갔다. 이 말을
풀어 보면 우리도 그 옛날 남성 생식기를 '불대'나 '불알'이라
고 호칭하기 전에는 '산'이라고 불렀다는 것을 유추할 수 있
다.

'동자골'이라는 이름은 '어린(사내)아이 골'라는 뜻이 아니
라, '민둥산 골'이라는 이두표기이기 때문이다. '민둥산'은 어
린 사내아이들의 '거웃 없는 고추'를 뜻하는 말로 동자(童子:사
내아이)만이 그러한 '산'을 달고 있기 때문에 '민둥산골'을 '童
子忽'이라고 적은 것이다.

동자골을 '嶂山縣(동산현)'이라고도 했다는 기록을 보면 그
뜻은 더욱 명백해진다. '嶂(동)'자는 '초목이 없는 산'을 뜻하
고 '산'은 남성 생식기(불대)를 뜻하는 말이므로 嶂山(동산)은
'벌거숭이 산', 즉 '민둥산'이라는 말이 되기 때문이다.

　　<동작동(銅雀洞)이라는 이름의 어원이 민물고기 '동자개'에서
　　왔듯이 이곳 역시 '동자개'와 '동사리(동사니)'가 많이 잡혀 '童
　　子忽(동자골)', 또는 '嶂山縣(동산골)'이라고 불렀다고 볼 수도
　　있다. 지역에 따라서는 '동자개'를 '동사리', 또는 '동사니'라고
　　부르기도 한다.>

4. '지지바, 지집애'의 어원

남자 생식기를 '산'이라고 불러 '산아히 → 사내'가 되었다면 여자의 생식기는 또 무어라고 불러 '지집 → 겨집'이 되었을까. 요즘도 십대 소녀들은 '지집애' '지지바'라는 말을 자주 쓰는데, 「국어사전」에서는 '지집'을 '계집'이라는 말의 경상·전라·충청·강원도 사투리라고 저만큼 밀어놓고 있다. '계집애'를 지집애, 지지바로 잘못 말하고 있다는 뜻이다. 어원을 '집에 계시기 때문에 겨집(계집)'이라고 한다는 주장에 쐐기를 박는 셈이다.

이런 해석에 문제가 있어 보여 반박하려해도 '겨지'나 '계지', '개지'가 여성의 생식기를 뜻한다는 기록이 있어야 하는데 증빙할만한 기록이 없다.

오히려 '지치'가 여성의 생식기를 뜻한다는 기록이 보일 뿐이다. 이것이 지지바의 어원을 밝힐 중요한 열쇠가 될 것 같다.

지금 강서구 가양동(加陽洞)을 고구려 때 '지치바위(齊次巴衣제차파의)'라고 했는데 신라 경덕왕이 '孔巖(공암)'이라고 고쳤다. '공암'은 구멍 난 바위라는 뜻이지만 전국에 흩어져 있는 수많은 공암을 우리는 흔히 '공알바위'라고 불러왔다. 여성 생식기를 뜻하는 말이다. 지금은 많이 고쳐 부르고 있지만 옛 이름 그대로 부르는 곳도 더러 있다.

‘제차파이(齊次巴衣)’를 고구려 당시인 당대(唐代)의 한자음을 대입하면 ‘지치바이’로 발음된다. 그래서 ‘지치(齊次)’는 ‘구멍’이라는 ‘孔(공)’자와 대비되고 ‘바이(巴衣)’는 ‘바위’라는 ‘岩(암)’자와 대비되어 ‘지치바위’는 ‘공암’과 같은 뜻의 말임을 알 수 있다.

요즘도 어린 여자 아이들의 그곳을 ‘지지’, 또는 ‘찌찌’라고 말하는 것을 더러 볼 수 있지만 고구려에서는 여성 생식기를 ‘지치’라고 했다는 증거가 아닐 수 없다.

남성 생식기 ‘산’을 달고 태어난 아이가 ‘산아이(사나이)’이듯이 여성 생식기 ‘지치’를 갖고 태어난 아이가 ‘지치(ㅂ)아이(지지바 → 지지배)’라는 것은 더 말할 나위도 없다. 어찌 ‘지지바’가 ‘계집 → 계집애’의 사투리이겠는가.

이로 보면 ‘산아히(사내)’를 「설문(說文)」의 ‘男(남)’자 해석을 빌어 ‘먹을 것을 찾아 산야(山野)를 헤매기’ 때문에 ‘산아이’라고 하고 ‘계집애’는 갑골문의 꿇어앉은 여(女)자 형태를 보고 ‘집에 앉아 지키기’ 때문에 ‘겨집’이라고 한다는 한글 학자들의 주장이 얼마나 황당하고 부끄러운 풀이인지를 알 수 있다. 당연히 ‘지집’이 표준어가 되고 ‘계집’이 사투리가 되어야 말의 연원이 바로잡힐 것이다.

제11장
성(城)은 '바람'이고, 식성(息城)은 '물골'이다

　'한성'은 순수 우리말로 '큰 고을'이라고
해석하는 이가 더러 있다. 그러나 '漢(한)'자
는 원래 '물 한'자로 뜻이 '물'이고 음이 '한'
이라, 음을 따르면 '크다'는 의미의 '큰골'이
되지만 뜻을 따르면 '물골'이 된다. 한성의
또 한 이름이 '내골'이라는 것을 보면 '물골'
이라는 표기로 보는 것이 옳을 것이다.

1. 성(城)은 시가(市街)를 뜻하는 '잣'

지금은 없어지다시피 한 말이지만 지난 60년대까지도 사는 곳이 '문안'이냐 '문밖'이냐에 따라 대접이 달라졌다. 문안, 즉 사대문(四大門) 안에 살아야 진짜 서울사람으로 인정했다. 문밖에 살면 서울 곁가지쯤으로 인식해 "같은 촌놈"이라고 평가 절하하려 들었었다.

'문'은 동대문(興仁門흥인문)·서대문(敦義門돈의문)·남대문(崇禮門숭례문)·북대문(肅靖門숙정문) 네 개의 '성문'을 이르는 말로 문안은 바로 '시내'라는 뜻이다. '성(城)' 역시 옛날에는 '성벽'을 이르는 말이 아니라 '시가(市街)'를 뜻하는 말로 쓰였는데 어째서 '성안'이라는 말보다 '문안'이라는 말이 많이 쓰였는지 알 수는 없다.

동대문·서대문·남대문이라는 호칭은 근래에 생긴 말이다.

삼국 이래 우리는 성(城·성벽)을 무어라고 불렀는지 기록은 없다. 「삼국사기」나 「삼국유사」에도 '城(성)'이라고 한자로만 적혀 있다. '食(식)'자를 써놓고 '밥'이라고 읽듯이 분명 城(성)자를 읽는 우리말이 있었을 것인데 전해지는 기록이 없다.

"고구려는 성을 '구루'라고 했다(溝漊者 句麗名城也 구루자 구려명성야)"는 중국측 기록(三國志삼국지)이 있으나 소리를 따 적은 것으로 보이는 '골(骨)'·'홀(忽)'과 음이 비슷한 것으로 보아 이것은 적을 막기 위해 높이 쌓은 돌담(성)을 뜻하는 말이 아니라 '고을' 즉 주(州:시내)·현(縣:읍내)을 이르는 말로 보아 틀리지 않을 것이다.

조선조 세종 29년(1447년) 편찬된 「월인석보」에는 '城(성)'은 "자시라(잣이다)" 했고 중종 22년(1527)에 저작된 「훈몽자회」는 '城(성)'자는 뜻이 "잣", 음이 "셩"이라 했으며 요즘 「옥편」과 「자전」에는 '城(성)'자를 "재 성"이라고 하여 뜻이 "재(嶺)"이고 음이 "성"이라고 기록되어 있다. "넘어 다니도록 길이 나 있는 높은 산의 고개. 영(嶺)."이라고 해석한 「국어사전」의 기록과 다를 게 없다. 옛말 '잣'이 변해 '재'가 되었다는 뜻이다. 그러니까 요즘 말로 하면 '성벽'을 '재'라고 불렀다는 것이다.

시가(市街)를 '저잣거리', '져젯거리'라 했으니까 '잣'·'젯'이 '고을'을 뜻하는 '성'과 관련된 이름이라는 것은 누구나 짐작할 수 있다.

그렇다면 '저잣'의 '저'는 무엇을 뜻하는 말인가. 바로 조선의 육의전과 같은 '전'에서 'ㄴ'이 탈락한 형태로 길가에 물건을 펼쳐놓고 파는 것을 이르는 말이다. "난전이나 전방이 늘어선 시내 거리"라는 뜻의 '전잣거리'가 '저잣거리'로 변한 것이다.

여기서 말하는 잣·젯(城) 역시 견고하게 높이 쌓은 돌담을 뜻하는 것이 아니라 '고을(州縣)을 뜻하는 말이라고 보아야 옳을 것이다.

2. 성벽(城壁)은 '바람'

조선조가 '쌓은 성'을 '잣'이나 '재'라고 불렀다면 한양잣(漢陽城:한강 북쪽 잣)이라든가 큰말[마을]잣(邑城), 뫼재(山城)라는 등의 말자취가 어딘가는 남아있어야 하는데 없다. 토성(土城)이나 석성(石城)을 '잣'이나 '재(嶺령:고개)라고 부르지 않았다는 뜻이다.

예부터 적을 막기 위해 높이 쌓은 흙담이나 돌담을 우리는 무엇이라고 불렀는지 알기 위해서는 우선 '담'을 뜻하는 한자말 '벽(壁)'에 주목해야 한다.

글자 그대로 '壁(벽)'이라고만 하면 될 것을 우리는 '바람벽'·'벼름박'·'비름박'이라고 말하고 깎아지른 낭떠러지를 '벼랑'·'비링'이라고 말한다. 일부 지방에서는 그냥 '바람'이라고 말하고 있는데 이는 '벽'자와 벽자의 변음으로 보이는 '박(빡)'자를 버리고 말하는 것이다.

결국 벽을 의미하는 말은 바람·벼랑·벼름·비링 등 비슷한 소리만 남았다. 원래 하나의 소리 '바람'이 변전되어 가지를 친 말들이었다.

세종 29년(1447)에 간행된 「석보상절」을 보았다. "壁(벽)은 ᄇᆞᄅᆞ미니 ᄇᆞᄅᆞᆷ ᄀᆞ티션 바회ᄅᆞᆯ 石壁(석벽)이라 ᄒᆞᄂᆞ니라"라는 기록되어 있었다. 「훈몽자회」에도 '壁(벽)'자는 뜻이 "ᄇᆞᄅᆞᆷ", 음이 "벽"이라고 했다. 「국어사전」에 표준말로 등재되어 있는

'바람벽'이라는 말은 그러니까 우리말 '바람'에 '壁(벽)'자가 덧붙은 겹말이었다.

다시 물증을 찾아 옛 성 주변의 지명(地名)들을 살펴보았다. 서울 송파구 몽촌토성(蒙村土城) 옆에 '풍납(風納)동'이 있고 충북 보은 삼년산성(三年山城) 밑에 '풍취(風吹)리'가 있었다. '風納(풍납)'은 '바람드리(바람 들)'라는 이두표기로 '성옆 들판'이라는 뜻이고 '風吹(풍취)'는 '바람부리(바람 벌)'라는 이두표기로 '성 밑 벌판'이라는 뜻이었다.

풍납동이나 풍취리는 성안(市巷시항)을 언제부터 '잣'이라고 불렀는지 알 수 없지만 삼국 이전부터 성벽(城壁)을 '바람'이라고 불렀다는 증거가 아닐 수 없다.

몽촌토성은 백제 건국 초기(3세기)에 쌓은 것이고 삼년산성은 신라 자비마립간 13년(470년)에 쌓은 것이니까, 설령 '바람드리(風納풍납)'나 '바람부리(風吹풍취)'라는 지명이 성벽(바람)이 생긴 뒤에 붙은 것이라고 쳐도 그 기간이 크게 벌어지지는 않았을 것이다.

3. 한성(漢城)과 식성(息城) 내골(乃忽)은 같은 뜻

우리 기록에는 이처럼 번역된 한자말만 있고 번연히 남아 있는 우리말을 까맣게 잊고 있는 경우가 한둘이 아니지만 그 반대로 우리말로 표기한 이두가 있는데도 그 말이 무슨 뜻의 말인지를 몰라 많은 학자가 진땀을 빼다가 얼버무리거나 얼토

당토않은 해설을 붙이기도 한다. "漢城(한성)을 息城(식성), 또는 乃忽(내골)이라고도 한다"는 「삼국사기」 지리지의 기록이 그중 하나다.

'한성'은 순수 우리말로 '큰 고을'이라고 해석하는 이가 더러 있다. 그러나 '漢(한)'자는 원래 '물 한'자로 뜻이 '물'이고 음이 '한'이라, 음을 따르면 '크다'는 의미의 '큰골'이 되지만 뜻을 따르면 '물골'이 된다.

한성의 또 한 이름이 '내골'이라는 것을 보면 '물골'이라는 표기로 보는 것이 옳을 것이다.

지금은 빽빽한 아파트 숲이 되어 있지만 얼마 전까지도 수락산 남쪽 자락에는 '한내'가 넓게 펼쳐진 기름진 '마들 평야'를 가르며 유유히 흘러갔다. 그 한내의 '내'가 '내골'의 '내'와 같은 것으로 '물' 또는 '강'을 의미하고 있어 한자로 표기하면 한천(漢川) 또는 한강(漢江)이 된다.

문제는 한성을 "식성(息城)이라고도 한다"는 기록이다. '息(식)'자는 "쉴 식"자로 뜻이 '쉬는 것'이고 음이 '식'이다. 그러므로 '쉬골'이라고 해도 말이 안 되고 '식골'이라고 해도 뜻이 통하지 않아 얼버무릴 수밖에 없었던 것이 아닌가 싶다.

'식성'의 '息(식)'은 '숨'을 뜻하는 글자로 '숨골'을 '息城(식성)'이라고 표기 한 것이다. '숨'은 '물'을 뜻하던 옛말이다. 지금도 심마니들은 물을 '숨'이라고 말한다. 그러니까 식성 역시 한성이나 내골과 마찬가지로 '물골'이라는 말인데 미처 그 뜻을 헤아리지 못한 것 같다.

제12장
시간(時間)은 '사리' 밤의 뜻은 '범'

　　해가 떴다 져서 어두워지는 '해의 한 살이'
를 '한 날(하루)'이라고 하고 달이 커졌다 다
시 작아지는 '달의 한 살이'를 '한 달'이라고
하며 사계(四季:봄·여름·가을·겨울) 열두 달
을 지나 다시 봄을 맞는 '사람의 한 살이'를
'사리'라고 한다.
　　그래서 사람의 한 살이를 열 번 거치면 열
살이 된다.

1. 나이를 세는 단위 '살(사리)'과 년(年) 달(月) 날(日)

우리는 한 해를 열두 달로 나누고 한 달을 대략 서른 날로 나누고 하루를 다섯 때로 나눈다.

해가 떴다 져서 어두워지는 '해의 한 살이'를 '한 날(하루)'이라고 하고 달이 커졌다 다시 작아지는 '달의 한 살이'를 '한 달'이라고 하며 사계(四季:봄·여름·가을·겨울) 열두 달을 지나 다시 봄을 맞는 '사람의 한 살이'를 '사리'라고 한다. 그래서 사람의 한 살이를 열 번 거치면 열 살이 된다.

이처럼 나이(齡령)를 '살(사리)'이라고 하고 새로운 한 살이(삶)가 시작되는 첫날을 '설'이라고 하는데 '사리날'이 '설날'로 음운 변화를 일으킨 것이다. '새해'를 뜻하는 몽고어 '서레'가 들어와 우리의 설이 되었다는 주장 역시 우리말 '사리'처럼 이루어진 말이라고 이해하면 그것대로 받아들여 가까움을 느낄 수 있을 것이다.

신라 때는 그래서 '年(년)'자를 써놓고 '살', 또는 '사리'라고 읽었다. 지금의 청천(靑川)·보은(報恩)·청산(靑山)을 묶어 군(郡)을 설치하며 '三年山(삼년산)군'이라고 이름 붙인 것이 그러함을 증명한다. 청천(薩買:살매)·보은(年山:살매)·청산(靑[屈]山:거르매)은 당시 모두 '살매'나 '사리매'라는 뜻으로 불리던 곳이었기 때문에 '세 살매군(三年山郡)'이라고 한 것이다.

<'거르매(屈山:구르메)'는 '해거름'이라는 말의 '거름'이 푸른빛

을 띠는 것을 뜻하듯이 '푸른 매(물)'라는 표기이다. 살매, 사리 매와 같은 뜻이다.

그래서 뒤에 고려조는 전국 지명을 손보면서 '거르매'를 '청산 (靑山)'이라고 변역했다. 보은의 원명(原名)이었던 '살매(年山)'는 후에 '보사리(保齡:보령)'로 고쳤는데 해마다 겪던 홍수피해에서 벗어날 수 있는 '보(洑)'가 완성된 뒤였기 때문이 아닌가 싶다. 이 '保齡(보령)'이라는 표기는 '보사리'라는 말을 적은 것이지만 '보사리'라고 읽는 사람보다 '보령'이라고 읽는 사람이 월등히 많아지자 조선조 태종은 보령(保寧)과 섞갈린다 하여 '보은(報 恩)'으로 다시 고쳤다. 지금도 향교 밑 마을에는 '사리매(살매)' 로 불렸던 말자취가 남아 있다.

김부식(金富軾)은 「삼국사기」를 쓰다가 신라 자비마립간(慈悲 麻立干) 조에 이르러 "13년에 삼년산성을 쌓았다(十三年築三年 山城)"는 기록을 옮겨 적었으면서 좀처럼 지명에 쓰이지 않고 어울리지도 않는 '年(년)'자가 왜 끼어들어있는지 이해가 되지 않자, "'삼년'이라는 것은 공사를 시작한지 3년 만에 완공했기 때문에 붙인 이름이다(三年者,自興役始終三年,訖功故名之[삼년자 자흥역시종삼년 흘공고명지])"라고 본 듯이 주석했다. '삼년산군'이 어떤 고을들이 합쳐져 이루어진 우리말 이름인가에 주목했다면 모를 리 없었겠지만 '삼년산성'이 있기 때문에 '삼년산군'이 되 었다고 거꾸로 생각하며 한자 뜻으로만 풀려고 했기 때문에 '年 (년)'자가 우리말 '살→사리'의 사음(寫音)이라는 것을 깨닫지 못 하고 엉뚱한 주석까지 덧붙인 것이다.

단재(丹齋) 신채호(申采浩)가 "김씨(金富軾)는 이두에 무식하여 모든 알기 쉬운 국어의 관명(官名)도 「오랑캐 말이라 그 뜻을 알 수 없다(夷言不知其意[이언불지기의])」라고 자주(自註)했다"는

것이 이런 것을 두고 한 말인 것 같다.>

'날(日)'과 '달(月)'을 몽고에서는 '나란(Hap[aн]:해)'과 '사란(cap[aн]:달)'이라고 한다. 우리말 '날'과 '달'이 들어가 변한 것인지, 아니면 그 반대로 '나란'과 '사란'이 들어와 쓰이다가 줄어서 '날'과 '달'이 되었는지 알 길은 없다. 다만 '사란'과 '달'의 첫소리가 'S(ㅅ)'과 'θ(ㄷ)'으로 비슷하여 같은 어원에서 갈라진 말인 것은 확실해 보인다.

2. 하루의 시간을 5구간으로 나눈 시간 단위

요즘은 하루를 스물 네 시간으로 나누고 옛날에는 십이지(十二支)에 맞춰 열두 시간으로 나누었지만 사람의 생체신호(rhythm)로는 하루를 다섯 때로 나눈다. 새벽(晨)·아침(朝)·점심(午:한낮)·저녁(暮)·밤(夜)이 그것이다.

1) 새벽, 아침, 저녁의 어원

새벽은 '새붉'이 변한 말로 어두웠던 하늘이 희부옇게 밝아진다는 뜻이다. '새'는 '해'와 같은 말이다.

아츰(아침)은 '알참'이 변한 말로 해(알)가 막 떠오른 때라는 뜻의 '알 저게(때)'가 알적 → 아척 → 아첨 → 아츰으로 변전되어 이루어진 말이다. 돌궐어 '열다'는 뜻의 말 '아츠(Ač)'가 변해 이루어진 것으로 하루의 시작을 뜻하는 말이라고도 한다.

点心(점심)은 글자 뜻대로 마음에 점이나 찍을 정도로 간단

히 요기나 할 때라는 한자말이고 저녁은 '저물녘'이 줄어 된
말이다.

2) 점심과 오늘 내일의 어원

고려 때는 한낮을 '남재(稔宰)'라고 했고 저녁을 '점날(占
棩)', 또는 '구물(古没)'이라 했는데, '남제'는 '나제(낮)'를 표기
한 것이 아닌가 싶고 '점날'은 '저문 날'이 줄어 된 말로 보이
며 '구물'은 해가 넘어가 '꾸무리하다'는 뜻으로 이뤄진 말로
보인다.

오늘은 '온 날'이라는 뜻으로 '오날(烏捺)'이라고 했는데, 내
일은 '올 날'이라고 아니하고 '홋재(轄載할재:올제)'라고 했다.
'올제'라는 말의 옛 형태로 보인다.

기록 자체가 달(月)의 표음인 '妲(달)'이 '姮(항)'자로 기록되
고 어제(於載)의 '於(어)'자가 '訖(흘)'자로 나타나는 등 잘못
된 글자가 많이 섞여 있어 현재의 한자음으로 읽으면 "임[염]
재(稔宰)·할재(轄載)"가 되는 기록이 정확한 것인지는 손목(孫
穆:계림유사 저자)의 원고를 보지 않고는 확인할 수 없는 일이
지만 그가 살던 송(宋)대의 한자음을 보면 '임재'의 '稔(임)'은
nam nem ngim shim으로 발음되었고 '할재'의 '轄(할)'은
hot hat kʰai 등으로 발음되어 稔宰(남재:임재)와 轄載(홋재:
할재)는 '나제(낮)'와 '올제'의 표기임을 보여주고 있다.

3) 아침 점심 저녁의 달라진 개념

어쨌거나 앞뒤의 '잠에서 깰 때(새벽)'와 '잠잘 때(밤)'를 제
하고 나면 다섯 때 중 남는 것은 아침·점심·저녁 세 때인데,

문제는 이 아침·점심·저녁이라는 말이 우리에게는 '시간'이라는 개념보다 '음식'이라는 개념으로 바뀌어 와 닿는다는 것이다.

그래서 인사가 "아침 잡수셨습니까", "점심은 드셨습니까", "저녁 잡수셨습니까"가 아니면 "진지 젓수셨습니까"였다. 그만큼 배가 고팠던 역사를 일깨워주는 우리말의 한 단면이기도 하다. ('진지'는 '밥'을 높여 부르는 말이다.)

요즘은 "돌종을 달아놓은 것 마냥 온 집안이 휑하다(돌종이 소리를 내지 못하는 것처럼 집안에 말을 하는 사람 하나 없어 고요하고 적막하다.)"든가 "생쥐 불볼가실(볼가심) 할 것도 없더라(조그마한 생쥐가 입가심할 정도의 먹을 것도 없다는 뜻으로, 먹을 것이라고는 아무 것도 없고 몹시 가난함을 비유적으로 이르는 말.)"는 말을 실감할 수 있는 기회는 없어졌지만 온 집안 구석구석을 온갖 쓰레기로 가득 채우고 쓰레기더미에 파묻혀 살면서도 끊임없이 쓰레기를 주워 들여 쌓아야 하는 그 공허한 내면이 '돌종을 달아 놓은 듯 온 집안이 휑뎅그렁했던' 기억과 '생쥐 볼가심할 것도 없었던' 배고픔의 기억이 무의식 속에 남아 병든 삶을 지배하기 때문이라면 그 정경이 어떤 것이었는지 쉽게 이해할 수 있을 것이다.

4) 밤과 범

해가 지고 이슥해져 깜깜해진 때를 우리는 '밤'이라고 한다. 그래서 밤을 '어둡다'는 뜻을 지닌 말로 간단히 치부한다. 비슷한 뜻을 갖고 생겨난 것으로 보이는 '범'이라는 말은 아예

거들떠보지도 않는다.

태초부터 밤은 어둠이 지배하는 공포의 시간대라, 은신처에
서 숨도 크게 쉬지 못하고 지냈다. 대비하지 않고 코라도 곯
았다가는 자신도 모르는 사이 덮쳐든 범에 물려 목숨을 잃기
일쑤였다. 그래서 밤과 범은 본디 소리가 같았다. 고려 때에는
'범(虎)'을 '밤(監:蒲南切[보남절-'보'자와 '남'자의 절반씩 합쳐서
밤]:bʰam)'이라고 했다는 기록도 있다.

조선왕조 들어서만도 범(호랑이)에게 잡혀 먹힌 사람의 숫자
가 700명이 넘었는데 영조 때에는 피해가 극심해 전국 각지에
서 범에게 물려갔다는 장계가 날마다 올라왔고 여름에서 가을
까지 여섯 달 동안 범에게 잡혀 먹힌 사람이 140명이나 되었
다.

사람만 피해를 당한 것이 아니다. 행사 때마다 나타나는 범
등쌀에 뜯어 옮긴 향교(鄕校)만도 여섯 군데나 되었다. 무주
(茂朱)·광주(光州)·구례(求禮)·남원(南原)·무안(務安)·진안(鎭安)
향교가 그러했다.

범에게 잡혀 먹히다 남은 머리나 뼈가 발견되면 그 자리에
서 화장하고 돌을 쌓아 무덤을 만들었는데 지금도 태백산 일
대에만 '호식총(虎食塚)'이라 불리는 그런 돌무덤이 160기나
남아 있다.

<범에게 잡혀 먹히면 그 영혼은 창귀(倀鬼)가 된다고 한다. 범
의 앞잡이가 되어 꼭 자기가 생전에 알고 지내던 사람을 잡아먹
도록 범을 인도하는 나쁜 귀신이다.

창귀는 아는 사람의 집 앞으로 와서 그의 이름을 부르는데, 너무나 애절하고 안타까워 누구든 대답하고 나오지 않을 수 없게 만든다고 한다. 나오면 그 즉시 범의 밥이 되는 것은 말할 것도 없다.

창귀는 정확히 이름을 세 번 부르는데, 세 번 다 대답하지 않으면 포기하고 다른 집으로 간다고 한다. 그래서 창귀가 밖으로 빠져나오지 못하도록 호식총 돌무덤 위에 시루를 엎고 시루 구멍에 부엌칼이나 물레 가락(쇠꼬챙이)을 꽂는 등 주술적 의미의 기물(器物)을 설치했다.>

이로 미루어 '밤'은 '어둡다'는 뜻으로 이루어진 말이 아니라, 범처럼 '무섭다'는 뜻으로 이루어진 말이 틀림없어 보인다.

해가 떠야 비로소 공포에서 벗어나 가족의 안부를 챙기고 뫼(山)나 벌(野), 물(水)로 나가 먹이를 구할 수 있었기 때문에 '밤(범)'은 무섭다 못해 신(神)으로 모셔졌고 어둠을 뜻하는 말(밤)로까지 전이되어 잠잘 때 조심하라는 경고로 자리를 잡은 것이다.

산촌에 사는 사람들은 낮에 산으로 나무를 하러 갈 때 호환을 막기 위해서 혼자 가지 않고 여럿이 함께 가서 흩어져서 일을 했다. 일을 하다가 사람을 부를 일이 있을 때 절대로 사람의 이름을 부르지 않았다. 사람의 이름을 창귀가 알아듣고 기억했다가 해코지를 한다고 믿기 때문이다.

그래서 창귀가 알아듣지 못한다는 소리로 불렀는데 그 소리가 '우~우'였다. 이런 습속은 70년대 초까지 깊은 산에 이 글의 편집자가 직접 나무를 하러 가서 그렇게 불렀고 상대편도 같은 소리로 대답했다.

제13장
고구려는 왕을 개라고 불렀는가

    고구려에서는 최고통치자를 '알라야(어루하)'라고 부르며 중국의 황제(皇帝)와 같은 왕중왕(王中王)으로 인식했다. 광대한 국토를 분할 통치했던 5부(部)의 '고추가'와 '대가(大加)'는 번왕(藩王), 즉 중국 황제가 왕으로 봉한 공신(功臣)과 아들들을 모두 왕이라고 했던 것처럼 '가'라고 불렀던 것으로 보인다.

    '가'는 황제, 즉 알라야의 통제를 받던 여러 왕(王)과 같은 존재였다.

    그러나 왕을 무엇이라 불렀는지에 대한 기록은 없고 고구려의 왕성(王城)에는 모두 '천황(天皇)'이라는 뜻의 "알라야(알루하)"가 붙어 있을 따름이다.

1. 반려의 의미

'반려(伴侶)'라는 말이 있다. '짝'이라는 뜻의 한자말이다. 우선 이 말이 갖는 참뜻을 알기 위해 '伴(반)'자와 '侶(려)'자의 생성과정을 살펴보았다. 갑골문(甲骨文)에서는 사람(大) 두 명(大大)이 어깨를 나란히 하고 걸어가는 상형(象形)으로 짝이라는 뜻을 나타내었는데 전문(篆文)으로 내려오면 형태가 완전히 달라진다.

사람(几)의 반쪽(半), 즉 2분의 1이 짝(拌)이라는 뜻으로 나타난다. 남녀가 부부로 합쳐져야 온전한 한 사람이 된다는 인식에서 만들어진 글자이다. 짝이 없는 남녀는 온전한 사람이 되기 위한 '반쪽'에 불과하다는 뜻이다. 그 글자(拌)가 해서(楷書)화하여 오늘날 쓰는 '반(伴)'자가 되었다.

'려(侶)'자도 다를 게 없다. 사람(几)의 두 입(呂)이 어우러진 형태의 글자(侶)이다. 이어진 두 입(呂)은 함께 노래를 부른다는 뜻이다. 동반 합창하듯 이심전심 서로 사랑하며 늘 붙어 있어, 두 사람이 일체화(一體化)한다는 뜻을 나타내고 있다.

이 끈끈한 부부 사이를 일컫는 '반려'라는 말이 요즘은 아무 데나 붙어 쓰이고 있다. '반려 개'라든지 '반려 고양이'라는 등의 말이 그런 유에 속한다. 그래서 개나 고양이와 한 밥상에서 밥을 먹으면서 서로 입을 대고 쪽쪽거리고 한 이불 속으로 끌어들여 보듬고 자는지는 모르지만, 대부분의 사람들은 짐승

은 짐승답게 길러야 하고 사람은 사람답게 행동해야 한다고
생각한다.

짐승이 아무리 사랑스럽다 해도 사람보다 우선시하거나 사
람과 동등한 대접을 해서는 안 된다는 뜻이다. 세계에서 가장
먼저 동물보호법을 만들어 낸 영국의 빅토리아 여왕이 중국에
서 마녀(魔女)같은 대접을 받는 것도 그 때문이다.

2. 반려견을 삶아 먹은 이홍장 이야기

당시 영국은 뒤떨어진 문화 때문에 중국에서 사올 물건(차·
자기·비단 등)은 많고 팔아먹을 물건은 없었다. 갈수록 무역역
조(貿易逆調)가 심해지자 식민지였던 인도에서 아편을 대량
재배하여 전량 중국으로 밀수출, 무역역조를 벌충하고도 몇
백 배 남는 큰돈을 벌었다.

여왕이 되자마자 동물애호법부터 만들었던 빅토리아 여왕이
아무리 철없었다 하더라도 자기가 키우던 개만큼만 중국인을
생각했다면 수백만 명에 이르는 중국의 군관민(軍官民)이 마
지막 피 한 방울까지 팔아 바치며 죽게 하는 흡혈귀보다 더욱
악랄한 짓을 계속하지는 않았을 것이다.

아편중독으로 군부까지 와해될 지경에 몰린 청왕조(淸王朝)
가 아편밀반입을 엄격히 단속하자 영국은 막강한 해군력을 앞
세워 아편전쟁(阿片戰爭)을 일으켰고, 힘이 달린 청국 정부는
홍콩까지 베어주고 수습했지만 영국은 아편도 팔아먹고 홍콩

도 빼앗아 더욱 편하게 잇속을 챙겼다.

그때 이홍장(李鴻章)이 영국 공사(公使)로 부임했다. 빅토리아 여왕은 신임장을 받는 자리에서 이홍장에게 애완용 개 한 마리를 선사했다. 개고기를 즐겨 먹는 '야만적 습속(習俗)'을 버리고 개에게서 가족적 정서를 느껴보라고 주었던 것이 아닌가 싶다.

임기를 마치고 본국으로 돌아가게 된 이홍장은 이임(離任)인사차 버킹엄궁전으로 들어갔다. 빅토리아 여왕은 이홍장에게 물었다. "그때 그 개는 잘 있나요?" 이홍장은 서슴없이 대답했다. "그 개는 즉시 요리해 먹었는데 매우 맛있었습니다. 거듭 감사드립니다." 이 말을 들은 빅토리아 여왕의 표정이 어떠했을 지는 상상하기 어렵지 않다.

이홍장이 정말로 그 개를 잡아먹었는지 확인할 길은 없지만 그의 대답 속에는 "해적질도 모자라 아편밀매로 남의 나라 국민의 피를 빨며 살이 찐 '야만족(野蠻族) 꼭지의 어린 계집'이 감히 누구한테 문화인 행세를 하며 어느 민족의 습속을 가르치려 들어!" 하는 아니꼬움이 진하게 배어 있다.

3. 고구려는 왕을 '개'라고 불렀다는 정설에 대한 이견

그렇다고 동물을 사랑하는 것이 나쁘다는 뜻은 아니다. 짐승은 짐승일 뿐 사람처럼 귀한 것이 아니라는 말이다. 개는 '하찮은 것'이라는 의미를 담고 있다고 위에서 설명한바 있지만 지금도 사람들은 함께 이야기를 나누다가도 비위가 틀어지면 금방 "개자식"이라고 욕을 한다.

우리 민족을 지칭하는 '맥족(貊族)'이라는 말이 "너구리 같은 족속"이라는 뜻이고 고려인을 지칭하던 '솔롱고스'라는 말(몽고)이 "족제비 같은 자들"이라는 뜻이듯이 "개자식"이라는 말 역시 남을 깔보고 천시(賤視)하는 말이지 높여 이르는 존댓말은 아니다. 그런데 「삼국사기」의 지명 해석을 보면 "고구려 때는 '왕(王)'을 '皆(개)', 또는 '加(가)'라고 불렀다"고 했는데 그것이 학계의 정설로 되어 있다.

신라에서는 왕(王)을 불구례칸(赫居世干혁거세한)·차차웅(次次雄)·니사금(尼師今)·닛금(尼叱今니질금)·마립간(麻立干)이라고 불렀고 백제에서는 어라하(於羅瑕)·어라가(於羅暇)·건길지(鞬吉支)라고 했으며 고구려에서는 '개(皆)' 또는 '가(加)'라고 불렀다는 것이다.

이러한 설이 맞다면 '개성(開城)'을 '왕성(王城)'이라는 말로 해석할 수도 있다는 뜻이다.

1) 고구려 최고 통치자는 '개·가'가 아닌 '알라야'

「삼국지」 동이전을 비롯해 역대 고구려에 관한 기록을 다시 훑어보았다. 어디에도 '왕'을 '개(皆)'라고 불렀거나 '가(加)'라고 불렀다는 기록은 없었다. 적대관계에 있던 중국 측의 누가 '꺼우지(狗子구자:개)'라고 욕을 했을 수는 있겠지만 문자화 됐을 리는 없다.

고구려는 최고 권력자 들을 고추가(古雛加)라고 불렀는데, 최남선(崔南善)은 '고추'를 '굿'으로 풀어 古雛加(고추가)를 '굿 하는 어른'이라고 해석했다. 그러나 '고추'는 '꼭지'라는 말로 보는 것이 더 가까울 것 같다. '꼭지 점에 있는 가'라고 해석 될 수 있으니까 그 '加(가)'를 왕으로 해석한 것이 아닌가 싶 으나 그 역시 부여의 말가(馬加마가)·소가(牛加우가)·돝가(豬加 저가)·개가(狗加구가)처럼 왕 밑에 설치되었던 지역 통치자(領 主영주)의 호칭이지 왕의 호칭은 아니었다.

부여(夫餘)가 국가원수인 왕을 돌궐(突厥)의 대가한(大可汗) 처럼 '꼭지가(古雛加고추가)'라고 불렀고 4가(馬加마가·牛加우 가·豬加저가·狗加구가)가 모두 대가한의 통제를 받는 소가한(小 可汗) 같은 존재였다면 고구려나 신라가 우리말 '가(加)'를 '가 한(可汗)'과 같은 뜻으로 해석할 수는 있었을 것이다. 그러나 부여가 왕을 '고추가'라고 불렀다는 기록은 없고, 또 수십 명 의 '고추가' 중 한 명이었을 것으로 보이는 고구려의 왕 역시 무어라고 불렸는지 기록이 없다.

만일 고구려가 왕을 '개'라고 불렀다면 그가 살던 궁성(宮城) 역시 '가이성'이나 '개성'이라고 했을 터인데 남아 있는 왕성의 이름들은 그렇지 않다. 발해가 왕을 '황상(皇上:貞孝公主墓碑정효공 주묘비)'이라고 기록한 데서 볼 수 있듯 고구려의 왕성(王城)에는 모두 '천황(天皇)'이라는 뜻의 "알라야(알루하)"가 붙어 있다.

우루산성(五女山城오녀산성:왕성)'이 '울(알)루야바람'이라는 이두표기이고 위나야성(尉那也城)이 '얼(알)라야바람'이라는 표기이며, 위나암성(尉那岩城)이 '울(알)라얀바람'이라는 표기이고 「고려사」에 기록되어 있는 올라산성(兀剌山城)이 '올(알)라야바람'이라는 표기이다. "칸의 궁성(宮城)"을 뜻하는 돌궐어를 본떠 "아르두(Ardu)바람(丸都城:환도성)이라고까지 불렀다.

최고 통치자를 '가'나 '개'라고 부르지 않았다는 뜻이다. 백제가 왕을 '알라야→얼라야(어루하)'라고 하고 왕비를 '알루→얼루(어루)'라고 불렀다는 것이 고구려의 호칭을 모방했던 것이 틀림없어 보인다.

이처럼 고구려에서는 최고통치자를 '알(얼)라야(어루하)'라고 부르며 중국의 황제(皇帝)와 같은 왕중왕(王中王)으로 인식했고 광대한 국토를 분할 통치했던 5부(部:族)의 '고추가'와 '대가(大加)'는 번왕(藩王), 즉 중국 황제가 왕으로 봉한 공신(功臣)과 아들들을 모두 왕이라고 했던 것처럼 '가'라고 인식했던 것으로 보인다.

그러므로 "고구려가 왕을 '가(加)' 또는 '개(皆)'라고 불렀다" 해도 틀린 말은 아니다. 다만 '가'는 황제, 즉 알라야의 통제를 받던 여러 왕(王)과 같은 존재에 불과했기 때문이다. 가(加)·대가(大加)·고추가(古雛加)가 모두 똑같은 권력을 가졌던 왕이라면 고구려라는 나라가 어떻게 정체(政體)를 유지할 수 있었겠는가.

살수 싸움에서 수양제의 대군을 무찌르고 명성을 떨쳤던 영류왕(榮留王:建武) 이하 수백 명의 대신(大臣)을 참살하고 고구려의 대권(大權)을 거머쥐었던 연개소문(淵蓋蘇文)이 무소불

위의 권력을 휘두르다 죽었지만 태막리지(太莫離支), 또는 태대대로(太大對盧)에 머무른 채 끝내 자신이 옹립했던 보장왕(寶藏王:大陽子藏대양자장)의 알라위(왕위)를 빼앗지 못한 것만 보아도 그는 왕의 결재를 받는 신하였을 뿐 왕은 아니었다.

2) 삼국지 동이전의 관직에 대한 기록

우리 역사의 최초 기록이라 할 수 있는 「삼국지」 동이전의 관직에 관한 주요내용은 이러하다.

"부여(夫餘)에는 임금(君王)이 있는데, 관직 호칭을 모두 육축의 이름을 따 붙였다. 마가(馬加)·우가(牛加)·저가(豬加)·구가(狗加)에 이어 대사(大使)·대사자(大使者)·사자(使者)가 있다. 읍락(邑落)에는 토호(豪民)가 있는데, 가난한 하층민(名下戶)을 모두 노비로 부린다. 여러 가(加)별로 맡은 곳을 다스리는데, 도(道)가 큰 곳은 수천가구이고 작은 곳은 수백가구이다."했다.

고구려(高句麗)에는 "왕(王)이 있고 관리로는 상가(相加)·대로(對盧)·패자(沛者)·고추가(古雛加)·주부(主簿)·우태승(優台丞)·사자(使者)·조의선인(皁衣先人)이 있는데, 각각 높고 낮은 등급이 있다. 본래는 다섯 부족으로 연노부(涓奴部)·절노부(絶奴部:椽那部)·순노부(順奴部)·관노부(灌奴部)·계루부(桂婁部)가 있었다.

왕은 연노부에서 해왔는데, 점점 약해져서 지금은 계루부가 대를 이어 하고 있다. 관직을 설치할 때는 대로가 있으면 패자를 두지 않고, 패자가 있으면 대로를 두지 않는다. 왕의 종족(宗族)으로 대가(大加)인 자는 모두 고추가(古雛加)라 불린다. 연노부는 본래의 나라의 주인이었으므로 지금은 비록 왕위를 잃었지만 그 적통(嫡統)을 이은 대인(大人)은 고추가(古雛加)라고 불리며 자신들의 종묘(宗廟)를 세우고 제사지낼 수 있는 권리도 얻는다.

절노부는 대대로 왕실과 혼인을 하였으므로 '고추(古雛)'라는 이름을 얻었다. 여러 대가(大加)들 역시 사자(使者)와 조의선인(皂衣先人)을 둘 수 있지만, 그 명단을 왕에게 보고해야 한다. 경대부(卿大夫:大加)의 가신(家臣)으로 모임에 참석한 사자와 조의선인은 왕가(王家)의 사자나 조의선인과 같은 반열에 앉을 수 없다."고 했다.

그러니까 신라의 파진간(波珍干)의 간(干)은 고구려의 가(加), 백제의 한(汗)과 함께 본디 독자적 영역과 백성을 가진 작은 나라의 왕(小國王)들이었다. 이들은 이웃 세력들과 견주어 작은 세력이 보다 큰 세력에게 굴복함으로써 평화를 유지했다.

고구려에서는 형제적 질서를 형성해 큰 세력을 이룬 가(加)를 태대형(太大兄)·대형(大兄)이라 했고 작은 세력의 가(加)를 소형(小兄)이라고 불렀다. 삼국(三國) 이전에는 가장 큰 세력의 간(干)을 신지(臣智)라 했고 다음을 험측(險側)·번예(樊穢)·살해(殺奚)·읍차(邑借)의 5단계로 나누어 호칭했다.

신라의   이간(伊干)·파진간(波珍干)·아간(阿干)·일길간(一吉

干)·사간(沙干)·급간(級干) 등의 관등도 이러한 역사적 배경 속에 태어난 이름들이다.

3) 왕을 개라고 했다는 단재 신채호의 해석과 또 다른 해석

"왕을 '개'라고 했다"는 것은 구한말 단재(丹齋:申采浩)가「삼국사기(지리지)」지명의 "皆(개)는 王(왕)과 같은 뜻"이라고 해석한 '개왕동의설(皆王同意說)'에 근거하고 있는데, 그의 해석은 다음과 같다.

<개백(皆伯)은 '가맛:가맏→가맞'으로 읽어야 한다. '가'는 고구려에서 왕(王)이나 귀인(貴人)을 일컫는 말이고 '맛'은 맞는다 (迎·遇)는 뜻이다.

皆(개)의 음이 '개'이기 때문에 그 음의 상중성(上中聲)을 빌려 '가맛'의 '가'로 표기한 것이다. 「삼국사기」지리4 우수주(牛首州) 王岐縣(왕기현) 주에 "또한 皆次丁(개차정)이라고도 한다"는 것을 보면 皆(개)가 王(왕)의 뜻이라는 것을 증명하고 있다.

伯(백)은 뜻이 '맏:맏이'이기 때문에 그 뜻의 온 소리를 빌려 '가맛'의 '맛:맏→맞'으로 표기한 것이다. 그러므로 皆伯(개백)은 이두로 표기한 '가맛'이고 王逢(왕봉)은 한문으로 번역한 '가맛'이다.>

그렇게 해석할 수밖에 없다고 할 수 있다. 그러나 여기서 말하는 '왕'은 번왕, 즉 대군과 군을 의미하는 것일 뿐 대고구려의 최고통치자를 이르는 말은 아니다.

그래서 다시 「삼국사기」를 펴 놓고 皆伯(개백)과 王逢(왕봉), 王岐(왕기)와 皆次丁(개차정)이라는 지명을 음미해보았다. 억지로라도 단재와 다르게 풀어보았다.

왕을 '님'이라고도 풀 수 있으니까, 임수진(臨水津)이라는 지명이 있었다면 '임매나라:임물나루)'·'임말나라(임마을나루)'가 "임 만나라"라는 말처럼 들려, 한자로 王逢(왕봉)이나 遇王(우왕)이라고 번역 될 수도 있고 皆伯(개백)은 '개발[밝]'의 사음으로 '나루 밑 마을'이나 '개 밑 마을'이라고 해석될 수도 있었다. 요즘 지명으로 치면 계양(桂陽:개밝)도 될 수 있고 발산(鉢山:발메)도 될 수 있는 이름이었다.

또 王歧(왕기)는 '왕'자의 또한 음이 'ong, wong'이었음을 감안하면 '옹가지'라는 표기로도 보이고, 皆次丁(개차뎡)은 '가지등', 즉 '豆(두)자 형태로 만든 질그릇'을 뜻하는 말이라고 풀 수도 있었다.

그렇다고 단재(丹齋:신채호)의 풀이가 잘못되었다는 것은 결코 아니다. 역대 지명은 같은 뜻을 갖는 경우가 많고 '皆(개)자'와 '王(왕)자'를 단순 비교하면 그런 결론 밖에 도출되지 않기 때문이다. 다만 고구려에서는 실제로 최고통치자를 '개(皆:가)'라고 하지 않았다는 것을 말하고자 할 뿐이다.

우리가 왕을 '가'자가 들어간 호칭으로 불렀다는 기록은 발해(渤海)가 왕을 '가독부(可毒夫)'라고 불렀다는 「신당서(新唐書)」와 「구오대사(五代史)」의 기록이 유일하다. 선비·흉노·돌궐·몽고가 오랫동안 그들의 지도자를 가한(可汗:Khan)이라고 불러왔으니까 '가독부'의 '가(可)' 역시 '가한'의 '가(可)'와 같은 뜻을 지니지 않았을까 짐작할 뿐 아직 그 뜻을 밝혀내지 못하고 있다.

　<발해말갈 사람들은 왕을 가독부(可毒夫)라고 부르는데, 면전에서는 성(聖)이라고 하고 글로 써 아뢸 때는 기하(基下)라고 하며 하명(下命)하는 것을 교(敎)라고 한다. 왕의 아버지는 노왕(老王), 어머니는 태비(太妃), 왕후는 귀비(貴妃), 장자(長子)는 부왕(副王), 다른 아들들은 왕자(王子)라고 했다.(渤海靺鞨발해말갈 其俗呼其王爲可毒夫기속호기왕위가독부, 對面呼聖대면호성 , 牋奏呼基下전주호기하.〔旧五代史구오대사〕其命爲敎기명위교, 王之父爲老王왕지부위노왕, 母太妃모태비, 妻貴妃처귀비, 長子曰副王장자왈부왕, 諸子曰王子제자왈왕자.〔新唐書신당서〕>

여러 가지로 나타나는 한자음 可毒夫(ke du fu), 可毒夫(ko tuk fu), 可毒夫(ho dug bu)를 감안하면 '可毒夫(가독부)'는 '커돗푸' 쯤 발음되지 않았을까 싶어 '크고 두드러지게 뛰어난 사내'라고 풀 수도 있겠다 싶었으나, 그보다는 '구두벌(丘豆伐: 큐두파)'이라는 칭호와 너무 닮아 보였다.

우리와 같은 족속(東胡동호:鮮卑선비)으로 오늘날 대흥안령(大興安嶺)지구에서부터 몽고 전체와 바이칼호를 아우르고 알타이산맥을 넘어 신강일대와 청해(靑海) 남쪽 대설산 및 카자흐스탄의 발하시쿨에 이르는 광막한 지역을 지배했던 유연(柔然)의 초대 가한 사륜(社崙)의 칭호 '구두벌가한(丘豆伐可汗)'을 말하는 것이다.

기록에 따르면 '구두벌'은 '지휘하여 활짝 열어젖힌다(駕馭開拓가어개척)'는 뜻이라고 한다. 사륜이 포로출신으로 도망쳐 막북(漠北)을 쓸어 잡고 왕이 되었듯이 대조영(大祚榮) 역시 포로생활을 하다 도망쳐 고구려의 구토(舊土)를 틀어쥐고 왕이 되었으니 '개척하고 지배한 왕'이라는 점에서는 다를 것이 없다.

'커돗푸(可毒夫:가독부)'와 '큐두파(丘豆伐:구두벌)'는 어음이 약간 달라져 있지만, 같은 말을 쓰던 족속의 기록이라고 보면 같은 뜻을 가진 말의 다른 표기일 수도 있다고 보였다. 다만 그것을 증명할 수 있는 말갈어(靺鞨語:고대 퉁구스어) 기록이 없다는 것이 문제일 뿐이다.

제14장
호남·호서의 '호(湖)'는 어디인가

　옛날 사람이라고 강(江)과 호(湖)를 분간하지 못할
만큼 어리석지는 않았을 터인데 "금강(錦江)을 기준
으로 붙인 지명"이라고 하면서 어째서 강서(江西)·강
남(江南)이라고 아니하고 호서·호남이라고 했는지,
또 그 명칭이 어째서 아무런 거부감 없이 받아들여
져 몇 백 년 동안 사용되어 왔는지 많은 사람이 의
아해 한다.
　'호서'와 '호남'의 기준점으로 주목할 수밖에 없는
곳이 적등진(赤登津)이다.

미국 옐로스톤국립공원(Yelloston National Park)에서 14번 도로를 따라 그레이블(Greybull)과 월랜드(Worland)를 지나 버팔로(Buffalo)로 가다보면 '텐슬립(Ten Sleep)'이란 곳이 나온다. 말 그대로 '열 번 잔다'는 뜻이다. 당혹스러웠던 지명이라 잊히지 않는다. 원주민들의 발음이 어땠는지는 모르진만 손바닥 두 개와 원뿔형 천막 한 개를 그린 상형문자(ᗱᗱ᎙)로 표기하고 있었다. 암각화, 화살촉 같은 고대 인류 유적이 많이 발견되는 곳이다.

원주민 말살의 전초기지 역할을 했던 라라미요새(Fort Laramie)와 옐로스톤국립공원, 몬타나 스틸워터 강(Stillwater River) 가 인디언 지휘부에서 열 밤을 자야 다다를 수 있는 거리에 있기 때문에 붙은 이름이라 한다.

우리말로 치면 '열흘 길'이라는 말이 지명이 된 셈이다. 대구에서 한양까지의 거리 쯤 된다고 할까. 부산에서 한양까지가 열나흘 길인데, 부산에서 대구까지가 나흘길이니 대구에서 한양까지는 열흘길이다.

요즘은 세 시간이면 가 닿을 수 있는 거리이니, 하찮게 느껴지는 거리지만 당시에는 산 넘고 강 건너 걷고 또 걸어야 하는 힘든 길이었다. 평지보다 산등성이가 첩첩이 가로막고 있는 것이 우리국토인 탓에 십리만 가도 말이 다르고 백리를 가면 풍속이 달랐다. 물이 막고 산이 막아 가고 오기(往來왕래)가 쉽지 않았기 때문에 지역 단위로 뭉쳐 살게 되어 이루어진 현상이다.

그래서 우리는 산과 강으로 지역을 나누었다. 대재(竹嶺죽 령)·저(겨)릅재(鷄立嶺계립령)·새재(鳥嶺조령)로 이어지는 소백산 맥 남쪽을 영남(嶺南)이라하고 대관령(大關嶺:태백산맥) 동쪽을 관동(關東:嶺東영동), 서쪽을 관서(關西:嶺西영서)라고 했다. 누구 나 알기 쉬운 지명이다.

그런데 뜬금없이 '호서(湖西)'와 '호남(湖南)'이라는 지명이 끼어들며 '텐슬립'보다 더한 당혹감을 준다. 누구나 알다시피 우리나라에는 그럴만한 호수(湖水)가 없다. 따라서 호수의 서 쪽이나 남쪽 지방이 있을 수도 없다.

옛날 사람이라고 강(江)과 호(湖)를 분간하지 못할 만큼 어 리석지는 않았을 터인데 "금강(錦江)을 기준으로 붙인 지명"이 라고 하면서 어째서 강서(江西)·강남(江南)이라고 아니하고 호 서·호남이라고 했는지, 또 그 명칭이 어째서 아무런 거부감 없이 받아들여져 몇 백 년 동안 사용되어 왔는지 많은 사람이 의아해 한다.

　<실제로 고려 성종(成宗) 때 강남도(江南道)와 해양도(海陽道) 라고 했던 것을 현종(顯宗) 때 합병하여 전라도(全羅道)라고 했 다.>

그 의문을 풀기 위해 우선 어째서 '강'을 '호'라고 불렀는지 알아보고 다음 '금강'이 어떻게 되어 '錦湖(금호)'가 되지 않고 금강이 되었는지 살펴본 다음 기준점이 되는 지역에 호수처럼 물이 갇혀 있는 듯 보이는 곳이 있었는지 알아보자.

첫째 '강'이 '호'가 된 것은 우리나라 옛 선비들의 사고방식

에 그 원인이 있다고 할 수 있다.

호수가 없는 나라에 태어나다보니 함지박만한 연못에서 뱃놀이를 하면서도 중국 동정호(洞庭湖)나 서호(西湖)에서 배를 타는 것처럼 생각하고 시를 썼다. 한강이나 백마강에서 하는 뱃놀이라면 어찌 그 정도가 연못에 비기겠는가.

그들의 시를 보면 강중(江中)을 '호중(湖中)', 수면(水面)을 '호면(湖面)'이라고 읊으며 한껏 멋을 부린 것이 적지 않다. 강을 호라고 표현하는 것이 조금도 이상하지 않았던 탓이다. 오히려 '강서'·'강남'이라고 부르는 것보다 '호남'·'호서'라고 부르는 것을 더 멋스럽게 여겼을 지도 모를 일이다.

둘째 우리말의 형성과정으로 살펴보면 '금강'은 금호(錦湖:黔湖검호)가 변전된 것으로 보아야 마땅하다.

우리선대들은 '밥'을 '바브'라고 말했듯이 모든 대화에서 거의 받침 없는 말을 썼다. 그래서 '신성한 들'이라는 뜻의 '곰들(熊野웅야)'도 '곰들'이라고 발음하지 못하고 '고마드레, 고므드레, 구무드레'하다가 '구드레(古省고성:九龍平野구룡평야)'라고 줄여 말했다. 그 말이 일본으로 건너가 '구다라(百濟백제)'가 되었다는 것은 잘 알려진 사실이다.

금강의 원말이라고 볼 수 있는 '곰내(熊川웅천)'도 다를 것이 없다. '곰내'라고 발음하지 못하고 '고므내, 구무내, 고마내, 구모내' 등등으로 발음했다. 이것을 한자로 음사한 것이 금마(金馬)고 琴湖(금호)고 金湖(금호)고 金烏(금오)고 검호(黔湖) 등등이다. 표기는 각각 다르지만 똑같은 소리를 따라 적은 것이다.

조선후기의 학자이고 문신이었던 송준길(宋浚吉:1606~1672)은 금강을 '검호(黔湖)', 또는 '검담(黔潭)'이라고 불렀고 구한말 대시인이었던 김택영(金澤榮:1850년~1927)은 금강에서 배를 타고 내려가며 「검호(黔湖)」라는 제목의 시 한 수(首)를 남기기도 했다.

<푸른 대숲 울타리처럼 둘렀는데

황포돛 상선들은 느릿느릿 움직이네

양쪽 산 그림자 물위에 어른거리더니

검호 한 굽이 돌아서자 어느덧 석양이네>

靑靑竹樹自成籬[청청죽수자성리]

葉葉商帆入海遲[엽엽상범입해지]

兩岸山光紛落水[양안산광분락수]

黔湖一曲夕陽時[검호일곡석양시]

이로 미루어 보면 '곰내'도 분명히 '錦湖(금호)'로 음사되어 불렸을 것인데, 영남의 '琴湖(금호)'와 혼동을 피하기 위해서였는지 '錦江(금강)'이라고 적어 놓아 풀리지 않는 '미스터리'로 후대에 비치게 된 것이다.

오죽 답답했으면 학자라는 사람이 「당서(唐書)」가 어떻고 「동국여지승람(東國輿地勝覽)」이 어떻다며 "일명 '湖江(호강)'이라고 불렀다"고 거짓말까지 꾸며댔겠는가. 금강 상류 '호탄(虎灘)'을 '호강'으로 바꿔놓은 것이 아닌가 싶으나 호탄은 '갈여

울', 또는 '개여울'이라는 말의 한자 표기로 '蘆灘(노탄)'이라고
도 번역되는 말이지 호강으로 번역할 수 있는 말이 아니다.

범을 '갈개(갈가지)'라고 불렀기 때문에 호탄을 '갈개여울', 또
는 '갈가지여울'로 생각하여 호강이 되었다고 할 수도 있겠으
나 '여울'을 '강'이라 표현하지 않았기 때문이다.

수몰(水沒)지역의 어느 마을에서라도 '호강(湖江)'이라 불렀
다고 주장하면 더할 말이 없겠지만 초강(草江)·양강(楊江)·적
벽강(赤壁江)·웅진강(熊津江)·백마강(白馬江)이라는 이름 등과
함께 일부 개(浦)이름과 나루(津진) 이름이 남아 전해질 뿐
'호강(湖江)'이라고 불렀다는 기록은 어디에도 없다. 말 자체가
이루어질 수 없는 '자모둠(글자조합)' 수준의 조어(造語)이기 때
문이다.

'영남(嶺南)'이나 '호남(湖南)'·'호서(湖西)'라는 단어는 「세종
실록」등 「조선왕조실록」에 나타나는 것만도 수천 번이니, 이
말은 조선조 초기 만들어진 말이거나 그 이전부터 써온 말이
틀림없다. 왕건(王建) 태조의 「훈요십조(訓要十條)」에 호남지
방을 "공주강밖(公州江外공주강외)"이라고 표현한 것을 보면 고
려 초기부터 쓴 말은 아닌 것으로 보인다.

셋째 '호서'와 '호남'의 기준점으로 제천 의림지(義林池)와 김
제 벽골제(碧骨堤)가 운위되는 것도 금강을 '금호'라고 하지
않은 까닭이다. 하지만 기준점이 두 개일 수는 없고 또 다를
수도 없다. 여기서 주목할 수밖에 없는 곳이 적등진(赤登津)이
다.

오늘날 경부선 열차를 타고 옥천→이원을 지나 금강 철교를 건너면 '지탄역(池灘驛)'이라는 간이역이 나온다. 그 인근이 바로 적등진이고 금강의 또 다른 이름인 적등강(赤登江)이다. 지금은 '적등(赤登)'이라는 말을 아는 주민도 거의 없다. 부근에 있는 적하리(赤下里)와 적령(赤嶺적령:부룽기)이 옛 말 자취를 전할 뿐이다.

기록에 따르면 조선 초기까지는 이렇지 않았다. 이곳은 전라도 덕유산(德裕山)에서 발원한 물줄기와 경상도 중모현(中牟縣:현재의 牟東모동·牟西모서)에서 발원한 물줄기 및 충청도 보은 속리산(俗離山)에서 발원한 물줄기가 아우러져 큰 내(大川대천), 또는 '지프내(深川심천:깊은 내)'가 되는 곳일 뿐 아니라, 심천(深川)은 서울에서 충청도를 거쳐 경상도로 가는 교통의 요충이어서 오가는 관리(官吏)와 길손들의 말굽소리가 그칠 사이 없이 갈마들었다고 했다.

고려 말과 조선 초의 문신(文臣)이고 시인(詩人)이며 정치가였던 조준(趙浚:1346~1405)은 그의 시에서 "적등강의 물은 하늘같다(赤登樓下水如天[적등루하수여천])"고 했고 세종·세조·성종 등 여섯 임금을 섬겼던 조선전기 학자 서거정(徐居正:1420~1488)은 "남북으로 넓게 뻗은 강이 수십 리를 가로질렀다(江延袤橫截數十里[강연무횡절수십리])"라고 했다.

이런 정경을 '호수(湖水)'라 아니하고 무엇이라 했겠는가. 그래서 '넓은 호수[못]'라는 뜻의 우리옛말 '벌(버르)둠'이 '불딩기'가 되어 '赤登津(적등진)'라고 표기되었고 그 말꼬투리가

'부룽기'로 남아 전해지고 있는 것이다.

　이곳에서 물줄기를 따라보면 전라도는 남쪽이고 충청도는 서쪽이다. '호남'··'호서'라는 말이 이곳 나룻배 위나 주막집 마루에서 처음 만들어져 길손들을 따라 퍼졌고 지역명칭으로 굳어지게 되었다고 해도 크게 잘못은 아닐 것 같다.

제15장
산에 관한 것

　　지이산의 '智(지)'자는 지혜라는 뜻인데 순수 우리
말로는 '슬기'라고 한다. 그러나 슬기라는 말이 생기
기 이전 우리 선대는 '슬기 있는 사람'을 '밝은 사람'
이라고 했다. 그래서 지(智)자에서 '밝'이라는 뜻을
따고 異(이:다를이)자에서 '다르'라는 뜻을 따서 '밝
다르(박달)'라고 표기한 것인데 한자음만 따라 읽다
보니 원 소리가 잊혀져 왜 '지이산'이라고 표기했는
지도 모르면서 "지리산, 지리산" 하게 된 것이다.

1. '달래'가 일출봉이 되고 월출산이 되고

'일출봉(日出峰)'이나 '월출산(月出山)'을 모르는 사람은 거의 없다. 김민부(金敏夫)의 시 「기다리는 마음」을 떠올릴 것도 없다. '해가 떠오르는 봉우리'이고 '달이 떠오르는 산'이라는 뜻이다. 이름이 멋있고 신비하게 느껴지지만 그것은 한자가 주는 환영일 뿐 원 이름과는 거리가 멀다.

일출봉은 제주도에 쌔버린 오름 중 하나다. 원래는 '새오름', 또는 '시오름'이라고 불렸다. 우리 옛말 '새'는 '해'와 같은 말이고 '시'는 '새'가 변한 것으로 해가 뜨는 '동쪽'이라는 말이다. 그래서 '동쪽에 있는 오름'이라는 뜻인데 이 '시(새)오름'을 한자로 대역(對譯)하던 사람이 '시(새)'를 일(日:해), '오름'을 출(出:昇)로 해석하여 日出峰(일출봉)이라고 한 것이다.

전라남도 영암(靈岩)의 월출산(月出山) 최고봉 구정봉(九井峰) 아래 괴이한 흔들바위가 있다고 동국여지승람에서 기술하고 있는데 흔히들 영암의 유래가 이 '신령스런 바위(靈岩)'에서 유래한다고 한다. 그러나 우리말을 따라 거슬러 올라가보면 그런 의미가 아니다.

영암(靈岩)의 '월출산' 역시 경부고속도로 양재 나들목 못미처 나오는 '달라내 고개'와 똑같은 뜻의 이름이다. 백제 때의 그 지방 이름인 '달내(月奈월내, 월나)'에서 따온 것이다. 靈巖(영암)의 靈(영)자는 '두레'로 '달래'라는 소리의 이두표기이고

巖(암)자는 '바위'로 '고개'라는 뜻이다. 「삼국사기」 지리지의 삼국 당시의 말 '波衣(바위)'를 삼국통일이후 경덕왕이 중국의 지명을 본떠 두 자 이름으로 고칠 때 '波衣(파의:바위)'를 거의 '峴(현:고개)'자로 대비하여 고친 것을 볼 때 고려 이전에는 '고개'를 '바위'라고 말한 것이 틀림없다.

나생이(냉이,나상이,나생이,나새이,나세,나승개,나승갱이,나싱개,나싱갱이,나싱이)와 함께 가장먼저 봄 향기를 전해주는 '달라내(돌뢰,달래,달롱,달라내,달랑괴,달롱개)'가 많이 나는 양달이었기 때문에 붙은 이름이다.

그 '달라내'가 '月出(월출)'로 번역되고 '고개'가 '嶺(령)'이 되어 월출령(月出嶺)이 되었다가 월출산(月出山)으로 발전한 것이다.

신라는 '달래부리(月奈岳월나악)', 고려는 '달라메(月生山월생산)'라고 불렀다.

꼭 강원도 영월(寧越)을 나생이(奈生나생,奈城나성)라고 부르던 것과 다를 게 없다.

2. 어원을 알고 보면 허전해지는 우리말의 옛말

백마강(白馬江)이라는 이름이 몽환적 분위기를 자아내지만 그것은 한자가 풍기는 환영일 뿐 원 말까지 그런 것은 아니다. '배 만드는 마을 앞 내'라든가 '배들이 정박하는 개'라는

뜻의 '배말내'나 '배맛개'를 한자로 사음하여 '白馬江(백마강)'
이 된 것일 뿐 '흰 말'과는 아무런 상관이 없는 이름이기 때문
이다.

'白'자의 옛 음은 '백'이 아니라 '배'였다. 이처럼 우리의 현
재 지명은 원말과는 아무런 관련 없이 아름답게 꾸며진 것이
수도 없다. 거의 전부라 해도 과언이 아니다.

그래서 '石舟(석주)'의 원말이 '돌배(나무)'임을 깨닫고 나면
허전해지듯 이따금 지명들을 훑다보면 마치 꿈꾸다 깨어난 것
처럼 입맛이 쓸 때가 많다.

게다가 그 이름들에 붙어 그럴싸하게 전해지는 설화들을 보
면 더욱 커지는 괴리감(乖離感)을 지울 수가 없다. '달라지 고
개 설화'처럼 아무리 유교적 이념의 권선징악(勸善懲惡)을 내
용으로 하고 있다고 해도 당시 '이야기꾼'들의 계획된 의도는
순수한 지명을 엉뚱한 방향으로 이끌고 있기 때문이다.

　<달라지 고개는 수덕사 쪽(충남예산군덕산)에서 홍성으로 갈
　때 넘는 고개다.

　옛날 수덕사 근처에 살던 남매가 있었다. 신행을 왔던 누이가
　돌아가게 되어 남동생이 누이를 데려다 주기 위해 따라 나섰다.
　달라지 고갯길을 갈 때였다. 한창 여름이라 불시에 소나기가 쏟
　아져 내렸다. 피할 곳도 없어 그대로 맞고 갈 수밖에 없었다.

　누이의 얇은 모시치마저고리가 비에 함빡 젖어 감겨들며 속살
　이 훤히 비쳤다. 뒤따라가던 동생은 아무리 안 보려 해도 자꾸
　눈이 누이의 벗은 것 같은 몸으로만 갔다. 억제할 수 없이 성욕

이 끓어올랐다. 남동생은 누이에게 성욕을 느끼는 자신이 짐승 같다 느껴져 더없이 부끄러웠으나 더 이상 참을 수가 없었다.

누이를 앞서 보내고 혼자 옆길로 처져 갖고 가던 낫으로 자신의 성기를 잘랐다. 동생을 찾아온 누이는 피를 쏟으며 죽어가는 동생을 보고 어떻게 된 일인지를 직감했다.

누이는 동생을 부둥켜안고 울며 "달라고나 해 보지, 이게 무슨 일이야! 달라고나 해 보지, 이게 무슨 일이야!"했다.

그런 일이 있은 뒤 사람들은 이 고개를 '달라지'고개라고 불렀다.>

3. 지리산은 무슨 뜻인가

우리의 지명중에는 원뜻이 소멸되어 뜻도 모르고 그냥 써온 지역 이름이 적지 않다. 지이산(智異山)이 그중 두드러진 예이다. '지이산'이 발음하기 나쁘니까 아예 '지리산(地理山)'이라고 바꿔 쓰기까지 했다.

상악(霜岳:금강산)·설악(雪岳)·속리산(俗離山)이 모두 '수리산'이라는, 같은 말의 다른 표기라고 밝힌 바 있다. '수리'는 '높다'는 뜻의 옛말이다. 하늘 높이 떠다니는 '독수리', 또는 '소(수)리개'에서 그 쓰임새를 볼 수 있다.

智異山(지리산)은 다르다. 한자 뜻에 따르면 '지혜가 남다른 산'이라고 해석할 수 있지만 산이 뇌(腦)를 가지고 있는 것도 아닌데 어찌 지혜가 남다를 수 있겠는가. 그러한 뜻으로 붙은 이름이 아님을 알 수 있다. 지이산은 소백산과 함께 유일하게 태백산에 등을 대고 지어진 이름이다. 그 까닭을 알기 위해서는 우선 태백산의 원이름이 무엇인가부터 알아야 한다.

우리 조상족은 산을 '다이(대)', 또는 '타이(태)'라고 했다. 그래서 하느님이 강림해 계시는 천산(天山), 또는 신산(神山)을 '아리다이' 또는 '알타이'라고 했다. 그 말은 사계절 내내 변하지 않는 순백의 설산이라는 뜻도 내포하고 있어 '밝은 산'이라는 의미로 '밝(박)달'이 되는데 이 말을 한자로 적은 것이 '白山(백산)'이다.

우리 선대들은 이 '白山(백산)'을 '백산'이라 읽지 않고 '박달', 또는 '배달'이라고 읽었다. '배달민족'이라는 말이 여기서부터 시작된다. 하느님의 자손으로 설산(雪山)처럼 밝고 깨끗한 민족이라는 뜻이다.

太白山(태백산)이 바로 '큰 박달'이고 小白山(소백산)이 '작은 박달'이며 智異山(지이산)이 그냥 '박달'이라는 말의 이두표기이다. 인간만사를 환하게 꿰뚫는 하느님(산신)이 내려와 계시는 영험한 산이라는 뜻이다.

지이산의 '智(지)'자는 지혜라는 뜻인데 순수 우리말로는 '슬기'라고 한다. 그러나 슬기라는 말이 생기기 이전 우리 선대는 '슬기 있는 사람'을 '밝은 사람'이라고 했다. 그래서 지(智)자에서 '밝'이라는 뜻을 따고 異(이:다를이)자에서 '다르'라는 뜻을 따서 '밝다르(박달)'라고 표기한 것인데 한자음만 따라 읽다보니 원 소리가 잊혀져 왜 '지이산'이라고 표기했는지도 모르면서 "지리산, 지리산" 하게 된 것이다.

지리산에는 그 밖에도 또 하나의 '박달부리'라는 이름이 붙어 있는데 많은 사람이 알지 못하고 엉뚱한 말로 이해하고 있다. '망월봉(望月峰)'이 바로 그것이다. '望(망)'은 '발(바르)→밝', '月(월)'은 '달', '峰(봉)'은 '부리'로 '박달부리'라는 말인데, 그냥 한자 뜻대로 '달을 바라보는 봉우리'라고 이해한다.

4. 삼위태백의 태백산은 투벳산(티베트)이란 뜻

단군신화에 나오는 '삼위태백(三危太伯)'은 이 태백산(太白山)과는 그 뜻이 완전히 다르다.

'삼위(三危)'는 바로 은둔의 왕국 '샴발라(香巴拉향파랍)'의 고음(古音)으로 '샴뷔→샴웨' 비슷한 '삼웨(Samye桑耶상야)'라는 소리를 '三危(삼위:샨웨이)'로 사음(寫音)하는 바람에 '삼위'가 된 것이고, '태백(太伯)'은 투뱃(圖伯特도백특), 또는 투뱃(土白特토백특)의 사음으로 '하느님의 땅', 또는 '산과 신들의 땅'이라는 뜻을 담고 있는 고대 탕구트족의 말이다.

따라서 '삼위태백'은 단군신화가 어디서 만들어졌는지를 밝혀주는 중요한 단서가 되고 있다.

오늘날 청장고원(靑藏高原) 동쪽, 양자강(揚子江:長江장강)과 황하(黃河)의 분수령을 이루는 태백산맥(太白山脈:秦嶺山脈진령산맥)의 제일 고봉 '太白山(태백산)'은 우리의 태백산처럼

'큰 박달'이라는 뜻이 아니다.

바로 '투벳산'이라는 사음으로 圖伯特(도백특:투벳)·土白特(토백특:투벳)과 같은 말의 다른 표기이다.

5. 한강이 북한산으로 둔갑하다

서울의 주산(主山)인 북한산(北漢山) 역시 다를 것이 없다. 어째서 이산에 '한산(漢山)'이라는 이름이 잘못 붙게 되었는지를 알기 위해서는 삼국 초기로 거슬러 올라가야 한다.

「삼국사기」 백제본기 첫머리에, "북부여를 떠난 백제 시조 온조왕(溫祚王)은 드디어 한산(漢山:한매)에 이르렀다. 부아악(負兒岳·뿔봉)에 올라 살만한 땅이 어디인지 살펴보았다."는 기록이 있다. '漢山(한산)'이라는 이름은 여기서부터 시작된다.

1) '漢山(한산)'은 한강이라는 말

'漢山(한산)'은 바로 '한매(메)'의 이두표기로 漢水(한수), 즉 '한강'이라는 말이다. 통일신라(경덕왕이 적국 행정단위 명칭을 중국식(두 글자)으로 개혁한) 이후 학자들이 '山(산)'자에 홀려 그것이 '매(메)', 즉 '물'을 뜻하는 글자인 줄을 모르고 '산'으로만 해석하여 백제가 동진(東晉)과 교류할 즈음부터 욱리하(郁里河)를 한수(漢水) 또는 한강(漢江)이라고 불렀다는 웃지 못 할 주장까지 하기에 이르렀다.

<우리 옛 지명에 '매(水)'와 '메(山)'가 서로 갈마든 예는 무척 많다.

한 예로 '괴산'은 신라가 '개내(槐壤괴양)'라고 부르던 곳을 조선조 태종이 '개매(槐山괴산)'라는 뜻으로 고친 것인데, '매(山:메)'는 내(壤:양)자와 똑같이 시냇물, 즉 '내'를 뜻하는 글자이다. 괴산에는 '괴산(槐山)'이라는 산이 없는 것만 보아도 이 山(산)자는 산을 뜻하는 것이 아니라 '매', 즉 물이나 마을을 뜻하는 글자임을 알 수 있다.

또 보은(報恩)의 옛 이름 삼년산(三年山삼년산:세살매)의 '산'자 역시 산을 뜻하는 것이 아니라, '물(매)'을 뜻하는 것이라고 위에서 밝힌 바 있다.

서울 인근의 안산(安山)을 예로 들어보자.

고구려가 '노르목 곳', 즉 노르목 만(灣)이라고 부르던 장항구(獐項口:노르목곳)를 신라 경덕왕이 '노르(놀)곳'이라는 뜻으로 '장구(獐口노루장)'라고 줄였는데 고려가 장구를 다시 '安山(안산)'이라고 고쳤다. 안산은 '편한 산'이라는 뜻이 아니라, '노르매'라는 표기이다. 놀면 편하니까 편하다는 '安(안)'자로 '논다'는 뜻의 '노르(놀)'를 표기한 것이다. 안산의 '산'자 역시 산을 뜻하는 글자가 아니라, '매(물·만)'를 뜻하는 글자임을 알 수 있다.>

2) 백제의 '욱리하'와 고구려의 '아리수'

백제는 처음(B.C. 18년)부터 한강을 한매(漢山:한산)라고 불렀다. 한강주변의 땅을 싸잡아 일컬은 말이었다. 그래서 고구려는 백제로부터 이곳을 빼앗자(475년) '漢山郡(한산군)'이라고 하였고 신라는 이 땅을 빼앗자(557년) 한산주(漢山州:漢州)라고 부르며 산 이름은 그대로 횡악(橫岳), 또는 부아악(負兒岳)이라고 불렀다. 진흥왕 순수비를 세울 때(555년)의 일이다.

욱리하(郁里河)라는 명칭은 백제의 개로왕이 고구려 첩자였던 도림(道琳)의 말에 자극받아 궁성 등을 수축할 때(475년) "또 큰 돌을 욱리하에서 가져다 곽(槨)을 만들고 아버지의 **뼈**를 장사지냈다"는 대목에 처음 보인다. 이때는 고구려가 한강을 아리수(阿利水:광개토대왕비)라고 불렀던 시기와 거의 일치한다.

郁里河(욱리하)는 '유리물'의 사음으로 '아리물(阿利水)'과 똑같은 말의 다른 표기이다. '큰 물'이라는 뜻의 '한매'와 다를 것이 없다.

희고(白) 크고(大) 높고(高) 거룩(聖)하고 밝다(光·明)는 뜻인 '알→아리(天神)'에서 갈려나온 말이다.

'아리물'이라는 이름은 우리 조상족이 살던 땅을 내주고 동쪽으로 동쪽으로 물러나 다시 터를 잡으며 새로운 강에 두고 온 강 이름을 붙이면서 서쪽에서부터 동쪽으로 이어진다.

중앙아시아(아[리]무르)에서 시작하여 중국 서북쪽 신강성(新疆省)과 하서회랑(河西回廊)을 거쳐 하북(河北) 평야와 후룬부이르(呼倫貝爾) 평원을 거쳐 삼강(三江) 평원과 송눈(松嫩) 평야로 동남진 하기도 하고 하북에서 곧장 요동(遼東) 평야로 건너와서 현란한 꽃을 피우다가 한반도로 흘러들기도 한다.

역대 학자들이 중국과 조선의 국경이라고 주장해온 오늘날 진황도(秦皇島) 남쪽 난하(灤河:현재의 灤河口濕地自然保護區난하구습지자연보호구)가 바로 '우리물(濡水유수·武列河무열하)'이고, '펴

라내(白狼水백알수)', 또는 '유리물(楡水유수·柳水유수·渝水유수)'
이라고도 불리던 대·소 릉하(凌河)가 '어리물'이며 '요수(遼水)'
가 '오리물(烏列水오열수·饒洛水요락수·弱洛水약수)'이고 압록강
(鴨綠江)이 '야리물'이며 대동강(大同江)이 '우리물'이다.

또 있다. 흑룡강(黑龍江:아[리]무르)이 '어리물(弱水)'이고 송
화강(松花江)이 '오리물(奧婁水오루수)'이며 우수리강(烏蘇里江
오소리강)이 '아리물(阿里門河아리문하)'이고 눈강(嫩江)이 '오리
물(鴨子河압자하)'이며 고구려 시조 주몽(朱蒙)이 건넜다는 엄
리대수(奄利大水)가 역시 '오리물'이다.

이처럼 아리·야리·어리·여리·오리·요리·우리·이리(阿利아리·
阿里아리·合黎랍려·蛤蜊합리·冶水야수·陽樂양락·鴨綠압록·耶里야
리·弱水약수·凌水능수·濡水유수·余水여수·奄利엄리·洌水열수·饒
洛요락·奧婁오루·烏列오열·遼水요수·鴨子압자·大同대동·武列무열·
嘔夷구이·柳水유수·渝水유수·琉璃유리·伊犁이리) 등 우리 옛말로
표기된 강 이름은 모두 '아리'의 전음(轉音)으로 크고 신성한
물이라는 뜻이다.

3) '한산(漢山)'에 하(河)를 붙인 것은 산(山)을 몰랐기 때문

「삼국사기」 지리지에는 한강을 '한산하(漢山河)'라고 기록하
고 있다.

단재(丹齋:申采浩신채호)의 말마따나 "김부식(金富軾)이 이
두문(吏讀文)에 무식(無識)"했기 때문인지, '漢山(한산)'이 우리
말 '한매'로 한수(漢水)와 같은 말이라는 것을 모르고 '산(山)'

으로 해석하여 '큰물'이라는 뜻의 '한매' 밑에 또 '물(河)'자를 덧붙여 '漢山河(한산하)'라고 기록한 것이다.

이로 인해 그 뜻을 알고는 산에 붙일 수 없는 이름 '漢山(한산)'을 산에 붙여 북한산(北漢山), 또는 남한산(南漢山)이라고 부르게 되었는데, 이 말은 북쪽에 있는 한강, 또는 남쪽에 있는 한강이라는 뜻일 뿐, 한강 북쪽에 있는 산이나 한강 남쪽이 있는 산이라는 뜻이 아니다.

한강 남쪽에 있는 산이나 북쪽에 있는 산이라면 한북산(漢北山)이나 한남산(漢南山)이라고 해야 문법에 맞고 말이 된다.

그런데 이 잘못 지어진 이름은 아무렇지도 않게 우리는 몇백년간 쓰고 있다.

6. '부아악(負兒嶽)'과 봉우리

백제는 처음 이 산을 '부아악(負兒嶽)'이라고 불렀다. 부아의 '兒(아)'는 'ㄹ'과 같은 소리를 내는 글자이고 '嶽(악)'은 메(뫼)라는 뜻이 아니라 '부리(우리)', 즉 '봉부(우)리'라는 말로 負兒嶽(부아악)은 '불 부리', 즉 '뿔 봉우리'라는 이두표기이다. 三角山(삼각산)의 각(角)자와 똑같은 이름이다.

<'봉우리'의 원 말은 '봉+부리'다.

'부리'라는 전래 우리말에 한자말 '峰(봉)'이 덧씌워져 이루어진 말이다. "말 자체가 서로 다른 천 조각을 기워 붙인 누더기 같

다”고 좋아하지 않는 학자들도 있다.

‘부리부리’라는 뜻으로 ‘역전앞’과 똑같은 겹말이기 때문이다. 이 말은 다시 산봉우리, 꽃봉오리’로 갈리기도 하고 봉두리라고 가지를 치기도 한다.>

온조의 아들인 2대왕 다루왕(多婁王) 4년(서기 31년) 이후부터는 ‘負兒嶽(뿔부리:角峰각봉)’을 ‘橫岳(횡악)’이라고 불렀다. 이것은 ‘갈부리’·‘가로부리’라는 말의 표기로 ‘칼처럼 생긴 봉우리’, 또는 ‘가로 걸쳐 있는 산봉우리’라는 뜻이다.

우리 농요(農謠)에 나오는 ‘갈메봉’이 바로 이러한 의미를 담고 있는 산으로 갈산(葛山)이 되기도 하고 가리산(加里山)이 되기도 하고 가라산(駕洛山가락산:伽倻山가야산)이 되기도 하고 관악산(冠岳山)이 되기도 한다.

부아악을 고려 성종(12년(993년) 10월) 이후 조선조 중기까지는 삼각산(三角山), 또는 화산(華山)·화악(華岳)이라고 불렀는데, ‘화산’이나 ‘화악이라는 호칭은 불교적 색채가 농후한 이름이다. 정상부가 멀리서 보면 ‘연꽃’ 같다고 하여 ‘화산(花山:꽃산)’, 또는 ‘화악(花岳:꽃봉)이라고 한 것인데, 원래 ‘華(화)자’와 ‘花(화)’자는 같은 글자였다. 북위 때 지리학자 역도원(酈道元)의 「수경주(水經注)」에 자세히 나와 있다.

7. 삼각산

‘삼각산’은 개성(開城) 쪽에서 바라보면 백운대(白雲臺)·인수봉(仁壽峰)·만경대(萬景臺) 세 봉우리가 뿔처럼 솟아 있어 三角山(삼각산)이라고 한 것이다.

백운대는 태조 이성계가 왕이 되기 전 이 산 정상에 올라 지었다는 「등백운봉(登白雲峰)」 시에서 따온 것이고 인수봉은 개성 천마산(天磨山) '인수봉'에서 따온 것이며 만경대도 같은 산 만경대에서 따온 것이다.

원래 만경대는 그곳에 오르면 고려의 도성인 개성이 보인다 하여 국망봉(國望峰), 또는 '망경대(望京臺)'라고 불리던 곳인데 조선조가 들어선 이후 만경대(萬景臺)로 고쳐 부르게 했다.

<태조 이성계(李成桂)는 왕이 되기 전 삼각산 백운대에 올라 「등백운봉(登白雲峰)」이라는 제목의 시(詩) 한 수를 지어 태고암(太古庵)에 남겼다고 전해진다.

그 내용은 "가지 덩굴을 휘어잡고 푸른 봉 올라가니/ 암자 하나 구름 속에 외로이 누워있네.// 만일 눈에 보이는 땅 모두 가져다 내 것으로 삼으라면/ 멀고먼 중국의 강남인들 어찌 받아들이지 않겠는가)"이다.

引手攀蘿上碧峰[인수반라상벽봉] 一庵高臥白雲中[일암고와백운중]

若將眼界爲吾土[약장안계위오토] 楚越江南豈不容[초월강남기불용]

이때 개경(開京)출입이 금지되어 삼각산 밑에 초막을 짓고 살던 정도전(鄭道傳)은 이성계를 만나 다시 고려조의 벼슬길에 오르게 되고 끝내 조선왕조를 세우게 된다.>

이 삼각산에 '북한산(北漢山)'이라는 이름이 덧붙은 것은 조선조 숙종 즉위년(1674년) 11월 13일로 300여 년 전의 일이다. 청(淸)의 강희제(康熙帝)가 오삼계(吳三桂)의 반란으로 시작된 '삼번의 란(三藩之亂)'을 맞아 파병을 요청하자 그 대책을 의논하는 과정에 허적(許積)이 최초로 사용했다.

도봉산(道峰山)이나 수락산(水落山), 청계산(淸溪山)이라는 이름이 언제부터 쓰였는지 상고할 길은 없지만 조선조 이전부터 있었다면 수락산은 '수리뫼'라 불렀을 것이고 청계산은 '사리뫼'라 불렸을 것이며 도봉산은 큰 바위가 산 전체를 이루고 있어 붙은 이름이라는 말 그대로 '독부리(돗부리→도봉부리)'나 '돌비리 뫼'로 불렸을 것이다.

'돌섬'이라는 뜻의 '독섬'이 '독도(獨島)'로 표기되지 않았는가.

　<왜노(倭奴)들은 이 독도의 '독'을 발음하지 못해 '다게[닥]'로 음사해다 다게시마(竹島죽도)라고 부른다.>

그렇지 않다면 도봉산(道峰山)은 산기슭 촌락 무수골(水鐵洞 수철동) 주변이 진땅으로 이루어져 '질벌'이라고 불렸고 그 '질벌'이라는 명칭이 산에 붙어 '질부리뫼'가 도봉산(道峰山)으로 번역되었다고 볼 수도 있다. 이것을 풀어보면 '길동이'를 '질동이'라고 발음했듯이 '질'은 '길'이 되고 '길'은 다시 '도(道길도)'가 되었고 부리가 봉(峰)이 되고 뫼는 산(山)이 되어 '질부리뫼'가 도봉산으로 변역되었다는 해석이다.

萬丈峰(만장봉)이 '검질부리'라는 이두표기일 수도 있기 때문이다. 만(萬)에서 만의 옛말 '거문', 한길 두길 높이나 깊이를 나타내는 장(丈)에서 '길, 질'을 '봉'에서 '부리'를 모아 '검질부리'가 '만장봉'으로 표기된 이두일 수 있다는 뜻이다.

8. 정약용의 강북 위례설의 땅

여기서 짚고 넘어가야 할 대목이 있다.

오늘날 '한강(漢江)'이라는 이름이 어디를 기점으로 이루어진 것이냐 하는 점이다. 온조 일행이 부아악(負兒岳)에 올라 도성(都城) 자리를 살폈다면 우리 민족의 전통대로 해뜨는 방향, 즉 동쪽으로 널브러진 마들평야를 가르며 유유히 흘러가는 한내(漢江:漢川)를 주목하지 않을 수 없었을 것이고 그 흐름을 따라 부아악 동록(東麓)으로 내려오다 한내(중랑천) 언저리 한양고현(漢陽古縣)에 자리 잡았다면 정약용(丁若鏞)이 「위례고(慰禮考)」에서 밝히고 있는 것처럼 이곳이 백제의 첫 도읍지 강북 위례성이 틀림없을 것이다.

<정약용의 「여유당전서(與猶堂全書)」는 이렇게 적고 있다.

"한양고현은 바로 지금의 경성 북쪽 방 한양동(京城北坊漢陽洞[경성북방한양동])이다. 혜화문(惠化門) 밖 10리 못 미쳐 고성(古城)의 흔적이 있는데 주민들은 그곳을 한양고현이라고 한다.

어찌 위례성의 옛터가 아니겠는가."

그리고 '위례(慰禮:뷔리)'를 우리말 '울타리(圍哩위리)'로 풀었다.

그러나 위례는 비루(肥如비여)·비루(肥累비루)·부리(扶黎부여)·부위(鳧臾부유)·푸류(沸流비류)·푸류(蒲類포류)·부루(符婁부루) 등 옛 도성 이름들과 견주어 볼 때 위례 역시 '부여(夫餘)'의 사음으로 보는 것이 타당하지 않을까 싶다.

이 부여에 '새'자가 덧붙으면 소부리(所夫里소부리:셔블르)→사비(泗沘:셔뷔), 서라벌(徐羅伐:셔론벌)→서벌(徐伐:셔벌) 등이 되는데, 所夫里(소부리:셔블리)나 徐羅(那)伐(서라벌:셔론벌) 등은 모두 '새로운 나라', '새로운 도성'이라는 뜻의 '새 부루'라는 옛말을 한자로 사음한 것으로서 새 부여(新夫餘신부여)·새 평양(新平壤신평양)이라는 뜻이다. 이 '새부루→새부러'에 가까운 '셔블'이라는 말이 오늘날 '서울'이 되고 있음을 많은 사람은 알아야할 것이다.>

9. 대전(大田)은 달구벌

대전(大田)은 많은 사람이 알고 있는 것처럼 '한밭'이라는 말을 한자로 번역해 놓은 것이다. 「동국여지승람」에 '대전천(大田川)'이라는 이름이 있다고는 하지만 대전이라는 도시이름은 1905년 경부선 철도의 대전역이 개통되면서 발전하기 시작한 도시다.

삼국 때 이름은 '비수리(雨述)'였다. '비'는 '부리(夫里)'와 같은 말 '비리(卑離)'가 줄어서 된 말이고 '수리'는 '높다'는 뜻 이외에도 '까마득하다'는 뜻으로도 쓰인 것으로 보인다. 삼국 통일 후 경덕왕이 '비즈리(比豊)'라고 고친 것을 보면 알 수 있다. '넓은 벌판'이라는 뜻이다.

그러나 대청호를 둘러싸고 있는 일련의 산중의 하나인 계족산(鷄足山)이 '한밭' 너른 벌을 깔고 앉아 지키고 있는 것을 보면 계족산이라는 말을 통해 이곳이 '한밭'이라고 불리기 이전에는 대구처럼 '달구벌'로 불렸던 것으로 유추할 수 있다. '달구'는 '큰 벌판'이라는 뜻이고 '계족'은 '닭 발'이라는 말로 옛날에는 닭을 '달구'라고 했고 '벌'은 소리가 '발'과 매우 가깝기 때문에 '달구벌'을 '鷄足(계족)'이라고 이두표기 한 것이다. 회덕(懷德), 즉 '품은 달구'가 당시 관할군의 이름이 된 것만 보아도 알 일이다.

10. 계룡산(鷄龍山), 황산, 연산, 논산

계룡산(鷄龍山)도 마찬가지다. 鷄龍(계룡)은 '달구드레'라는 표기로 '달구 들'이라는 뜻이다.

이 '龍(용)'자는 옛날 관개용 농기구인 '용두레(미르두레)'를 뜻하는 용자로 '드레(들)'라는 소리를 나타내는 글자이다.

계룡산을 끼고 있는 곳이 백제 때의 황등야산군(黃等也山郡)인 것을 보면 더욱 확실하다. 黃等也山(황등야산)은 '누른 드레메'라는 표기로 '너른 들 메'라는 뜻이다. '메'는 물, 또는 산과 마을을 뜻한다고 위에서 밝힌 바 있다.

신라는 전국 지명을 중국처럼 두 글자로 고치면서 황등야산

을 '黃山(황산)'이라고 고쳤다. '드레(登也)', 즉 '들'이라는 글
자를 빼고 '너(누)른 메'라고 한 것이다.

고려는 '너른 메'라면 '계속 늘어서 있는 것'이라고 인식하
여 '황산'을 다시 '느르메'라는 뜻인 '連山(연산)'이라고 고쳐
오늘에 이르고 있다. 논산 못 미쳐 있는 소도시이다.

'龍(룡)'자가 '드레'라는 표기로 쓰인 예는 부여에도 있다.
금강을 끼고 있는 엿바위(窺岩里규암리)의 구룡평야(九龍平野)
가 그곳이다.

원래는 '곰들(熊野)'이라는 뜻의 '고마드레', '구마드레'라고
하던 곳인데, '마'자가 탈락되며 '구드레'라고 불리자 한자로
'九龍(구룡)'이라고 이두표기한 것이다.

그 후 다시 '평야'라는 말이 뒤에 붙어 九龍平野(구룡평야)
가 되었다. 웅야평야(熊野平野:곰들 편편한 들)라는 뜻의 겹말이
다.

제16장
와산(蛙山)과 구양(狗壤)은 어디인가

    와산성(蛙山城)과 구양성(狗壤城)은 「삼국사기」 백제본기 다루왕기에 나오는 지명이다.

    신라의 성이었는데 다루왕은 이 산성을 빼앗고자 네 차례나 쟁탈전을 벌이다가 끝내 꿈을 이루지 못하고 죽었다.

    오늘날 '와산성'은 충북 보은(報恩)으로 비정되어 정설로 굳어졌으나 '구양성'은 '어디 있는지 모른다'는 「삼국사기」 지리지의 기록대로 아직 확인되지 않고 있다.

    그러나 구양성은 괴산이라는 증거가 옛 지명속에 남았다.

와산성(蛙山城)과 구양성(狗壤城)은 「삼국사기」 백제본기 다루왕기에 나오는 지명이다. 신라의 성이었는데 다루왕은 이 산성을 빼앗고자 네 차례나 쟁탈전을 벌이다가 끝내 꿈을 이루지 못하고 죽었다. 그 성을 빼앗아 2백 명을 주둔시켜 지키다가 다시 빼앗겼다는 기록도 있다.

1. 와산성(蛙山城)은 보은 함림산성(含林山城)

오늘날 '와산성'은 충북 보은(報恩)으로 비정되고 있고 '구양성'은 '어디 있는지 모른다'는 「삼국사기」 지리지의 기록대로 아직 확인되지 않고 있다.

원래는 와산성 역시 구양성 등과 함께 유명미상지분(有名未詳地分:이름은 있으나 어디 있는지 모르는 곳)에 들어 있었으나 지난 세기 위당(爲堂:鄭寅普정인보)이 와산성은 "보은에 있는 성일 것"이라고 하면서 와산보은설(蛙山報恩說)이 자리를 잡게 되었다.

보은에 와산(蛙山)이 있으니까 그 산에 있는 성이 '와산성'일 것이라고 추단한 것이다.

이 추단이 맞다면 보은 읍내에 있는 사산(蛇山)·와산(蛙山)·서산(鼠山)이라는 야트막한 산들의 이름이 조선조 때 생겨난 것이 아니라, 삼국초기부터 있었다는 말이 되고, 보은읍 중심 지대인 '三山(삼산)'이라는 명칭이 '뱀산·개구리산·쥐산(또는 猪山:돼지산)이 서로 잡아먹으려고 노리기 때문에 붙은 이름이라는 풍수설이 정설인양 힘을 얻을 수도 있다.

그러나 '삼산(三山)'이라는 명칭은 경덕왕이 '삼년산군(三年山)"이라는 옛 지명을 줄여서 고친 것이라고 「삼국사기」 지리지와 「동국여지승람」에 기록되어 있다.

더욱이 보은읍 남쪽 죽전리와 수정리에 걸쳐 있는 '와산'에는 성터가 없다. 여러 사람이 찾아 헤맸지만 어떠한 인공흔적도 찾을 수 없었다. 이 '와산'이 「삼국사기」가 기록하고 있는 '와산'이 아니라는 결정적 증거이다.

그렇다고 위당이 '와산성'을 '보은'으로 비정한 것이 잘못되었다는 말은 아니다.

다만 오늘의 와산(죽전리와 수정리)과 연계하여 추단한 것이 잘못되었다고 지적하고 싶을 뿐이다. 왜냐하면 '蛙山城(와산성)'을 보은으로 해석할 수 있는 산성이 실제로 보은에 있기 때문이다.

바로 함림리 뒷산에 있는 '含林山城(함림산성)이 그것이다. 읍내에서 북쪽으로 10리(4km) 쯤 떨어진 곳, 괴산(槐山) 청천(靑川) 청주(淸州)으로 이어지는 길목에 있다.

요즘은 그 산성 이름이 문암산성(門岩山城)으로 불리고 동네 이름도 함림리(含林里)에서 학림리(鶴林里)로 바뀌어 있지만, 원래는 '머구메'라는 마을로 한자로 표기하면 '蛙山(와산)'이 된다.

우리 옛말 '마구리→머구리'는 개구리(蛙)를 뜻하고 마을이

‘메’이니까 ‘머구메’가 ‘蛙山(와산)’으로 표기되고 머구메 뒷산에 있는 성이 ‘蛙山城’(와산성), 또는 ‘함림산성’으로 표기된 것이다.

‘함림산(含林山)’에서 ‘함림(含林)’은 ‘머금을 함(含)’자와 ‘수풀 림(林)’이 조합된 이름으로 ‘머그메숲’이라는 뜻으로 ‘머구메(蛙山와산)’라는 마을에 느티나무 군락이 형성되어 그 숲을 ‘머구(메)숲’이라고 불렀기 때문에 마을 이름까지 ‘含林(함림:머구메숲)’으로 바뀌고 와산성(머구메성)이 ‘含林山城(머구숲메성)’이 된 것이다.

삼년산성(三年山城)의 전초기지 쯤 되는 곳으로 두 성이 서로 맞바라보인다.

2. 구양성(狗壤城)은 괴산

구양성(狗壤城)을 어떤 이는 옥천(沃川)에 비정하고 있지만 狗壤(구양)이라는 말이 무슨 뜻이고 어디 있던 성인지를 알기 위해서는 우선 인근의 지명부터 살펴볼 필요가 있다.

기록에 따르면 백제의 시조 온조의 뒤를 이은 다루왕 36년(63년) 10월 백제는 “낭자곡성(娘子谷城:청주의 上黨城상당성)까지 영토를 확장하고 신라에 회담을 요청하였으나 응하지 않았다.”했고 이듬해 다시 “신라의 와산성(蛙山城)을 공격하다 이기지 못하고 군사를 옮겨 구양성(狗壤城)을 공격하자 2천 명의 신라 기병(騎兵)이 출동해 역공격해오므로 달아날 수밖에 없었다."고 했으며 신라는 21대 소지마립간 16년(494년) 7월 "살수벌(薩水之原)에서 고구려와 싸웠으나 이기지 못하고 후퇴하여 견아성(犬牙城)을 확보하고 있었다."고 기록되어 있다.

이로 보면 상당성(上黨城상당성:웃물바람)과 와산성(蛙山城)·구양성(狗壤城)·살수벌(薩水之原살수지원)·견아성(犬牙城견아성) 등은 인접해 있는 지역이거나 서로 멀리 떨어져 있지 않은 성들임을 알 수 있다.

'살수벌'은 신라가 '살매(薩買:薩水살수)'라고 불렀던 오늘의 청천을 이르는 것으로 삼년산군(보은)의 한 현이었다. 지금은 괴산(槐山)에 속해 있다.

「삼국사기」에 따르면 괴산은 고구려 때 잉근내(仍斤內)라고 불렀는데 신라가 괴양(槐壤)으로 고쳤고 고려가 다시 괴주(槐州)라고 고쳤으며 시안(始安)이라고도 한다고 기록되어 있다. '괴산'은 조선조 태종이 다시 고친 이름이다.

'구양(狗壤)'의 뜻이 무엇인가를 알기 위해서는 우선 '잉근내'가 어떻게 되어 '괴양'으로 바뀌었는지부터 알아야 한다.

신라는 '잉근(仍斤)'이라는 소리가 '잇금(임금)'과 비슷했기 때문에 당시 '王(왕)'을 '개(가)'라고 번역하던 통례에 따라 괴(개)얏나무의 '槐(괴[개])'자를 써서 '임금내'라는 뜻으로 '괴양(槐壤)'이라고 고친 것이다. 壤(양)자는 '내·라·야' 등의 소리를 내던 글자로 시냇물(川)을 뜻하는 잉근내의 '內(내)'와 똑같은 말이다.

고려는 '괴양'을 '괴주(槐州)'로 고치고 '시안(始安)'이라고도 했다.

신라 때 경주의 원이름이 '시림(始林)'이었는데 탈해잇금(脫解尼師今탈해이사금)이 계림(鷄林)으로 고쳤고 구림(鳩林)이라고도 했다는 기록의 '시(始)'자와 똑같은 음의 글자이다.

당시 '始(시)'자의 음은 '키', 또는 '케'에 가까운 소리로 槐(괴)·鷄(계)·鳩(구)·狗(구)와 비슷한 소리였다.

당송대의 음을 간직하고 있는 오늘날 '始(시)'자의 학가음이 "chii, chi, cih, ci, shi, si, sii"로 발음되고 있는 것을 보면 이 글자들이 모두 '개'와 비슷한 소리의 표기였다고 보면 틀리지 않을 것이다.

그러므로 괴산의 또 한 이름이었던 '始安(시안)'은 '개안'이라는 말이고 괴양과 마찬가지로 '임금내'라는 표기인데 '내(內)'를 한자 뜻대로 해석하여 '개내(槐壤)'가 아니라 '개안', 즉 '시안'이라고 적은 것이다.

이중삼중으로 번역되어 완전히 다른 말처럼 보이지만 실은 똑같은 뜻을 갖고 있는 같은 이름이다.

그 위치를 확인하지 못하고 있는 구양(狗壤)과 구원(狗原), 견아성(犬牙城) 역시 '잉금내(仍斤內)'라는 표기로, 오늘의 괴산을 이르는 같은 말의 다른 표기이다.

삼국초기 백제는 '구양' 또는 '구원', 신라는 '견아성', 고구려는 '잉근내'라 부르던 곳을 삼국 통일후 '괴양'으로 단일화

했다고 보는 것이 옳을 것이다.

3. 죽산(竹山)과 진천(鎭川)지명 변천

그러나 554년 백제 성왕이 죽은 구천(狗川)은 '개내'라고 해석할 수는 있으나 그런 말이 아니다.

구천(狗川)은 「일본서기(日本書紀)」가 '구다모라(久陀牟羅)'라고 기록하고 있고 신라본기가 관산성(管山城관산성:環山城환산성,古利山城고리산성)이라고 기록하고 있는 것으로 보아 '고리물[매]'의 사음으로, 요즘말로 하면 '고동물', 즉 '고동매(管川[山]관천[산])'라는 표기이다.

위에서도 언급한 바 있지만 遇王(우왕)·王逢(왕봉)이란 지명역시 '두글자 지명'으로 고쳐지기 전에는 仍斤買津(잉근매진)이나 臨馬津(임마진)으로 불리던 곳으로 '잉근매나라(나루)', 또는 '임말(마을)나라'로 발음되어 '임 만나라'처럼 들렸기 때문에 '임금을 만난다'는 뜻의 '우왕(遇王)·왕봉(王逢), 또는 가맛(皆伯)'으로 고쳐진 것이 아닌가 싶다.

또 '가지(王岐왕지)'는 개지등(皆次丁개차정:가지정)을 줄인 말로 '가지등'이라는 말인데, 같은 뜻을 가진 개지산(皆次山개차산:가지메)은 '王(왕)'자로 번역되지 않고 그냥 '개산(介山)'이라고 줄였다.

고려는 介(개)자가 竹(죽)자와 비슷했기 때문에 '竹州(죽주)'라고 고쳤는데 요즘은 죽산(竹山)이라고 부른다.

잉근내(仍斤內:괴산) 옆에 있는 잉골(仍忽:陰城음성)이 '개골(狗谷구곡·蓋城개성)'로 번역되지 않고 '잉골'과 비슷한 소리인 음성(陰城)이라고 한 것과 같은 예이다.

음지를 응달이라 하듯 음성은 '응골'이라는 한자 표기이다. 응골은 원래 '가물내(今勿奴금물노)'군 속현인데 신라는 가물내를 같은 뜻의 다른 표기로 흑양(黑壤:가물내)이라고 했고 고려는 '너른내'라는 뜻으로 진천(鎭川:누르내)이라고 고쳤다. '가물가물'한 것을 '너르다'는 뜻으로 고친 셈이다.

사람의 일이 다 그러하듯 말(言語) 역시 어떤 한 가지 규칙대로 이루어지는 것이 아님을 보여주고 있다.

제17장
방향에 관한 것

북쪽을 '뒤'라 했고 남쪽을 '마', 또는 '앞'
이라고 했다.

그 말자취가 지금도 '마박(이마박)'에 남아
있다. '앞 바가지'라는 뜻이다. '맞(마주)쪽'이
라는 의미를 갖고 있다. 그래서 뒷산이 '북악
(北岳:뒷봉우리)'이고 앞산이 남산(南山)이다.

남쪽에서 불어오는 바람을 '마파람'이라고
하는 것만 보아도 알 일이다.

우리 고어(古語)에서 동쪽을 '시'라 했다고 위에서 설명한대로. '시'는 '새', 즉 '해(태양)'가 변해 이루어진 말로 '해가 떠오르는 곳'을 지칭하는 말이다. 또 북쪽을 '뒤'라 했고 남쪽을 '마', 또는 '앞'이라고 했다.

그 말자취가 지금도 '마박(이마박)'에 남아 있다. '앞 바가지'라는 뜻이다. '맞(마주)쪽'이라는 의미를 갖고 있다.

그래서 뒷산이 '북악(北岳·뒷봉우리)'이고 앞산이 남산(南山)이다.

앞산을 '마뫼'나 '마산'이라고 하지 않고 '목멱산(木覓山)'이라고 한 것은, 한자를 빌어 우리말을 기록한 이두식 표기로 '남녘산(나멱산)'이라는 뜻이다.

그러니까 이 말은 '南(남)'이라는 한자가 들어와 '남녘(앞쪽)'을 의미하는 우리말로 자리 잡은 고려 때 쯤 생겨난 말로 보인다.

'마뫼→앞산(南山;前山)'을 '남녘산(木覓山목멱산)'이라고 표기하고 있기 때문이다. 남쪽에서 불어오는 바람을 '마파람'이라고 하는 것만 보아도 알 일이다.

그러나 이 방향인식은 우리 조상족(祖上族)이 서아시아를 떠나 동천(東遷)하던 중 느끼던 방향명칭은 아닐 것이다. 당시 앞은 "온 인류의 희망인 해가 떠오르는 동(東)쪽"이었고 뒤는 해가 지는 서(西)쪽이었기 때문이다.

뒤를 북쪽이라 하고 앞을 남쪽이라고 의식하게 된 것은 아

무래도 우리의 조상족(부리야트-Bury-at. 사우르-Saur, 또는
사우리-Saory)이 머물고 있던 안가라 강 일대 숲속을 떠나
남동천(南東遷)하기 시작한 이후에 형성된 방향감에 따라 이
루어진 말일 것이다.

'동이'로 호칭되는 우리 선대 퉁구스(東胡동호)는 한족(漢族)
과 달리 유사 이래 모든 국가의 궁궐이 창경궁처럼 동쪽을 향
해 배치된 것만 보아도 그 뿌리 깊은 소망을 읽을 수 있다.

떠오르는 햇살을 집안 가득 맞아들여 따뜻하면서도 명명백
백한 삶을 영위하고자 했던 바람이 전통으로 굳어져 지금도
광막한 초원에 흩어져 있는 게르나 유르트로 가보면 출입문이
모두 동쪽으로 나 있다.

그래서 서쪽을 '하늬'라고 했다. '한 옛날의 뒤'라는 말 '한
옛뒤(하녜뒤-하늬[ㅖ두ㅣ])'가 약화되어 이루어진 말일 수도 있다.

단재(丹齋:申采浩)는 '한(寒)'이 바로 "서쪽을 의미했다"고
했고 최동(崔棟)은 "태양이 떠오르는 반대방향, 즉 '해+아니'
가 변해 '한'이 되었다"고 풀이했다.

그러나 '하늬→하니→한이'는 이미 잃어진지 오래되어 아는 사
람도 거의 없다. 바람의 이름(하늬바람) 하나로 명맥을 유지해
왔으나 그마저 지금은 국어사전에서나 찾아볼 수 있을 뿐이
다.

제18장
'아리랑'의 뜻

　우리 한민족은 한 옛날부터 험한 길을 이동하며 세월과 물결을 연계하며 "올ᄋ리(아라리)"를 노래했다. 올→ᄋᄅ(올→아르)는 하느님을 지칭하는 말에서 시작하여 '태양', '광명(붉)'을 뜻하게 되었고 다시 '세월(날:日)'과 '물길'을 이르는 말로 발전했다.
　'올이랑'은 바로 '날들(세월)의 물결'이란 뜻이고 '올아리'는 '날들(세월)의 물길'이란 뜻이며 '올이랑 고개'는 '날들 물결(세월)의 고개', 즉 '한세상의 절정기(젊은시절)'를 뜻하는 말이다.

"우리는 누구인가? 어디서 왔는가?"

내가 늘 내 마음속에 품었던 화두이다. 나는 이 물음에 답을 찾기 위해 '단군신화'에 나오는 지명에 그 해답의 열쇠가 있다고 생각했다. 그래서 단군신화에 등장하는 지명을 찾아 그 현장에 남아있는 흔적을 찾아보기로 하고 긴 여행을 해왔다.

그 여정은 우리민족의 이동경로를 추적하는 여행이었다. 티벳에서 시작하여 천산산맥을 중심으로 한 지역과 알타이산맥을 넘어 샤안산맥 남쪽을 따라 몽고를 거쳐 만주에 이르는 여정과 티벳에서 곤륜산맥 남쪽의 장탕고원을 거쳐 동으로 동으로 이동하여 만주에 이르는 여정이었다.

여정을 통해 '삼위대백(三危大伯)'은 티벳에 있는 설산을 말한다는 것과 장당경(藏唐京)은 '창탕캉리'로 창탕(羌塘)의 봉우리가 아니면 티벳의 서울이라는 뜻이라는 것을 확인했으며 단군왕검이 도읍했다는 아사달(阿斯達)은 투르판(Turpan)의 고창고성(高昌古城)과 교하고성(交河古城) 사이에 있는 '아스타나(阿斯塔娜)'벌판이 바로 우리의 '아사달(阿斯達)'과 이름이 같다는 것을 확인했다. 이로 미루어 단군신화 속에 나오는 지명은 한반도 안에 있었던 것이 아니라 천산산맥과 알타이산맥 사이의 준가르 분지를 중심으로 한 지역에서 있었던 것이다.

우리의 그 조상들은 동쪽으로 동쪽으로 이동하여 우리 한반도에 이르기까지 길고도 먼 길을 이동해 왔다. 그런 우리를 동이족(東夷族)이라고 한다. 동이족의 위대한 조상들은 모두

'알'에서 태어났다.

치우천왕(蚩尤天王)의 나라 구려(九黎:高離)의 뒤를 이어 부여를 세웠던 태양제 해모수(太陽帝解慕漱)가 그러하고 신라의 시조 박혁거세(朴赫居世)가 그러하고 고구려의 시조 주몽(朱蒙)이 그러하고 가락국(駕洛國:金官伽倻)의 김수로(金首露)가 그러하고 석탈해(昔脫解)ㆍ김알지(金閼智)가 그러하다.

중국의 하(夏)왕조에 이어 동이(東夷)왕조를 세웠던 은(殷)의 시조 설(契)이 역시 그러하고 중국 황제[漢桓帝]가 "왕으로 봉하고 공주를 주겠다"고 간청했으나 끝내 거절했던 칭기즈칸 이전의 칭기즈칸이라 할 수 있는 선비(鮮卑)의 대찬우(大單于) 단석괴(檀石槐)가 역시 그러하다.

우리민족에게 알이란 이미 오래전에 '하느님'이라는 뜻을 갖게 되며 '알라'가 되었고, 우리에게는 "환한 알" 즉 '흰알(白卵)'이라는 뜻으로 이해되면서 '환한 알'이 곧 '한알→하날→하날님→하느님', '한울→하눌님→하느님'이 되고 만상(萬象)의 시작과 으뜸을 의미하는 '하나'가 되었다.

또한 '큰 알'이라는 뜻의 '한 알'이 곧 '하날→하널→하눌→하늘', '하날님→하늘님'이고 만상(萬象)의 시작과 으뜸을 의미하는 '하나'가 되었으며 우리는 태양(太陽)을 '해'라고 하고 또 '날'이라고도 한다는 것은 위에서 언급한 바 있다.

우리 동이족(東夷族)의 위대한 조상들이 모두 '알'에서 태어나는 것이 그 때문이다.

우리한민족은 한 옛날부터 험한 길을 이동하며 세월과 물결을 연계하며 "을ㅇ리(아라리)"를 노래했다. 나의 긴 여정 속에서 '아리랑'을 흥얼거리면 고단한 여정의 피로가 어느 덧 가시곤 했다.

을→ㅇㄹ(을→아르)는 하느님을 지칭하는 말에서 시작하여 '태양', '광명(붉)'을 뜻하게 되었고 다시 '세월(날:日)'과 '물길'을 이르는 말로 발전했다.

'을이랑'은 바로 '날들(세월)의 물결'이란 뜻이고 '을아리'는 '날들(세월)의 물길'이란 뜻이며 '을이랑 고개'는 '날들 물결(세월)의 고개', 즉 '한세상의 절정기(젊은시절)'를 뜻하는 말이다.

해석해보면 다음과 같다.

<원곡 : 을이랑>

'을이랑 을이랑 을아리요 을이랑 고개를 넘어간다.'

(아리랑 아리랑 아라리요 아리랑 고개를 넘어간다.'

<해석 : 세월가네>

세월가네 세월가네 물처럼 흘러가네,

세월이 흘러 한 세상 좋은 때가 다 지나가네."

아리랑에 대한 해석은 '아리고 쓰리다'는 해석에서부터 구구한 해석이 아리안(Aryans)족 설까지 번지고 있어 '을'의 자손의 입장에서 풀어보았다.

제19장
남은 문제들 해결을 위한 제언

    어찌 한자를 남의나라 글자라고 백안시(白眼視)하며 우리말 자리에서 밀어낼 수 있는가.

    생활 속에 깊이 뿌리 내린 말을 무슨 뜻의 말인지도 모르고 스스럼없이 쓰고 있는 말이 수도 없다.

    땅이름·물이름·산이름은 그 중 일부일 뿐이다. 이 말들이 어떻게 이루어져 왔고 무슨 뜻인지를 깨닫게 하기 위해서는 우선 한자를 알아야 한다.

문제는 우리가 어떻게 방향을 잡아 잃어져 가거나 남아 있는 우리말을 되새기고 가꾸어 모든 사람이 부러워할 만큼 우리의 언어문화를 창달시키느냐 하는 점이다.

누구나 알다시피 아무리 거대한 고목(古木)이라 해도 그 뿌리는 지엽에 비해 말할 수 없이 부실하고 엉성하다. 말이라 해서 다를 것이 없다. 원시 이래 '우리의 뿌리 말'은 모두가 직근과 방근처럼 거칠고 곧은 직설적인 말들이었다. 장식적이거나 은유적인 말은 없었다. 뜻만 통하면 되었기 때문에 거칠고 부드러움을 따지려하지도 않았다. 그냥 생긴대로 본대로 말하면 그뿐이었다.

그래서 째보고 얼금배기고 코찡찡이고 절뚝바리고 곱사등이가 아니면 똥간이었고 붙들이였다. 동네 이름 역시 다를 것이 없었다. 노프냉기에 물골, 큰바우, 먹부리, 지푼내가 있나 하면 숫태지굴도 있고 오소리굴도 있었다. 이 말들이 한자에 엎혀 전해지는 동안 모습이 바뀌고 소리가 바뀌면서 장식성이 더하고 미화 개량되어 오늘날 우리말로 다시 태어난 것이다.

어찌 한자를 남의나라 글자라고 백안시(白眼視)하며 우리말의 80% 이상을 차지하고 있는 한자어와 변전된 한자어를 우리말 자리에서 밀어낼 수 있는가.

이렇게 이루어져 깊이 뿌리 내리고 우리가 무슨 뜻의 말인지도 모르고 스스럼없이 쓰고 있는 말이 수도 없다. 땅이름·물이름·산이름은 그 중 일부일 뿐이다. 이 말들이 어떻게 이루어져 왔고 무슨 뜻인지를 깨닫게 하기 위해서는 우선 한자를 알아야 한다. 국민을 한자에서 격리시켜 놓고 역사와 전통을 운위한다는 것은 크리스마스트리처럼 나무의 윗둥만 잘라다 땅에 꽂고 온갖 꽃등을 달며 치장을 하는 것과 다를 바 없다. 어찌 뿌리 없는 나무가 살아나 꽃을 피울 수 있겠는가.

제2부
삼국사기 지리지 지명 완전 해석

(三國史記 地理志 地名 完全 解釋)

삼국사기 지리지 체계

삼국사기 제 34권 잡지 제3
지리1 : 신라 상주, 신라 양주, 신라 강주

삼국사기 제 35권 잡지 제4
지리2 : 신라 한주, 신라 삭주, 신라 명주

삼국사기 제 36권 잡지 제5
지리3 : 신라웅주, 신라전주, 신라무주

삼국사기 제 37권 잡지 제6
지리4 : 고구려, 백제, 미상 및 기타

제1장
「삼국사기」 지리지 고(考)

　　신라에서는 '세사리[살]메바람(三年山城:삼
년산성)'이라고 하여 서울 강동구에 위치한
풍납동에 있는 백제 초기 도읍지의 토성(土
城)주변이 '바람드리(風納풍납:바람들)'이었던
것처럼 '바람부리(風吹:풍취)'라는 이름을 성
밑에 남겨 성을 '바람'이라고 불렀다는 것을
확인시켜 준다. 또 다른 말로 '난은바리(七重:
칠중)+벼리(城:성)'의 예서 보이듯 성을 '바리'
또는 '벼리'라고 하여 '바람'이 변전되어 이루
어진 말을 쓰기도 했다.

1. 삼국이 썼던 말 바람, 벼리, 별

삼국시대에는 신라 백제·고구려가 각각 다른 말을 썼다고 주장하는 사람들이 있다. 물론 제주도 사람과 내륙 사람들의 말이 다르듯이 부분적으로 다른 단어를 썼을 수는 있다.

그러나 「삼국사기(三國史記)」 지리지(地理志)의 이두로 기록된 옛 지명을 보면 삼국이 모두 똑같은 말을 썼음을 알 수 있다. 어느 면으로 보면 신라보다 고구려가 더 발전된 말을 썼다고도 할 수 있다.

성(城)을 예로 들어보자.

신라에서는 '세사리[살]메바람(三年山城:삼년산성)'이라고 하여 서울 강동구에 위치한 풍납동에 있는 백제 초기 도읍지의 토성(土城)주변이 '바람드리(風納풍납:바람들)'이었던 것처럼 '바람부리(風吹:풍취)'라는 이름을 성 밑에 남겨 성을 '바람'이라고 불렀다는 것을 확인시켜 준다. 또 다른 말로 '난은바리(七重:칠중)+벼리(城:성)'의 예서 보이듯 성을 '바리' 또는 '벼리'라고 하여 '바람'이 변전되어 이루어진 말을 쓰기도 했다.

경기도 파주 적성지역에 있는 칠중성(七重城)은 백제고성으로 백제는 난은별, 고구려는 낭벽성, 신라가 칠중성으로 개칭했고 경덕왕이 다시 중성현으로 개명했다.

칠중성(七重城)의 '重(중)'자는 무게나 겹이라는 뜻이 아니

라, 말이나 소로 실어 나르는 짐을 뜻하는 '짐바리'라는 말이
다.

'바리'라는 말의 뜻은 성(城) 즉 '바리→벼리'를 표기한 것으
로 '城(성)'자는 우리 한자말에 흔히 나타나는 겹말이다. 七重
(칠중)이 이미 '난은 바리'로 '성(바리)'이라는 뜻이 들어 있는
데 다시 '벼리(城)'라는 말을 덧붙인 것이다.

'바리'나 '벼리'는 '바람'이 변전된 말이다. '난은'은 당시의
셈말(數詞:수사) '7'이다. '3'은 '밀'이라 했고, '5'는 '우츠'라고
했다.

2. 색깔을 나타내는 말 삽, 살

'어머니'를 '어지' 또는 '엄'이라고 했듯이 오늘날과 다른 말
도 더러 보인다.

적색(赤色)을 '삽'이라 하고 청색(靑色)을 '살'이라 하고 어
두운 색을 '잉'이라 했으며 '고사리'를 '매시'라고 하고 '거위'
를 '거루'라 하고 '노루'를 '고새'라고 했다. '고라니'의 옛말이
아니었나 싶다.

지금도 '삽'이나 '살'이 빛깔을 뜻하는 말로 쓰이기도 한다.
'삽살개'가 바로 그것이다. '붉기도 하고 푸르기도 한 개'라는
말이다. '삽사리'는 '붉은 털의 개'와 '푸른 털의 개' 밖에 없
다는 뜻이기도 하다.

‘斤(근)’자는 한자음 그대로 ‘근[금]’이라는 소리로 쓰기도 했지만 ‘날’·‘여울’·‘아울’ 등의 뜻으로 많이 표기되었다.

3. 돋[돼지] 저(猪[猪])라고 쓰고 오소리라고 읽었다

豬[猪]迂穴(저수혈:오소리굴) 등의 경우 ‘돋[돼지]저(猪[猪])’자를 써 놓고 ‘돗’이라고 읽지 않고 모두 ‘오소리’, 또는 ‘수리’라고 읽었다. ‘豬(저)’자가 한 글자뿐이라면 ‘猯[猯](오소리 단)’자의 잘못으로 볼 수도 있었으나 여러 곳이 모두 그러하여 오자(誤字)로는 볼 수 없었다.

이유를 추구해 보았다.

우리 옛말에 수퇘지를 ‘수리’라고 했을 뿐 아니라, 「옥편(玉篇)」은 “猯(단)은 野豬(야저)이다”했고 「본초강목(本草綱目)」은 “猯(단)은 지금의 豬玃(저환)이다”라고 했다.

그러니까 ‘오소리’를 野豬(야저)라고 했으니까 야(野)자는 떼어 버리고 ‘豬(저:돗)’라고 기록하여 ‘오소리’, 또는 ‘수리’라고 표기한 것이다.

4. ‘고개’나 ‘재’를 ‘바위’라고 했다

무엇보다도 놀라운 것은 ‘고개’나 ‘재’를 ‘바위’라고 했다는 점이다. 요즘은 ‘바위’하면 누구나 ‘큰 돌’, 즉 바위를 떠올리게 되어 있지만 당시 사람들은 '바위'하면 우선 험한 '고개'나 '재'를 떠올렸던 것으로 보인다.

그렇게 보면 "바위고개"라는 대중가요의 가사(이흥렬)도 '고개고개'라는 겹말이라는 것을 알 수 있다.

5. '꿩'을 '갈밀'이 아니라 까투리라고 해석하는 이유

'雉(치:꿩)'를 오늘날처럼 '꿩'이라고 불렀다면 '공'이나 '궁', 비슷한 소리로 사음되어 있어야 하는데 '刀臘(도랍)'이라고 표기되어 있다.

단재 신채호는 '刀(도)'를 '갈(칼)', '臘(랍)'을 '蠟(랍)'자의 잘 못으로 보고 '밀(蜜蠟:밀랍)'로 해석했다.

그러나 아무리 보아도 '갈밀'은 꿩의 이름으로 생뚱맞다. '갈밀'이 변전되어 '장끼'나 '꿩'이 될 수 없어 보이기 때문이다. 더욱이 '雉(치)'자는 우리말 '매'와 '미'의 사음으로 쓰였다. 그래서 '刀臘(도랍)'을 '도라→토라'의 사음으로 보았다.

당시(唐代:당대)의 음(音)을 가장 잘 간직하고 있다는 학가어(客家語:'객가어'는 중국음으로 '학가어')에서 '臘(랍)'자를 '랍, 라' 두 가지로 발음하고 있을 뿐 아니라, 우리가 지금도 '암꿩'을 '가토리→까투리'라고 부르는 것을 보면 '토라'가 '토리'가 되고 '토리' 위에 '가'자가 덧씌워져 '가토리'로 불리다 '까투리'가 된 것으로 판단되어서이다.

6. '춘천'은 牛首(우수:소얏추니내)에서 온 말

춘천(春川)의 지명은 신라시대 우수주(牛首州), 수약주(首若州)·오근내(烏斤乃)·수차약(首次若), 삭주(朔州)라 불리다가 고려시대에 춘주(春州), 광해주(光海州), 수춘(壽春)이라고도 했고 조선에 들어와서 춘천군(春川郡)으로 개칭했다.

춘천에서는 특이하게도 강(江)이나 내(川)를 '소'라고 불렀다.

그래서 '물머리', '강머리'라는 뜻의 마을 이름을 '소머리'라고 하여 '牛首(우수)'라고 이두표기 했다.

신라 문무왕때 '오근내(烏斤乃:오그라진 내)'라고도 한 것을 보면 '구부러진 못(池)'처럼 생긴 잔잔한 강을 '소'라고 했다는 말인데 그렇다면 한자말 '소(沼:굽은 못 소)'가 한자에 묻어 들어온 말이 아니라 전래의 우리말이 한자말과 우연히 같은 뜻을 갖게 되었다고 밖에 볼 수가 없다. 그렇지 않다면 '옥은 내(구부러진 강)'라고 불리던 곳이 한자가 유입되며 '굽은 못'을 뜻하는 '소(沼)'로 바뀐 것일 수도 있다.

'소머리(牛首)'는 그 후 '소[수]얏추니내(首若次)'로 바뀌는데 '수(首)'자는 '물'이라고 해석할 수는 있으나 이곳에서는 '우(牛)'자 대신 '소'라는 음을 나타내기 위한 것이므로 아무런 뜻이 없다.

다만 '소얏추니내'의 '야추니'가 '물머리'처럼 '머리'라는 뜻의 말이었는지, '구부러진 강'이라는 뜻의 말이었는지, 아니면 '얕은 곳'이라는 뜻의 말이었는지 확실치 않다. 국어학자들의 연구가 있어야할 것으로 보인다.

그러니까 '소얏추니(首若次)'는 '수얏(首若)'으로 단축되었다가 삼국통일후 경덕왕에 의해 다시 '수약(首若)→삭(朔)'으로 고쳐져 삭주(朔州)가 되었다.

이 '소얏추니내'의 '소야'라는 어소(語素)는 뒤에 소양강(昭陽江)'이라는 이름을 파생시켰고 고려가 들어서자 '소얏추니내'의 '추니'를 음사(音寫)하여 '추니', 즉 '춘주(春州)'라고 다시 고친다. '추니(춘)골'이라는 뜻이다.

그러나 춘천(春川)은 '곰내(錦江:熊川웅천)'나 '너른매(黃山[買]江황산강[황매강]:낙동강)'처럼 글자 그대로 '봄내'라는 뜻이 아니라 '소얏추니내'라는 뜻을 담고 있는 이름임을 알 수 있다.

7. 진천(鎭川)·흑양(黑壤)·황양(黃壤)은 같은 말

진천(鎭川)의 옛 이름이 흑양(黑壤)·황양(黃壤) 두 가지로 번역되어 있어 처음에는 황당감을 금할 수 없었다. 검으면 검고 노라면 노랗지 사람에 따라 검게도 보고 노랗게도 볼 수는 없다는 생각에서였다. 그러나 가만히 보니 진천(鎭川)·흑양(黑壤)·황양(黃壤)은 똑같은 뜻의 말이었다.

고구려 때 이름이 '거물내(今勿內)'이니 삼국통일 이후 고쳐진 '흑양(黑壤)'이라는 이름이 '거물내·가물내'를 한자로 변역한 말이라는 것은 누구나 쉽게 알 수 있다.

그러나 '누르 황(黃)'자를 써서 '황양(黃壤)'이라고 한 것은 또 어떻게 이루어진 말일까. 들판이 가물가물하다면 '넓다'는 뜻이다. 그래서 '황양(黃壤)'이라고도 했다. '누루내', 즉 '너른내'라는 뜻이다.

고려는 '진천(鎭川)'이라고 고쳤는데 역시 같은 말이다.

'누를 진(鎭)'자를 써서 '네[누]른내'라는 뜻을 나타낸 것이다. 이로보아 '今勿內(금물내)·黑壤(흑양)·黃壤(황양)·鎭川(진천)'은 모두 같은 뜻의 다른 표기임을 알 수 있다.

8. 까다로운 '豐(풍)'자의 해석

가장 까다로운 것은 '豐(풍)'자의 해석이었다. 3국의 지명 변화를 보면 아래와 같다.
◆ 신라 지명
　◆ 下枝(하지:밋마딜) → 永安(영안:질안) → 豊山[豊岳](풍산:질부리).
　◆ 赤牙(적아:삽발) → 殷正(은정:삽벌·삽바르) → 殷豊(은풍:맏질).
　◆ 推良火(추량화:밀내벌)·三良火(삼량화:밀내벌) → 玄驍(현

효:감은불) → 玄豊(현풍·감은벌).

◆ 고구려지명

  ◆ 骨衣奴(골의노:골이내) → 荒壤(황양:거칠내) → 豊壤(풍양:질내).

  ◆ 仇乙峴(구을현:굴바위)·屈遷(굴천:굴바위) → 豊州(풍주:벌골).

  ◆ 波旦[且](파단[파차]:바달)·波豊(파풍:바벌) → 海曲[西](해곡[해서]:바랄불).

◆ 백제지명

  ◆ 伐音支(벌음지:벌말잣) → 淸音(청음:사리말) → 新豊(신풍:새말).

  ◆ 其[甘]買(기매[감매]:질들매)·林川(임천:지슬내) → 馴雉(순치:질들매) → 豊歲(풍세:질사리).

  ◆ 今勿(금물:검물) → 今武(금무) → 德豊(덕풍:건말).

  ◆ 雨述(우술:비수리) → 比豊(비풍:비벌) → 懷德(회덕:품다기)

상기 삼국의 지명에서 보듯 '딘→질'·'벌→불'·'말' 등으로 표기되고 조선조로 내려오면 '진(榛·眞)'으로 바뀐다.

9. 삼국사기 지리지 지명 풀이와 표기의 원칙

아래는 「삼국사기」 지리지의 삼국 때 지명을, 한자의 뜻과 음을 빌어 요즘 우리말로 풀어본 것이다.

1) '매(買)'나 '뫼(山)'는 '물', 또는 '산'이라는 이두표기이지만 '메(마을)'라는 뜻이 많아 거의 '메'로 통일했다.

2) '성(城)'은 당시의 호칭인 '바람', 또는 '바리→벼리'로 풀었으나 성안을 의미하는 경우 '잣'으로 해석했다. '저자(市)'의 옛말이다.

3) 熱(열)자는 롱(容:rōng)이 'yōng', 육(肉:rōu)이 'yōu'가 되듯 동북고음에서 'r'가 'i'로 변하여 'ýé, yi'가 되기 때문에 '이'로 해석했다.

4) 옛 지명의 위치를 현재의 개략적 주소로 앞에 표기했다.

5) 원래의 군명(郡名)은 고딕으로 표기했다.

6) 한자를 잘 모르는 독자의 이해를 돕기 위하여 '安東(안동)·義城(의성)·金泉(김천)' 등과 같이 지명의 음을 달았다.

7) 沙梁伐(사량벌:사라벌)·沙伐國(사벌국:새부르) 등과 같은 예와 같이 한자음 옆에 기록한 '사라벌', '새부르'는 옛 지명을 옛 우리말로 풀이한 이름을 나타낸다.

8) 지명을 개명한 나라와 왕명을 ㉑ ㉝ ㉫ ㉒ ㉔ ㉛ ㉮ ㉲ 등으로 간략하게 표기하였다.

9) '◆'를 붙인 것은 군(郡)이나 주(州)에 소속된 현(縣)을 나타낸다.

　※ 경덕왕이 고친 지명과 그 후에 고친 지명들이 삼국 때 지명과 무슨 연관성이 있는지 미처 다 해석하지 못한 것을 부끄럽게 여기며, 전국 각 지방에 옛 이름을 유추할 수 있는 전래 우리말 지명이 남아 있다면 잘못된 해석을 많이 고쳐주기 바란다.

제2장
지리지 1

(삼국사기 제34권 잡지 제3 :三國史記 卷第三十四 雜志 第三)

1. 신라 상주 〔 新羅 尙州 〕

상주(尙州)

경북 상주시 : 尙州(상주)는 첨해왕때 沙梁伐(사량벌:사라벌)·沙伐國(사벌국:새부르)을 빼앗아 삼은 주로 → 법흥왕때 上州(상주:웃골)로 고쳐 불렀다. → 上洛(상락:웃너럭) → 경덕왕 때 尙州(상주:웃골)로 개칭하여 지금도 그대로 부른다.

상주에 속한 현은 셋이다.

◆ 경북 상주시 청리면 : 昔里火(석리화:서리벌[부르])현을 → 경덕왕이 靑驍(청효:서리불)현으로 개칭했고 → 고려때에 靑理(청리:서리)현으로 개칭했다.

◆ 경북 의성군 다인면 : 達己(달기)·多己(다기)현을 → 경덕왕 때 多仁(다인:다긴)현으로 개칭했다.

◆ 경북 상주시 외서면 : 知乃彌知(지내미지:치내밋)현을 → 경덕왕이 化昌(화창)현으로 개칭했다.

　※ '사라벌', '사벌'은 '서라벌', '소부리' 등과 같은 말. 沙梁伐(사량벌:사라벌)은 「동국여지승람」에서 보충했다. 上洛(상락)의 '洛(락)'은 동해안 낙산사의 낙산(洛山)이나 서울 동쪽의 낙산이 '너럭(돌)산', 또는 '너럭(바위)산'으로 해석되는 예를 따른 것이다. 駱山(낙산)의 '낙'은 사음에 불과한 것으로 보았다. 강가 돌 자갈 등 퇴적토로 이루어진 너럭지대였기 때문에 '윗 너럭', 즉 上洛(상락)으로 표기되었을 것이다. 靑曉(청효:서리벌)의 '驍(효)'자는 '빠를 효'자이

기 때문에 그 뜻 '빠르'를 따 '바르→부르(벌)'로 해석했다.

※ 바로 위의 상주(尙州)에 대한 삼국사기 지리지 해석은 원문대로
해석한 것이다. 이후의 해석은 삼국사기 지리지의 서술방식이 위
와 동일하므로 아래 범례에 따라 개명 시기에 따른 지명을 중심으
로 약술한다.

범례:

ⓖ 고구려 때 이름   ⓙ 진평왕이 고친 이름

ⓑ 백제 때 이름   ⓜ 문무왕이 고친 이름

ⓢ 신라 때 이름   ⓖ 삼국통일 후 경덕왕이 고친 이름

ⓛ 법흥왕이 고친 이름   ⓗ 혜공왕이 고친 이름

ⓢ 신문왕이 고친 이름   ⓡ 고려가 들어서서 고친 이름

예천군(醴泉郡)

경북 예천군(醴泉郡) : 水酒(수주:물술)郡(군) → ⓖ醴泉(예천:단샘)
郡 → ⓡ甫州(보주:물골)

◆ 경북 안동시 풍산읍 : 下枝(하지:아래마딜)縣(현) → ⓖ永安(영안:
질안)縣 → ⓡ豊山[豊岳](풍산[풍악]:질부리)縣.

◆ 경북 문경시 동로면 남단 : 蘭山(난산:난메)縣 → ⓖ安仁(안인)縣.

◆ 경북 문경시 산양면 : 近品·巾品(근품·건품·큰품·큰바위:단재)縣
→ ⓖ嘉猷(가유)縣 → ⓡ山陽(산양)縣.

◆ 경북 예천군 은풍면 : 赤牙(적아:삽발)縣 → ⓖ殷正(은정:삽벌·삽바
르)縣 → ⓡ殷豊(은풍:맛질[맏질])縣.

    ※ 단재 신채호는 '品(품)'자를 '喦(암)'자의 통용자로 보아 '재'로

해석했다. 그러나 경덕왕이 '큰 계획', '좋은 꾀'라는 뜻의 '嘉猷(가유)'로 고친 것으로 보아 '품'으로 해석했다. '깊은 생각(懷)'이라는 의미다.

고창군(古昌郡) 안동(安東)

경북 안동(安東)시 : 古陁耶(고타야:곳터·창고터)郡(군) → 경古昌(고창:庫倉)郡(군) → 려安東府(안동부).

◆ 안동시 일직면 : 一直(일직:한치) → 경直寧(직령) → 려一直(한치)

◆ 의성군 옥산면 : 熱兮(열혜:지레)·泥兮(이혜:지레) → 경日谿(일계:지레)

◆ 의성군 단촌면 : 仇火(구화:구부르)·高近(고근:고붓들) → 경高丘(고구).

문소군(聞韶郡) 의성(義城)

경북 의성(義城)읍 : 召文國(소문국:대추골국) → 경聞韶(문소)郡(군) → 려義城(의성)府(부)

◆ 경북 청송군 진보면 : 柒巴火(칠파화:질파벌) → 경眞寶(진보) → 려甫城(보성)

◆ 경북 의성군 비안면 : 阿火屋(아화옥:아불오금)·幷屋(병옥:아울오금) → 경比屋(비옥:아울오금)

◆ 경북 의성군 안계면 : 阿尸兮(아시혜:아시래)縣·阿乙兮(아을혜:아래) → 경安賢(안현) → 려安定(안정)

◆ 경북 의성군 단밀면 : 武冬彌知(무동미지:날등미티)·葛冬彌知(갈동미지:갈등미티) → 경單[丹]密(단밀[단밀]:동밑)

※ 武冬彌知(무동미지)에 대하여 단재 신채호는 "彌凍(미동:밋동)은 吏讀文(이두문)에 대개 彌知(미지:미티)와 「미지」로 읽는 것으로 同一(동일)한 水灣(수만)의 義(의)일 것"이라고 했다. 武冬(무동)은 彌凍(미동)과 같은 말이므로 '밋둥'이라고 해석할 수는 있다. 그러나 '밋동미티'는 같은 말의 반복이므로 이곳에서의 武冬(무동)은 '물밋둥'으로 볼 수 없었다. 葛冬(갈동), 즉 '칼등'과 비슷한 말인 것으로 보아 '날등'으로 해석했다. 모든 옛날 무기는 칼처럼 날카로운 '날'로 이루어졌기 때문이다. 지금도 산의 끝 줄기를 '날가지'라고 한다.

숭선군(嵩善郡) 선산(善山)

경북 구미시 선산(善山)읍 : 嵩善(숭선:놉서니) → [진]一善(일선:한서니) → [려]善州(선주)

◆ 경북 구미군 효령면 : 芼兮(모혜:나물레) → [경]孝靈(효령)·孝令(효령)

◆ 경북 구미시 혜평면 : 尒同兮(이동혜:이무레)

◆ 경북 군위군 군위읍 : 奴同覓(노동멱:냇둥녁)·如豆覓(여두멱:녀두녁) → [경]軍威(군위)

※ 단재 신채호는 '覓(멱)'을 '뫼'로 해석했다.

개령군(開寧郡) 김천(金泉)

경북 김천시 개령면 : 甘文小國(감문소국:감골)·진흥왕 때 靑州(청주:사리골) → [문]甘文(감문:감골) → [경]開寧(개령).

◆ 경북 김천시 어모면 : 今勿(금물:감물)·陰達(음달:검달) → [경]禦侮

(어모).

◆ 경북 김천시 신음동 : 桐岑(동잠:먹부리) → ㉦金山(금산:검부리).

◆ 경북 김천시 지례면 : 知品川(지품천:지푼내) → ㉦知禮(지례).

◆ 경북 무주군 무풍면 : 茂山(무산:지슨메) → ㉦茂豊(무풍:지슨벌).

　　※「삼국사기」지리지(1)에는 '桐岑'이 빠져 있다. "金山으로 고쳤다"는 기록은 있으나 본 지명은 기록되어 있지 않다. 三國有名未詳地分(삼국유명미상지분)에 보일 뿐이다. 본기와 열전의 "百濟(백제),兵圍茂山(병위무산)·甘勿(감물)·桐岑(동잠)"이라든가 "進屯新羅茂山城下(진둔신라무산성하),分兵攻甘勿·桐岑二城(분병공감물·동잠이성)"을 참고하여 보충했다. 金山(금산)은 '검은 메'라는 뜻이고 桐岑(동잠)은 '먹부리(峰)'라는 뜻으로 같은 말의 다른 표기이다. 桐(동)자는 오동나무의 옛 이름 '머귀나무'라는 뜻의 글자이다. 상반음을 따면 '먹'이 된다.

영동군(永同郡) 영동(永同)

충북 영동(永同)군 : 吉同(길동:길무리[물]) → ㉦永同(영동:길무리).

◆ 영동군 양산면 : 助比川(조비천:좁은내) → ㉦陽山(양산).

◆ 영동군 황간면 : 김羅(소라:좁내) → ㉦黃澗(황간:너른개울).

관성군(管城郡) 옥천(沃川)

충북 옥천군 : 古尸山(고시산:고시메) → ㉦管城(관성:고동메바람).

◆ 충북 옥천군 이원 : 所利山(소리산:소리메) → ㉦利山(이산).

◆ 충북 옥천군 안내 : 阿冬兮(아동혜:아두레) → ㉦安貞(안정).

　　※「삼국사기」지리지(1)에는 縣眞(현진)으로 되어있고「삼국사절요

」에는 安貞(안정)으로 되어 있다.

삼년군(三年郡) 보은(報恩)

충북 보은군 : 三年山(삼년산:세살매[사리매]) → [경]三年(삼년:세살) → [려]報齡(보령:보사리).

◆ 괴산군 청천면 : 薩買(살매:살매[사리매]) → [경]淸川(청천:사리내) → [려]靑川(청천:사리내).

◆ 옥천군 청성면 : 屈山(굴산:거르메)·堗山(돌산:구르메) → [경]耆山(기산:날그니메) → [려]靑山(청산:사리메).

※ '거르메'를 '사리내'라고 한 것은 해거름이 되면 내(연무)가 끼여 산들이 푸르스름(靑)하게 보이기 때문이다.

고령군(古寧郡) 함창(咸昌)

경북 상주시 함창읍 : 古寧加耶國(고령가야국:고링가야국) → [신][경]古冬攬(고동람:고동라미)·古陵(고릉:고링) → [려]咸寧(함녕).

◆ 문경시 가은읍 : 加害(가해) → [경]嘉善(가선) → [려]加恩(가은).

◆ 문경시 문경읍 : 高思曷伊(고사갈이:곳가리[고깔])·冠·冠文(관·관문:고깔골) → [경]冠山(관산:고깔메) → [려]聞慶(문경).

◆ 문경시 호계면 : 虎側(호측:범기울·범개울) → 虎溪(호계:범개울).

※ 「삼국사기」 지리지(1)에는 高思曷伊(고사갈이:고깔)가 빠져 있다. 「동국여지승람」을 참고하여 보충했다. 함창에 있는 '공갈못(恭儉池:공험지)'을 단재 신체호는 '고링가라'가 변전되어 이루어진 이름으로 해석했다.

화령군(化寧郡) 화령(化寧)

경북 상주시 화서면 : 荅達匕(답달비)·沓達(답달) → ㉟化寧(화령).

◆ 상주시 모동면 : 刀良(도량:도라) → ㉟道安(도안) → ㉘中牟(중모: 가븨보리[벌]).

2. 신라 양주〔 新羅 良州 〕

(삼국사기 제34권 잡지 제3 :三國史記 卷第三十四 雜志 第三)

양주(良州)

경남 양산시 : ㉒歃良州(삽량주:삽내골·사라골) → ㉟良州(양주)   → ㉘梁州(양주).

◆ 울산시 울주군 언양읍 : 居知火(거지화:거친벌) → ㉟巘陽(헌양).

김해소경(金海小京) 김해(金海)

경남 김해시 : 金官國(금관국:아라볏나라[해볕나라])·駕洛國(가라)· 伽耶(가야) → ㉫金官郡(금관군) → ㉒小京(소경) → ㉟金海京(김해경) → ㉘金州(금주).

※ 金首露(김수로)를 '아라수리(알수리)', 즉 태양처럼 '높고 밝고 따뜻한 가한'이라는 뜻으로 보아 金官을 '아라볏', 즉 태양 볕으로 해석했다. 爲堂(위당) 鄭寅普(정인보)는 金官(금관)을 '검한'으로 해석했고 단재 신채호는 '가라'로 해석했다.

의안군(義安郡) 창원(昌原)

경남 창원시 : 屈自(굴자:굴잣) → 경義安(의안).

◆ 함안군 칠원면 : 漆吐(칠토:칠둑) → 경漆隄(칠제) → 려漆園(칠원).

◆ 마산 합포구 : 骨浦(골포:골개) → 경合浦(합포).

◆ 진해구 성내동 : 熊只(웅지:곰지) → 경熊神(웅신).

밀성군(密城郡) 밀양(密陽)

경남 밀양시 : 推火(추화:밀부리) → 경密城(밀성).

◆ 창녕군 영산면 : 西火(서화:새부리) → 경尙藥(상약) → 려靈山(영산).

◆ 밀양시 삼랑진 : 推浦(추포:밀개)·什山(십산:물메) → 경密津(밀진).

◆ 청도군 청도읍 : 烏也山(오야산:오겨메)·仇道(구도:구븐들)·烏禮山(오례산:옥리매) → 경烏丘山(오구산:오그매).

◆ 청도군 화양읍 : 驁山(노산:두르메)·茄山(가산:가지산) → 경荊山(형산).

◆ 청도군 매전면 : 牽已山(솔기산:솔기메) → 경蘇山(소산).

> ※ 가지메(가산:茄山)나 가지메(기산:岐山)·가지메(皆次山:개차산)·가지산(加支達:가지달) 등의 가지는 '갈가지' 즉 '범(虎)'을 뜻하는 말이다.

화왕군(火王郡) 현풍(玄豊)

경남 창녕군 : 比自火(비자화:비잣벌)·比斯伐(비사벌:빗벌) → 진下州(하주)(後廢) → 경火王(화왕:벌가) → 려昌寧(창녕).

◆ 경북 달성군 현풍면 : 推良火(추량화:밀내벌)·三良火(삼량화:밀내

벌) → ㉀玄驍(현효:감은불) → ㉖玄豊(현풍:감은벌).

수창군(壽昌郡) 대구(大邱)

경북 대구시 수성구 : 喟火(위화:숨벌) → ㉀壽昌(수창) → ㉖壽城(수성).

◆ 대구시 중구 : 達句火(달구화:달구벌)·達弗(달불:달벌) → ㉀大丘(대구:달구) → ㉖壽城(수성:숨잣).

◆ 대구시 북구 : 八居里(팔거리)·北耻長里(북치장리:뒤치장리)·仁里(인리:큰마실) → ㉀八里(팔리) → ㉖八居(팔거).

◆ 경북 달성군 하빈면 : 多斯只(다사지:닷잣)·沓只(답지:답잣) → ㉀河濱(하빈)

◆ 경북 달성군 화원읍 : 舌火(설화:세부리) → ㉀花園(화원).

장산군(獐山郡) 경산(慶山)

경북 경산시 : 押梁(督)督小國(압량소국·압독소국:너른들소국) → ㉀獐山(장산:너르메) → ㉖章山(장산).

◆ 대구시 동구 : 雉省火(치성화:미들벌)·美里(미리) → ㉀解顔(해안).

◆ 경산시 진량면 : 麻珍(마진:마들)·彌良(미량:미라) → ㉀餘粮(여량) → ㉖仇史(구사).

◆ 경산시 자인면 : 奴斯火(노사화:냇벌) → ㉀慈仁(자인).

임고군(臨皐郡) 영천(永川)

경북 영천시 : ㉒切也火(절야화:질[지례]벌) → ㉀臨皐(임고:질언덕)

→ [려]永州(영주:질골).

◆ 경북 포항시 죽장면 : 長鎭縣(장진현:진너르) → [려]竹長伊(죽장이:죽장리·대지리).

◆ 경북 영천시 완산동 : 骨火(골화:골벌)小國 → [경]臨川(임천).

◆ 경북 영천시 도동 : 刀冬火(도동화:도둠벌) → [경]道同(도동).

◆ 경북 영천시 화산면 : 史丁火(사정화:사등벌) → [경]新寧(신령).

◆ 경북 영천시 화북면 : 熱次(매열차:매리치) → [경]黽白(맹백).

동래군(東萊郡) 동래(東萊)

부산시 동래구 : 居柒山(거칠산:거칠메) → [경]**東萊**(동래).

◆ 부산시 부산진 : 大甑(대증:대시리) → [경]東平(동평:새펀던).

◆ 기장군 기장읍 : 甲火良谷(갑화량곡:가불래실) → [경]機張(기장).

동안군(東安郡) 울주

울산시 울주군 서생면 : 生西良(생서량:살새내) → [경]東安(동안).

◆ 경남 울주군 웅촌면 : 于火(우화:우부리) → [경]虞風(우풍).

임관군(臨關郡)

경주시 외동읍 : 毛火(모화:모기벌)·蚊化(문화) → [경]臨關(임관).

◆ 경남 울산시 강동동 : 栗浦(율포:밤개) → [경]東津(동진:새나루).

◆ 경남 울주군 범서읍 : 屈阿火村(굴아화촌:구바벌메) → [경]河曲[西](하곡·하서:물굽이) → [려]蔚州(울주).

의창군(義昌郡) 경주(慶州)

포항시 해읍 : 退火(퇴화:물벌) → ㉛**義昌**(의창) → ㉣興海(흥해).

◆ 경주시 안강읍 : 火(비화:아울벌) → ㉛安康(안강).

◆ 포항시 장기면 : 只沓(지답:지아울) → ㉛鬐立(기립) → ㉣長鬐(장기).

◆ 포항시 신광면 : 東仍音(동잉음:새검말) → ㉛神光(신광).

◆ 포항시 연일읍 : 斤烏支(근오지:큰오잣) → ㉛臨汀(임정) → ㉣迎日(영일).

◆ 포항시 기계면 : 芼兮(모혜)·化雞(화계) → ㉛杞溪(기계).

◆ 경주시 안강읍 : 音汁伐(음집벌:움집벌)國 → ㉕音汁火(음집화:움집벌·검은벌).

대성군(大城郡) 경주

경북 경주시 보문동 : 仇刀城(구도성:구븐갈잣) → 大城(대성:한잣)

(경내 率伊山(솔이산:수리메)城, 茄山(가산:가지메)현·驚山城(노산성), 烏刀山城(오도산성:오갈메바람)은 淸道(청도)군에 붙임)

◆ 경주시 양북면 : 惡支(악지:모진잣) → ㉛約章(약장).

◆ 경주시 동방동 : 毛只停(모지정:모기정) → ㉛東畿停(동기정).

상성군(商城郡) 상성(商城)

경북 경주시 서악동 : 西兄山(서형산:새형메) → ㉛商城(상성).

◆ 경주시 남산동 : 道品兮停(도품혜정:돌품에정) → ㉛南畿停(남기정).

◆ 경주시 건천읍 : 根乃停(근내정:부리내정) → ㉛中畿停(중기정:가

분기정).

◆ 경주시 서면 : 豆良彌知停(두량미지정:두라밑정·도랑밑정) → [경]西畿停(서기정).

◆ 경주시 현곡면 : 雨谷停(우곡정:비실정) → [경]北畿停(북기정:배기정).

◆ 경주시 천북면 : 官阿良支停(관아량지정:벼라내잣정)·北阿良(북아량:배아내) → [경]莫耶停(모야정).

3. 신라 강주〔新羅 康州〕

(삼국사기 제34권 잡지 제3 :三國史記 卷第三十四 雜志 第三)

강주·청주·진주(康州·菁州·晋州)

경남 진주시 : [백]居列·居陁(陀)(거열·거타:곳타레) → [경]**康州**(강주) → [혜]菁州(청주) → [려]晋州(진주).

◆ 합천군 삼가면 : 加主火(가주화:가주벌) → [경]嘉壽(가수).

◆ 하동군 옥종면 : 屈村(굴촌).

남해군(南海郡) 남해(南海)

경남 남해군 : 轉也山(전야산:전야메) → [경]**南海**(남해):섬.

◆ 남해군 삼동면 : 內浦(내포:안개) → [경]蘭浦(난포).

◆ 남해군 남면 : 平西山(평서산:펄새메)·西平(서평:새펄) → [경]平山(평산).

하동군(河東郡) 하동(河東)

경남 하동군 고전면 : 韓多沙(한다사:한다새) → [경]河東(하동).

◆ 하동군 금남면 : 省良(성양:들내) → [려]金良(금양:곰내).

◆ 하동군 악양면 : 小多斯(소다사:작은다새) → [경]嶽陽(악양).

◆ 하동군 진교면 : 浦村(포촌:갯말) → [경]河邑(하읍).

고성군(固城郡) 固城(고성)

경남 고성군 : [신]古資(고지) → [경]**固城**(고성).

◆ 고성군 상리면 : 蚊火良(문화량:모기벌내).

◆ 사천시 사천읍 : 史勿(사물) → [경]泗水(사수:사물) → [려]泗州(사주).

◆ 고성군 영현면 : 一善(일선) → [경]尙善(상선) → [려]永善(영선).

함안군(咸安郡) 함안(咸安)

경남 함안군 가야읍 : 阿尸良國(아시량국:아시라국)·阿那加耶(아라가야) → [경]咸安(함안).

◆ 함안군 군북면 : 召彡(조삼) → [경]玄武(현무) → [려]召彡(조삼).

◆ 의령군 의령읍 : 獐含(장함:고새목·노르목) → [경]宜寧(의령).

※ '가라'를 단재 신채호는 '큰못(大沼)'이라고 해석했고 위당 정인보는 "伽倻(가야)는 '갑우내'를 한자로 옮긴 것"이라고 해석했다. 안라가라(安羅안라·阿尼羅아니라·阿尼良아니랑)가 변전되어 阿尸羅(아시라) 또는 阿羅(아라)가 되었다.

거제군(巨濟郡) 거제(巨濟)

경남 거제시 사등면 : 裳郡(상군:두룽이:**최남선**) → [경]巨濟(거제).

◆ 거제시 아주동 : 巨老(거로:거루) → [경]鵝洲(아주:거위내).

◆ 거제시 거제면 : 買珍伊(매진이) → [경]溟珍(명진).

◆ 거제시 남부면 : 松邊(송변:솔가) → [경]南垂(남수).

궐성군(闕城郡) 궐성(闕城)

경남 산청군 단성면 : 闕支(궐지:궐잣) → [경]**闕城**(궐성) → [려]江城(강성).

◆ 산청군 신등면 : 赤村(적촌:삽말) → [경]丹邑(단읍) → [려]丹溪(단계).

◆ 산청군 산청읍 : 知品川(지품천:지푼내) → [경]山陰(산음).

천령군(天嶺郡) 함양(咸陽)

경남 함양군 함양읍 : **天嶺**(천령) → [경]速含(속함:불막) → [려]咸陽(함양).

◆ 남원시 운봉읍 : 母山(모산:어모메)·阿英城(아영성:알부리잣)·阿莫城(아막성:아모잣) → [경]雲峰(운봉).

◆ 함양군 안의면 : 馬利(마리) → [경]利安(이안).

거창군(居昌郡) 거창(居昌)

경남 거창군 : 居烈·居陁(거열·거타:꽃타리) → [경]居昌(거창).

◆ 거창군 위천면 : 南乃(남내)·于火(우화:우부리) → [경]餘善(여선) → [려]感陰(감음).

◆ 거창군 가조면 : 加召(가조) → [경]咸陰(함음).

고령군(高靈郡) 고령(高靈)

경북 고령군 : 彌烏馬邪(미오마야:彌摩那미마나 ↔ 任那임나:일본음 '미마나') → [진]大加耶國(대가야국) → [경]高靈(고령).

◆ 합천군 야로면 : 赤火(적화:삽벌) → [경]冶爐(치로).

◆ 고령군 우곡면 : 加尸兮(가시혜) → [경]新復(신복).

※ 彌烏馬邪國(미오마야국)는 삼국사기지리지에는 언급하지 않은 지명이나 삼국지 위지 동이전에 지명을 기술하고 있으며 고령지방으로 비정하는 것이 학계의 정설이어서 삽입하였다.

일본서기에 나오는 미마나국(彌摩那國)과 일본음으로 '미마나'라고 불리는 임나(任那:미마나)는 음이 서로 같아서 미오마야(彌烏馬邪)를 잘 못 기록한 것으로 보기도 한다. 일반적으로 미마나는 대가야를 의미하고 고령지방으로 비정한다.

강양군(江陽郡) 합천(陜川)

경남 합천군 : 大良[耶]州(대량주[대아주]:한내) → [경]**江陽**(강양) → [려]陜州(합천).

◆ 합천군 대병면 : 三支(삼지:밀가지)·麻杖(삼장:삼가지) → [경]三岐(삼지).

◆ 합천군 초계면 : 草八兮(초팔혜:풀파래) → [경]八谿(팔계) → [려]草谿(초계).

◆ 의령군 부림면 : 辛尒(신이:시리)·朱烏村(주오촌:불귀말)·泉州(천주:샘골) → [경]宜桑(의상) → [려]新繁(신번).

성산군(星山郡) 성산(星山)

경북 고령군 성산읍 : 一利(일리)·里山(이산:말메) → [경]星山(성산:벼리메·벌메) → [려]加利(가리).

◆ 구미시 인의동 : 斯同火(사동화:새동벌) → [경]壽同(수동).

◆ 칠곡군 약목면 : 大木(대목:한들) → [경]谿子(계자:내앗들) → [려]若木(약목).

◆ 성주군 성주읍 : 本彼(본피:벌더불) → [경]新安(신안) → [려]京山(경산).

◆ 성주군 가천면 : 狄山(적산:되메) → [경]都山(도산:도메).

※ 「동국여지승람」에는 星山(성산)은 원래 星山加羅(성산가라)였는데 신라가 빼앗아 本彼(본피)라고 고쳤고 경덕왕이 新安(신안)이라고 고쳐 星山(성산)군의 속현으로 삼았으며 뒤에 碧珍(벽진:붓돌:단재)로 고쳤다고 기록되어 있다.

제3장
지리지 2

(삼국사기 제35권 잡지 제4 :三國史記 卷第三十五 雜志 第四)

1. 신라 한주 〔 新羅 漢州 〕

한주(漢州)

경기도 하남시·광주시, 서울시 송파구 강동구 : ⑭漢城(한성:물골
잦)·慰禮城(위례성:위례바람) → ⑰漢山(한산:한매)ⓢ⑳漢州(한주) →
㉐廣州(광주)

◆ 경기도 이천시 : ⑰南川(남천:남내)·蘭買(난매) → ⑳黃武(황무:너
른물·누르물) → ㉐利川(이천:날내).

◆ 경기도 용인시 : ⑰駒城(구성:매아지)·滅烏(멸오:미르기) → ⓢ⑳
巨黍(거서:걸매기) → ㉐龍駒(용구)

　　※ 「삼국사기」 지리(2)에 漢城·慰禮城(한성·위례성)에 대한 기록은
　　없다. 「동국여지승람」의 기록을 따서 보충했다.

중원경(中原京) 충주(忠州)

충북 충주시 : ⑰國原城(국원성:국원잣)·未乙省(미을성:밀드레)·薍
長城(난장성:달진잣)·託長城(탁장성:타진잣) → ⓢ小京(소경) → ⑳**中
原京**(중원경) → ㉐忠州(충주)

　　※ 託長城(탁장성)은 지리지(4)에서, 薍長城(난장성:달진잣)은 「동국
　　여지승람」에서 따서 보충했다. 갈대(薍)의 또 한이름이 '달'이다.

괴양군(槐壤郡) 괴산(槐山)

충북 괴산군 : ⑰仍斤乃(잉근내:임금내) → ⓢ⑳**槐壤**(괴양:개내) →

㉣槐州(괴주).

※ '잉, 잉근'은 응달, 또는 어두운 빛을 뜻했다.

소천군(泝川郡) 여주

경기도 여주군 흥천면 : ㉠述川(술천:거슬내)·省知買(성지매:덜칠 매) → ㉑㉚泝(沂)州(소주·기주:거슬골) → ㉣川寧(천령).

◆ 경기도 여주군 여주읍 : ㉠骨內斤(골내근:거친내여울) → ㉑㉚黃 驍(황효:너른벌) → ㉣黃驪(황려)·黃利(황리).

◆ 경기도 양평군 양평읍 : ㉠楊根(양근:부들부리)·恒陽(항양:드르 압)·去斯斬(거사참:가새벌·갓벌) → ㉣濱陽(빈양).

※ 省知買(성지매)와 去斯斬(거사참)은 지리(4)의 기록을 따 보충했고, 黃利는 「동국여지승람」에서 따 보충했다.

흑양군(黑壤郡) 진천(鎭川) 今勿內 今勿奴 鎭川 鎭州 확인요함.

충북 진천 : ㉠今勿奴(금물노:가물내)·萬弩(만노:거물내) → ㉑㉚黑 壤(흑양:가물내)·黃壤(황양:너른내) → ㉣鎭州(진천:누[너]른내)

◆ 증평군 도안면 : ㉠道西(도서:돌시울) → ㉑㉚都西(도서:돌시울) → ㉣道安(도안).

◆ 음성군 음성읍 : ㉠仍忽(잉홀:잉골·검골) → ㉑㉚陰城(음성).

※ 단재 신채호는 千(천)이 '지믈(즈믄)'이고 萬(만)이 '거물'이라고 했다.

개산군(介山郡) 죽산(竹山)

경기도 안성시 죽산면 : ㉠皆次山(개차산:가지메) → ㉑㉚介山(개산)

→ ㉥竹州(죽주).

◆ 경기도 이천시 장호원읍 : ㉠奴音竹(노음죽:눔대)·雪城(설성:눈벼리) → ㉰陰竹(음죽).

> ※ 雪城(설성)은 「동국여지승람」에서 따 보충했다. 介山(개산)을 竹山(죽산)으로 고친 것은 介(개)자가 竹(죽)자와 비슷하기 때문이다. 실제로 중국 江蘇(강소)성 揚州(양주)에는 个園(개원)이라는 莊園(장원)이 있는데 정원이 온통 각종 대나무로 꾸며져 붙은 이름이다. 달빛을 받아 창에 비친 댓닢이 '个(개)'자를 이루기 때문이라한다.

백성군(白城郡) 안성(安城)

경기도 안성시 : ㉠奈兮忽(내혜홀:내골) → ㉦㉰白城(백성) → ㉥安城(안성).

◆ 안성시 양성면 : ㉠沙伏忽(사복홀:사복골)·沙巴乙(사파을:사바르) → ㉰赤城(적성:삽골) → ㉥陽城(양성).

◆ 천안시 직산읍 : ㉠蛇山(사산:비암메) → ㉰蛇山(사산) → ㉥稷山(직산:피암메).

수성군(水城郡) 수원(水原)

경기도 수원시 : ㉠買忽(매홀:물골) → ㉦㉰水城(수성:물골) → ㉥水州(수주:물골).

당은군(唐恩郡)-화성(華城)

경기도 화성시 서신면 : ㉠唐城(당성,黨項城당항성:물목골) → ㉦㉰

唐恩(당은) → ㉠唐城(당성)

◆ 평택시 안중읍 : ㉠上忽(상홀:높은골)·車忽(차홀:수리골) → ㉽車城(차성:수리골) → ㉣龍城(용성).

◆ 평택시 진위면 : ㉠釜山(부산:가마메)·㉠古淵達(고연달:고모달)·金山(금산:곰달)·松村活達(송촌활달:솔말살달) → ㉽振威(진위)

   ※ 古淵達(고연달)과 金山(금산)은 「동국여지승람」에서 따 보충했다.

율진군(栗津郡) 과천(果川)

경기도 과천시 : ㉠栗木(율목:밤남)·多斯盻(동사혜) → ㉺㉽栗津(율진:밤나루) → ㉣菓州(과주).

◆ 서울 금천구 : ㉠仍伐奴(잉벌노:잉벌내) → ㉽穀壤(곡양:살내) → ㉣黔州(검주:검은골).

◆ 서울 양천구·강서구 : ㉠濟次巴衣(제차파의:지치바위) → ㉽孔巖(공암:구무바위).

◆ 경기도 인천 남구 : ㉠買召忽(매조홀:매조골)·彌[趨]鄒忽(미추홀[추추홀]:미추골, 메주골:**단재**) → ㉽邵城(소성) → ㉣仁州(인주).

   ※ 多斯盻(동사혜)는 「동국여지승람」의 기록을 따 보충했다.

장구군(獐口郡) 안산(安山)

경기도 안산시 : ㉠獐項口(장항구:고새목곳·노루목곳)·古斯也忽次(고사야홀차:고새곳·노루목곳) → ㉺㉽獐口(장구:노루곳) → ㉣安山(안산:노르메).

※ 노루를 古斯也(고사야:고새)라고 표기한 것으로 보아 옛날에는 노루를 고새라고 불렀거나 고라니의 옛 이름이 아닌가 싶다. '곳이'는 忽次(홀차) 이외도 口(구), 串(곶), 華(화) 등으로 표현하는데 '나리고지'를 日華(일화)라고 표기하기도 했다.

장제군(長堤郡) 김포(金浦)

인천시 계양구·부평구 : ㉠主夫吐(주부토:주우둑) → ㈐㈓**長堤**(장제:진둑) → ㈘樹州(수주:섯골).

◆ 경기도 김포시 대곶면 : 首尒忽(수이홀:수리골) → ㈓戍城(수성:수리잣) → ㈘守安(수안).

◆ 김포 시내지역 : ㉠黔浦(검포:검은개) → ㈓金浦(김포).

◆ 경기도 김포시 하성면 : ㉠童子忽(동자홀:동자개골)·仇斯波衣(구사파의:굿바위)·幢山(동산:민둥메) → ㈓童城(동성).

◆ 경기도 김포시 월곶면 : ㉠平唯·淮押(평유·회압:펴루누르[펴리누르])·別吏[史]波衣(별리파의[별사파의]:벼리바위) → ㈓分津(분진:벼리나루) → ㈘通津(통진).

※ 仇斯波衣(구사파의)는 지리(4) 기록에서 따 보충했다.

한양군(漢陽郡) -서울

서울 한강 이북 : 平壤(평양:펴라)·北漢山(북한산:뒤한메) → ㈐㈓漢陽(한양) → ㈘楊州(양주:부들골).

◆ 경기도 남양주 진접읍 : ㉠骨衣奴(골의노:골이내) → ㈓荒壤(황양:거칠내) → ㈘豊壤(풍양:질내).

◆ 경기도 고양시 행주내동 : [고]皆伯(개백:가맛[개맛]:**신채호**)·王逢(왕봉:가만나:**신채호**) → 遇王(우왕:만난개[만난가]:**신채호**) → 幸州(행주).

내소군(來蘇郡)-파주(坡州)

경기도 양주시 : [고]買省(매성:매드레)·馬忽(마홀:말골)·屈伐(굴벌) → [신][경]**來蘇**(내소) → [려]見州(견주).

◆ 경기도 파주시 적성면 : [고]七重(칠중:난은바리[벼리])·難隱別(난은별:난은벼리) → [경]重城(중성:바리골[벼리골]) → [려]積城(적성:쌓은벼리).

◆ 경기도 파주시 파평면 : [고]坡害平吏[史](파해평리[파해평사]:언덕에퍼리)·額蓬(액봉:늘더벌·너덜벌) → 坡平(파평:언덕펀들).

※ '벼리'는 '비리'와 같은 말로 성, 즉 '바람'이 변전되어 이루어진 말이다. 七重(칠중)의 重(무거울중)자는 '무겁다'거나 '겹'이라는 뜻이 아니라 '짐바리'라는 뜻에서 '바리'를 따 '바람'이 변한 말 '바리' 또는 '벼리'라고 표기한 것이다. 重(중)을 '겹'으로 해석하면 七重城(칠중성)은 '일곱 겹의 성'이 되는데 세계 어디에도 그런 성은 없다. 밑에 붙은 '城(성)'자는 옛 지명에 흔히 나타나는 첨자일 뿐이다.

교하군(交河郡)-교하

경기도 파주시 교하읍 : [고]泉井口(천정구:솟아어울곶)·於乙買串(어을매곶:어르매곶)·屈火(굴화:굽은벌) → [신][경]交河(교하:어울매)

◆ 경기도 파주시 파주읍 : [고]述尒忽(술이홀:수리골)·首泥忽(수니홀:

수니골) → ㉝峰城(봉성:수리골).

◆ 경기도 고양시 관산동 : ㉅達乙省(달을성:달드레) → ㉝高峰(고봉: 수리부리).

　　※ '달'은 산, 또는 넓은 '들'을 뜻하다.

견성군(堅城郡)-포천(抱川)

경기도 포천시 군내면 : 馬忽(마흘:말골)·命旨(명지:목티) → ㉦㉝**堅 城**(견성:굳은바람)·臂城(비성) → ㉪抱州(포주:안을골).

◆ 경기도 동두천시 송내동 : ㉅內乙買(내을매:안을매)·內尒米(내이 미:안을미) → ㉝沙川(사천:새내).

◆ 경기도 포천시 영중면 : ㉅梁骨(양골:들골) → ㉝洞陰(동음).

　　※ 命旨(명지)는 「동국여지승람」의 기록, 臂城(비성)은 지리(4)의 기 록을 따 보충했다.

철성군(鐵城郡) 철원(鐵原)

강원도 철원군 철원읍 : ㉅鐵圓(철원:모루둥굴이)·毛乙冬非(모을동 비:모루[물]동굽이) → ㉦㉝**鐵城**(철성) → ㉪東州(동주:동글이골).

◆ 연천군 인목면 : ㉅僧梁(승량:사문들)·非勿(비물) → ㉝㠐梁(동량: 민둥들) → ㉪僧嶺(승령:사문고개).

◆ 경기도 연천군 연천읍 : ㉅功木達(공목달:고므달)·熊閃山(웅섬산: 곰언듯메) → ㉝功成(공성) → ㉪獐州(장주:노루골).

　　※ 毛乙冬非(모을동비)·非勿(비물)·熊閃山(웅섬산)은 지리(4)의 기록 에서 따 보충했다. '모루'는 대장간에서 쇠(鐵)를 벼리는 머리쇠 '모루'를 이르는 말이다.

부평군(富平郡) 철원 김화

강원도 철원군 김화읍 : ㉦夫如(부여) → ㉺㉾富平(부평) → ㉣金化(금화:고마).

◆ 강원도 평강군 평강읍 : ㉦斧壤(부양:어식내)·於斯乃(어사내:엇내) → ㉾廣平(광평:너븐펀들) → ㉣平康(평강).

토산군(兎山郡)

황해북도 토산군 : ㉦烏斯含達(오사함달:우스한달) → ㉺㉾兎山(토산).

◆ 강원도 이천군 안협면 : ㉦阿珍押(아진압:아들누르)·窮嶽(궁악:달부리) → ㉾安峽(안협).

◆ 경기도 연천군 중면 : ㉦所邑豆(소읍두:솝말) → ㉾朔邑(삭읍) → ㉣朔寧(삭녕).

◆ 강원도 이천군 이천면 : ㉦伊珍買(이진매:이돌매) → ㉾伊川(이천).

   ※ 토산군은 현재 북한의 황해북도에 이천군은 강원도에 속해있으며 철원군 남쪽으로 연천, 서쪽으로 토산군, 북쪽으로 이천군이 접해있다.

우봉군(牛峰郡)-장단(長湍)

황해도 개성시 : ㉦牛岑(우잠:쇠부리)·牛嶺(우령:쇠재)·首知衣(수지의:소티) → ㉺㉾牛峰(우봉:쇠부리).

◆ 경기도 연천군 왕징면 : ㉦獐項(장목:노루목)·古斯也忽次(고사야홀차:고새고지) → ㉾臨江(임강).

◆ 경기도 연천군 장남면 : ㉝長淺城(장천성:진여울벼리)·耶耶(야야:
아내:**단재**)·夜牙(야아:야야) → ㉫長湍(장단:진여울).

◆ 경기도 연천군 미산면 : ㉝麻田淺(마전천:삼밭여울)·泥斯彼忽(니
사피홀:닛피골) → ㉫臨端(임단) → ㉭麻田(마전).

　　※ 牛嶺(우령)·首知衣(수지의)·古斯也忽次(고사야홀차)·耶耶(야야)·夜
　　牙(야아)·泥斯彼忽(니사피홀)은 지리(4) 기록에서 따 보충했다.

송악군(松岳郡)-개성시

황해도 개성시 : ㉝扶蘇岬(부소갑:부솔기슭) → ㉛㉫松岳(송악).

◆ 경기도 파주시 장단 진서면 : ㉫如羆(여비:갈기곰) → ㉝若只豆恥
(약지두치:갈기두치)·朔頭(삭두:삵머리)·衣頭(의두:옷머리) → ㉫松
林(송림:솔숲).

◆ 황해북도 금천군 서북면 : ㉝屈於押(굴어압:구르누르)·紅西(홍서:
벌새) → ㉫江陰(강음)

　　※ 朔頭(삭두)·衣頭(의두)·紅西(홍서)는 지리(4)의 기록에서 따 보충
　　했다.

개성군(開城郡)

황해북도 개풍군 : ㉝多比忽(동비홀:동비골) → ㉛㉫開城(개성) → ㉭
開城府(개성부)

◆ 개풍군 봉동면 : ㉝德勿(덕물:큰물) → ㉫德水(덕수).

◆ 경기도 파주시 장단 군내면 : ㉝津臨城(임진성:나룻가잦)·烏阿忽
(오아홀:어귀앞골:**단재**) → ㉫臨津(임진:나룻가).

※ 烏阿忽(오아홀)은 지리(4)의 기록에서 따 보충했다.

해구군(海口郡)-강화(江華)

인천광역시 강화군 강화읍 : ㉠穴口(혈구:굼고지)·甲比古次(갑비고차:굽고지·굿곶이) → ㉟㉠海口(해구) → ㉣江華(강화:강고지).

◆ 강화군 하점면 : ㉠多音奈(동음나:돔내)·休陰(휴음:쉴음) → ㉠江陰(강음) → ㉣河陰(하음).

◆ 강화군 교동면 : ㉠高木根(고목근:곰부리)·達乙斬(달을참:달버리) → ㉠喬桐(교동).

◆ 강화군 양도면 : ㉠首知(수지:수티)·新知(신지:새티) → ㉠守鎭(수진) → ㉣鎭江(진강).

※ 甲比古次(갑비고차)·休陰(휴음)·達乙斬(달을참)은 지리(4)의 기록에서 따 보충했다.

영풍군(永豐郡)

황해북도 평산군 산성리 : ㉠大谷(대곡:대실)·多知忽(다지홀:다시골) → ㉟㉠永豐(영풍:질벌) → ㉣平州(평주).

◆ 황해북도 신계군 다율면 : ㉠水谷城(수곡성:물골)·買旦忽(매단홀:매단골) → ㉠檀溪(단계) → ㉣俠溪(협계:좁은개울).

◆ 황해북도 곡산군 곡산면 : ㉠十谷城(십곡성:덕골)·德頓忽(덕둔홀:덕둔골) → ㉠鎭湍(진단) → ㉣谷州(곡주).

※ 多知忽(다지홀)·買旦忽(매단홀)·德頓忽(덕둔홀)은 지리(4)의 기록에서 따 보충했다.

해고군(海皐郡)

황해북도 연안군 : ㉠冬彡(音)忽(동삼홀·동음홀·동삼골·둠골)·豉鹽城(시염성:시간골) → 신경海皐(해고) → 려鹽州(염주).

◆ 황해북도 배천군 정촌리 : ㉠刀臘(도랍:토라)·雉嶽城(치악성:도랍부리·매부리) → 경雌澤(구택) → 려白州(백주).

> ※ 발효 메주인 '豉鹽(시염)'을 '冬彡(동삼), 冬音(동음)'과 병기한 것으로 보아 우리는 시염을 '뜸실[둠실]'이나 '뜸[둠]'이라고도 말한 것이 아닌가 싶다. '彡(삼)'자는 '털 자랄 삼'자로 메주가 발효하여 진이 나는 것을 표현한 것으로 보이기 때문이다. '刀臘(도랍)'에 대하여 단재 신채호는 '臘(랍)'자를 '蠟(밀)'자의 誤記(오기)로 보고 '갈밀'이라고 해석했다. 그러나 '刀臘(도랍)'은 '토라→토리'의 사음으로 '까투리'의 옛말이 아닌가 싶다.

폭지군(瀑池郡)-해주(海州)

황해남도 해주시 : ㉠內米忽(내미홀:내미골)·池城(지성:못골)·長池(장지:진못) → 신경瀑池(폭지) → 려海州(해주).

중반군(重盤郡)

황해남도 삼천군 고현리 : ㉠息城(식성:숨골·물골)·漢城(한성:물골)·漢忽(한홀:물골)·乃忽(내홀:내골) → 신경重盤(중반) → 려安州(안주).

> ※ 옛날에는 '물'을 '숨'이라고도 했다. 지금도 심마니들은 물을 '숨'이라고 한다. 漢忽(한홀)·乃忽(내홀)은 지리(4)에서 따 보충했다.

서암군(栖嵒郡)

황해북도 봉산군 구읍리 : ㉠鵂嵒(휴암:붱바위)·租波衣(조피의:부새

바위)·鵂鶹城(휴유성:부엉비리) → ⓢ⑳栖嵒(서암) → ⓡ鳳州(봉주:붱
골).

오관군(五關郡)

황해북도 서흥군 화곡리 : ⓖ五谷(오곡:우츠골)·于次云[呑]忽(우차
운홀·우차탄홀:우츠골) → ⓢ⑳五關(오관) → ⓡ洞州(동주).

◆ 황해북도 수안군 수안면 : ⓖ獐塞(장새:고새)·古所於(고소어:고
새)⑳獐塞(장새:고새) → ⓡ遂安(수안).

　※ 于次云[呑]忽(우차운홀[우차탄홀])·古所於(고소어)는 지리(4)에서
　따 보충했다.

취성군(取城郡)

황해북도 황주군 : ⓖ冬忽(동홀:동골)·于冬於忽(우동어홀:우동에골)
→ ⓢ⑳取城(취성) → ⓡ黃州(황주).

◆ 황해북도 중화군 상원면 : ⓖ息達(식달:숨들)·今達(금달:곰들)·薪
達(신달:섭들) → ⓗ土山(토산).

◆ 황해북도 당정면 : ⓖ加火押(가화압:가불기슭) → ⓗ唐岳(당악) →
ⓡ中和(중화).

◆ 황해북도 해압면 : ⓖ夫斯波衣(부사파의:부솔바위) → ⓗ松峴(송
현:솔고개)

ⓖ仇乙峴(구을현:굴바위)·屈遷(굴천:굴바귀) → ⓡ豊州(풍주:벌골).

ⓖ闕口(궐구:궐고지) → ⓡ儒州(유주).

ⓖ栗口(율구:밤고지)·栗川(율천:밤내) → ⓡ殷栗(은률).

㉯長淵(장연:긴못) → ㈜長淵(장연).

㉯麻耕伊(마경이) → ㈜靑松(청송).

㉯楊岳(양악:부들부리) → ㈜安嶽(안악).

㉯板麻串(판마곶:판마고지) → ㈜嘉禾(가화).

㉯熊閑伊(웅한이:곰안이) → ㈜水寧(수녕).

㉯甕遷(옹천:옹벼리) → ㈜甕津(옹진).

㉯付珍伊(부진이:붓들이) → ㈜永康(영강).

㉯鵠島(곡도:따오기섬) → ㈜白嶺(백령).

㉯升山(승산:오르메) → ㈜信州(신주).

　　※ 仇乙峴(구을현) 이하 기록은 「삼국사기」 잡지 제6 지리 4 漢山
州(한산주) 소속의 말미 기록을 해석한 것이다.

2. 신라 삭주 〔 新羅 朔州 〕

(삼국사기 제35권 잡지 제4 :三國史記 卷第三十五 雜志 第四)

수약주·삭주(首若州·朔州) 춘천(春川)

강원도 춘천시 : ㉠牛首(우수:소머리)·烏斤乃(오근내) → ㉦㉢首若
次(수약차:소얏츠니) → 首若(수약:수얏) → ㉥朔州(삭주) → ㈜春州(춘
주:추니골).

◆ 홍천군 홍천읍 : ㉠伐力川(벌력천:벼리내) → ㉥綠驍(녹효:퍼리벌)
→ ㈜洪川(홍천).

◆ 횡성군 횡성읍 : ㉠橫川(횡천:어시내)·於斯買(어사매:어시매) → ㉥

潢川(황천).

◆ 양평군 지제면 : [고]砥峴(지현:숫돌고개) → [경]砥平(지평:숫돌펀들).

※ 烏斤乃(오근내)·首若(수약)·於斯買(어사매)는 지리(4)에서 따 보충했다.

북원경(北原京)

강원도 원주시 : [고]平原(평원:펀들) → [신][문]北原小京(북원소경) → [경]北原京(북원경) → [려]原州(원주).

나제군(奈隄郡) 제천(堤川)

충북 제천시 : [고]奈吐(나토:냇둑)·大堤(대제:댓둑) → [신][경]**奈隄**(내제) → [려]堤川(제천).

◆ 충북 제천시 청풍면 : [고]沙熱伊(사열이:사이리) → [경]淸風(청풍:살벼리).

◆ 충북 단양군 단양읍 : [고]赤山(적산:삽메·불메) → [신]赤山(적산) → [려]丹山(단산).

※ 大堤(대제)는 지리(4)에서 따 보충했다. '大(대)'는 크다는 뜻이 아니다. 평지보다 불쑥 솟은 곳을 '대'라고 했다.

내령군(奈靈郡) 영주시

경북 영주시 : [백]奈已(내이:내기) → [신][경]奈靈(내령) → [려]剛州(강주).

◆ 경북 안동시 도산면 : [고]買谷(매곡:매실) → [고]善谷(선곡).

◆ 경북 봉화군 봉성면 : [고]古斯馬(고사마:구새말) → [경]玉馬(옥마:구시말) → [려]奉化(봉화).

급산군(岋山郡) 영주(榮州)

경북 영주시 순흥면 : [고]及伐山(급벌산:급벌메) → [신][경]**岌山**(급산) → [려]興州(흥주).

◆ 경북 영주시 부석면 : [고]伊伐支(이벌지:이벌잣)·自伐支(자벌지:지벌잣) → [경]鄰豐(인풍).

※ 自伐支(자벌지)는 지리(4)에서 따 보충했다.

가평군(嘉平郡) 가평(加平)

경기도 가평군 : [고]斤平(근평:아울펀던)·並平(병평:아울펀던) → [신][경]**嘉平**(가평).

경기도 가평군 하면 : [고]深川(심천:지프내)·伏斯買(복사매) → [경]浚水(준수) → [려]朝宗(조종).

※ 並平(병평)·伏斯買(복사매)는 지리(4)에서 따 보충했다.

양록군(楊麓郡) 양구(楊口)

강원도 양구군 : [고]楊口(양구:부들고지)·要隱忽次(요은홀차:요은고지) → [신][경]**楊麓**(양록) → [려]陽溝(양구).

◆ 인제군 인제읍 : [고]猪足(저족:오솔벌)·烏斯廻(오사회:오솔돌이) → [경]狶蹄(희제:수리벌) → [려]麟蹄(인제).

◆ 인제군 서화면 : [고]王岐(왕지:가지)·皆次丁(개차정:가지등) → [경]馳道(치도) → [려]瑞木(서목).

◆ 양구군 방산면 : [고]三峴(삼현:밀고개)·密波兮(밀파혜:밀바위) →

㉽三嶺(삼령:밀고개) → ㉐方山(방산:모리메).

※ 要隱忽次(요은홀차)·烏斯廻(오사회)·密波兮(밀파혜)는 지리(4)에서 따 보충했다.

낭천군(狼川郡) 화천(華川)

강원도 화천군 : ㉔狌川(성천:여우내)·也尸買(야시매:여시매·여우물) → ㉖㉽狼川(낭천).

※ 狌川(성천)의 '狌(성)'자는 '원숭이(성성이)'라는 뜻의 글자다. '여우'를 뜻하는 '狙(주)'자의 誤記(오기)로 보고 '여우매'로 해석했다.

대양군(大楊郡) 대양(大楊)

강원도 금강군 현리 : ㉔大楊菅(대양관:한부들고동)·馬斤押(마근압:말여울기슭) → ㉖㉽大楊(대양) → ㉐長楊(장양).

◆ 강원도 금강군 화천리 : ㉔藪狌[狌]川(수주천[수성천]:숫여우내) → ㉽藪川(수천:숫내) → ㉐和川(화천).

◆ 강원도 창도군 문등리 : ㉔文峴(문현:글고개)·斤尸波兮(근시파혜:글시바위) → ㉽文登(문등).

※ 馬斤押(마근압)·斤尸波兮(근시파혜)는 지리(4)의 기록에서 따 보충했다.

익성군(益城郡) 김화(金化)

강원도 김화군 : ㉔母城(모성:야지벼리)·也次忽(야차홀:야지골) → ㉖㉽益城(익성) → ㉐金城(금성).

※ 也次忽(야차홀)은 지리(4)에서 따 보충했다.

기성군(岐城郡) 창도(昌道)

강원도 창도군 기성리 : 多斯忽(동사홀:동새골) → ⑯⑳岐城(기성).

◆ 강원도 창도군 창도읍 : ⑰水入(수입:물드리)·買伊(매이:매들이) →
⑳通溝(통구).

   ※ 買伊(매이)는 지리(4)에서 따 보충했다.

연성군(連城郡) 연성(連城)

강원도 회양군 : ⑰各[客]連城(각련성·객련성:갈린비리)·加兮牙(가
혜아:갈래야) → ⑯⑳連城(연성:갈린잣) → ⑭交州(교주:어울골).

◆ 강원도 세포군 현리 : ⑰赤木(적목:삽낡)·沙非斤乙(사비근을:삽
날) → ⑳丹松(단송:삽솔) → ⑭嵐谷(남곡:삽골).

◆ 강원도 회양군 신안리 : ⑰管述(관술:고동수리) → ⑳軼雲(질운).

◆ 강원도 금강군 금강읍 : ⑰猪守峴(저수현:오수리재)·猪闌峴(저란
현:오수리고개)·烏生波衣(오생파의:오살바위) → ⑳狶嶺(희령:수리
재).

   ※   客連城(객련성)·加兮牙(가혜아)·沙非斤乙(사비근을)·猪闌峴(저란
   현)·烏生波衣(오생파의)는 지리(4)의 기록에서 따 보충했다. '돼지'
   라는 뜻의 '猪(저)'자와 '狶(돼지 희)'를 '오수리', 또는 '수리'라고
   해석한 것은 '수태지'를 옛날에는 '수리'라고 했을 뿐만 아니라,
   '오소리'를 뜻하는 '獡(단)'를 「옥편」이 '야저(野猪)'라고 해석한데
   따른 것으로 이곳에서는 '猪(저)'자 대신 '狶(희)'로 바꾸어 쓴 것이
   다.

삭정군(朔庭郡) 삭정

강원도 안변군 : ㉠比列忽(비열홀:비리골) → ㈑㈓朔庭(삭정) → ㈜登州(등주).

◆ 강원도 안변군 칠봉리 : ㉠庲谷(경곡:술실)·首乙呑(수을탄:술타니[골]) → ㈓瑞谷(서곡).

◆ 강원도 고산군 용지원리 : ㉠昔達(석달:오랜달)·菁達(청달:무근달) → ㈓蘭山(난산).

◆ 안변군 상음리 : ㉠薩寒(살한:살아니) → ㈓霜陰(상음:서리안).

◆ 안변군 문수리 : ㉠加支達(가지달) → ㈓菁山(청산) → ㈜汶山(문산).

◆ 고산군 혁창리 : ㉠翼谷(익곡:날골)·於支呑(어지탄:어지타니[골]) → ㈓翊谿(익계).

  ※ 首乙呑(수지탄)·菁達(청달)·於支呑(어지탄)은 지리(4)에서 따 보충했다.

정천군(井泉郡) 정천(井泉)

강원도 원산시 : ㉠泉井口(천정구:솟아어울곳)·於乙買(어을매:아울매) → ㈑㈓井泉(천정) → ㈜湧州(용주).

◆ 강원도 원산시 : ㉠買尸達(매시달) → ㈓蒜山(역산:고사리메).

◆ 강원도 문천시 용탄동 : ㉠夫斯達(부사달:부솔달) → ㈓松山(송산).

◆ 강원도 문천시 부방리 : ㉠東墟(동허:새터)·加知斤(가지근:가지여울) → ㈓幽居(유거).

  ※ 於乙買(어을매)·加知斤(가지근)은 지리(4)의 기록에서 따 보충했다. '蒜(력)'자는 고사리를 뜻하는 글자이다.

3. 신라 명주〔新羅 溟州〕

(삼국사기 제35권 잡지 제4 :三國史記 卷第三十五 雜志 第四)

하서주(河西州·溟州) 강릉(江陵)

강원도 강릉시 : ㉦河西良(하서량:하시라)·何瑟羅(하슬라:하시라)·
河西(하서:하시) → ㉥㉴溟洲(명주).

◆ 강원도 정선군 : ㉦仍(乃)買(잉매·내매:검내) → ㉴旌善(정선).

◆ 평창군 용평면 : ㉦束[東]吐(속토·동토:묵은둑·새둑) → ㉴棟隄(속
제).

◆ 강릉시 연곡면 : ㉦支山(지산:잣메) → ㉴支山(지산) → ㉣連谷(연
곡).

◆ 양양군 현남면 : ㉦穴山(혈산:굴메) → ㉴洞山(동산).

※ 何瑟羅(하슬라)·河西(하서)·乃買(내매)는 지리(4)의 기록에서 따
보충했다.

곡성군(曲城郡) 곡성(曲城)

경북 안동시 임하면 : ㉦屈火(굴화:굽은벌) → ㉥㉴曲城(곡성:구븐
골) → ㉣臨河(임하).

◆ 경북 청송군 안덕면 : ㉦伊火兮(이화혜:이부레) → ㉴緣(椽)武(연
무) → ㉣安德(안덕).

야성군(野城郡) 야성(野城)

경북 영덕군 : �고也尸忽(야시홀:야시골·여우골) → ㉛㉫野城(야성) →
㉣盈德(영덕).

◆ 경북 청송군 진보면 : �고助攬(조람:되자비)·手攬(수람:손자비) →
㉫眞安(진안) → ㉣青城(청성).

◆ 청송군 청송읍 : �고靑杞(청기:살버드르) → ㉫積善(적선) → ㉣青鳧
(청부).

    ※ 手攬(수람)은 지리(4)에서 따 보충했다.

유린군(有隣郡) 유린(有隣)

경북 영덕군 영해면 : �고于尸(우시·웃) → ㉛㉫有隣(유린) → ㉣禮州
(예주).

◆ 경북 포항시 청하면 : �고阿兮(아혜) → ㉫海阿(해아) → ㉣淸河(청
하).

울진군(蔚珍郡) 울진(蔚珍)

경북 울진군 : �고于珍也(우진야:우지네)·古亐伊(고울이:고우이) →
㉛㉫蔚珍(울진).

◆ 경북 울진군 원남면 : �고波旦[且](파단·파차:바달)·波豊(파풍:바
벌) → ㉫海曲(해곡:발구불).

◆ 경북 울진군 평해읍 : �고斤乙於(근을어:날노르) → ㉛㉫飛良(비량:
날내)·箕城(기성:날래골) → ㉣平海(평해).

    ※ 波豊(파풍)은 지리(4)에서, 古亐伊(고울이)와 斤乙於(근을어)·飛
    良(비량)·箕城(기성) 및 平海(평해)는 「동국여지승람」에서 따 보충
    했다.

나성군(奈城郡) 영월(寧越)

강원도 영월군 : ㉠奈生(나생:나생이) ㉦㉴**奈城**(나성) → ㉳寧越(영월).

◆ 충북 단양군 영춘면 : ㉠乙阿丹(을아단:얼라샵) → ㉽子春(자춘) → ㉳永春(영춘).

◆ 강원도 평창군 평창읍 : ㉠郁烏(욱오:우귀)·于烏(우오:우귀) → ㉽白烏(백오) → ㉳平昌(평창).

◆ 강원도 영월군 주천면 : ㉠酒淵(주연:수르못) → ㉽酒泉(주천)
    ※ 于烏(우오)는 지리(4)의 기록에서 따 보충했다.

삼척군(三陟郡) 삼척(三陟)

강원도 삼척시 : 悉直國(실치국:세치국)·史直(사치:세치) → ㉦㉴三陟(삼척:세치).

◆ 정선군 임계면 : ㉠竹峴(죽현:대재)·夵生於(나생어:나생느르[너럭]) → ㉽竹嶺(죽령:대재).

◆ 삼척시 근덕면 : ㉠滿若(만약:찰야) → ㉽滿卿[鄕](만경·만향).

◆ 강릉시 옥계면 : ㉠羽谷(우곡:깃실) → ㉽羽谿(우계:깃골).

◆ 삼척시 원덕읍 : ㉠波利(파리) → ㉽海利(해리:바리).
    ※ 史直(사치)·夵生於(내생어)는 지리(4)에서 따 보충했다. '悉直(실치)'와 '三陟(삼척)'을 단재는 '세치'로 풀었다.

수성군(守城郡) 수성(守城)

강원도 고성군 간성읍 : [고]迿城(수성:수리골)·加阿忽(가아홀:가야골) → [신][경]守城(수성) → [려]杆城(간성).

◆ 고성군 현내면 : [고]僧山(승산:사물뫼)·所勿達(소물달) → [경]童山(동산) → [려]烈山(열산).

◆ 강원도 양양군 : [고]翼峴(익현:나래재)·伊文(이문) → [경]翼嶺(익령).

※ 함경도 지방에서는 수퇘지를 '수리'라고 하고, 암퇘지를 '가야지'라고 말하여 고구려의 '수리골'을 경덕왕이 비슷한 뜻의 '가야골'로 고친 것이 아닌가 싶다. 加阿忽(가아홀)·所勿達(소물달)·伊文(이문)은 지리(4)의 기록에서 따 보충했다.

고성군(高城郡) 고성(高城)

강원도 고성군 구읍리 : [고]達忽(달홀:달골) → [신][경]高城(고성).

◆ 강원도 고성군 종곡리 : [경]豢猳(환가) 본 [고]猪迿穴(저수혈:오소리굴)·烏斯押(오사압).

◆ 강원도 고성군 운전리 : [고]平珍峴(평진현:퍼진고개)·平珍波衣(평진파의:퍼진바위) → [경]偏嶮(편험) → [려]雲巖(운암:아루바위).

※ 烏斯押(오사랍)·平珍波衣(평진파의)는 지리(4)에서 따 보충했다.

금양군(金壤郡) 통천(通川)

강원도 통천군 군읍리 : [고]休壤(휴양:쉬라)·金惱(금뇌:쇠라) → [신][경]**金壤**(금양:쇠라).

◆ 통천군 장대리 : [고]習比谷[呑](습비곡·습비탄:습비골) → [경]習磎(습계) → [려]歙谷(흡곡).

◆ 통천군 벽암리 : [고]吐上(토상:둑위) → [경]隄[堤]上(제상) → [려]碧山(벽산).

◆ 통천군 염성리 : [고]道臨(도임:돌가)·助乙浦(조을포:도을개) → [경]臨道(임도).

◆ 통천군 패천리 : [고]改淵(개연:개못) → [경]派川(파천).

◆ 통천군 군산리 : [고]鵠浦(곡포:고니개)·古衣浦(고의포:고니개) → [경]鶴浦(학포).

※ 金惱(금뇌)·助乙浦(조을포)·古衣浦(고의포)는 지리(4)의 기록에서 따 보충했다.

제4장
지리지 3

(삼국사기 제36권 잡지 제5 :三國史記 卷第三十六 雜志 第五)

1. 신라 웅주 〔 新羅 熊州 〕

웅천주·웅주(熊川州·熊州)-공주시

충청남도 공주시 : ⑲熊津(웅진:곰나루) → 신신熊川(웅천:곰내) →
경熊州(웅주)

◆ 충남 논산시 노성면 : ⑲熱也山(열야산:지레메) → 경尼山(니산:질
메).

◆ 충남 공주시 신풍면 : ⑲伐音支(벌음지:벌말잣) → 경淸音(청음:사
리말) → 려新豊(신풍:새벌).

서원경(西原京) 청주(淸州)

충북 청주시 : ⑲上黨(상당:웃물이)·臂城(비성:비벼리)·予谷(예곡:
냇골) → 신신西原小京(서원소경) → 경**西原**(서원:새벌).

> ※ 上黨(상당)臂城(비성)·予谷(예곡) 항목은 지리(4)의 기록에서 따
> 보충했다. '웃물(上黨:上水)'이 있었기 때문에 뒤에 '淸源(청원)'이
> 라는 지명이 생겼다.

대록군(大麓郡) 천안(天安)

충남 천안시 목천면 : ⑲大木岳(대목악:대들부리) → 신경**大麓**(대
록) → ⑲大木岳(대목악:대들부리) → 려木州(목주).

◆ 천안시 풍세면 : ⑲其[甘]買(기매·감매:질들매)·林川(임천:지슬내)
→ 경馴雉(순치:질들매) → 려豊歲(풍세:질세).

◆ 세종시 전의면 : [백]仇知(구지:구티) → [경]金池(금지:곰티) → [려]全義(전의).

※ 林川(임천)은 지리(4)에서 따 보충했다.

가림군(嘉林郡)

충남 부여군 임천면 : [백]加林(가림:개숲) → [신][경]嘉林(가림).

◆ 서천군 한산면 : [백]馬山(마산:말메) → [경]馬山(마산).

◆ 부여군 홍산면 : [백]大山(대산:한메) → [경]翰山(한산) → [려]鴻山(홍산:한메).

서림군(西林郡) 서천(舒川)

충남 서천군 : [백]舌林(설림:세숲) → [신][경]**西林**(서림).

◆ 충남 보령시 남포면 : [백]寺浦(사포:절개) → [경]藍浦(람포).

◆ 충남 서천군 비인면 : [백]比衆(비중:비무리) → [경]庇仁(비인).

이산군(伊山郡) 예산(禮山)

충남 예산군 덕산면 : [백]馬尸山(마시산:마시메) → [신][경]**伊山**(이산).

◆ 충남 홍성군 갈산면 : [백]牛見(우견:쇠보기) → [경]目牛(목우).

◆ 충남 예산군 고덕면 : [백]今勿(금물:검물) → [경]今武(금무) → [려]德豐(덕풍).

혜성군(槥城郡) 당진(唐津)

충남 당진시 면천면 : [백]槥郡(혜군:널골) → [신][경]**槥城**(혜성).

◆ 충남 당진시 : [백]伐首只(벌수지:벌수잣) → [경]唐津(당진).

◆ 충남 서산시 운산면 : [백]餘村(여촌:나물메) → [경]餘邑(여읍) → [려]餘美(여미).

◆ 충남 당진시 신평면 : [백]沙平(사평:새펀던) → [경]新平(신평).

부여군(扶餘郡) 부여(扶餘)

충남 부여군(扶餘郡) : [백]所夫里(소부리)·泗沘城(사비성:사비벼리) → [신][경]扶餘(부여)

◆ 부여군 석성면 : [백]珍惡山(진악산:돌모지메[도무지메]) → [경]石山(석산) → [려]石城(석성).

◆ 청양군 정산면 : [백]悅己(열이)·豆陵尹城(두릉윤성:두룽이벼리)·豆串城(두곶성:두곶벼리)·尹城(윤성:미들벼리) → [경]悅城(열성) → [려]定山(정산).

※ 豆陵尹城(두릉윤성)·豆串城(두곶성)·尹城(윤성)은 지리(4)의 기록에서 따 보충했다.

임성군(任城郡) 임성(任城)

충남 예산군 대흥면 : [백]任存(임존:좋은) → [신][경]任城(임성) → [려]大興(대흥).

◆ 충남 청양군 : [백]古良夫里(고량부리:고라부리) → [경]靑正(청정) → [려]靑陽(청양).

◆ 충남 예산군 예산읍 : [백]烏山(오산:귀메) → [경]孤山(고산) → [려]禮山(예산).

황산군(黃山郡) 황산(黃山)

충남 논산시 연산면 : ⑱黃等也山(황등야산:너른드레메) → ⑭⑱黃
山(황산:너르메) → ⑭連山(연산:느르메).

◆ 대전시 유성구 : ⑱眞[貞]峴(진현·정현:진고개) → ⑱鎭嶺(진령) →
⑭鎭岑(진잠)

◆ 금산군 진산면 : ⑱珍同(진동:진무리) → ⑱珍同[洞](진동).

비풍군(比豊郡) 대전(大田)

충남 대전시 대덕구 : ⑱雨述(우술:비수리) → ⑭⑱**比豊**(비풍:비즈
리) → ⑭懷德(회덕:품다기).

◆ 대전시 유성구 : ⑱奴斯只(노사지:노새잣) → ⑱儒城(유성).

◆ 유성구 덕진동 : ⑱所比浦(소비포:솝개) → ⑱赤鳥(적조:삽새) → ⑭
德津(덕진).

※ '비수리'의 '비'는 들판을 가리키는 '비리(벼리)'의 준 말이고 '수
리'는 '높다'는 뜻 외에도 멀다는 뜻을 갖고 있어 까마득하게 널브
러진 대지를 이르는 말로 해석했다.

결성군(潔城郡) 홍성(洪城)

충남 홍성군 결성면 : ⑱結已(결이:매지기) → ⑭⑱**潔城**(결성).

◆ 보령시 주포면 : ⑱新村(신촌:새말) → ⑱新邑(신읍) → ⑭保寧(보
령).

◆ 홍성군 장곡면 : ⑱沙尸良(사시량:사시래) → ⑱新良(신량) → ⑭黎
陽(여양).

연산군(燕山郡) 연산(燕山)

세종시 청원군 문의면 : ⓑ一牟山(일모산:한벌메) → ⓢⓖ燕山(연산).

◆ 세종시 연기면 : ⓑ豆仍只(두잉지:두잉기) → ⓖ燕岐(연기).

◆ 보은군 회인면 : ⓑ未谷(미곡:미골·물골) → ⓖ昧谷(매곡) → ⓡ懷仁(회인).

부성군(富城郡) 서산(瑞山)

충남 서산시 : ⓑ基郡(기부:수리터골) → ⓢⓖ富城(부성:붓골).

◆ 충남 태안군 : ⓑ省大兮(성대혜:수리두레) → ⓖ蘇泰(소태:소터).

◆ 서산시 지곡면 : ⓑ知六(지육:치루기) → ⓖ地育(지육) → ⓡ北谷(북곡:북실).

탕정군(湯井郡) 아산(牙山)

충남 아산시 : ⓑ湯井(탕정:끓는샘) → ⓢⓖ**湯井**(탕정) → ⓡ溫水(온수).

◆ 아산시 영인면 : ⓑ牙述(아술:아수리) → ⓖ陰峯(음봉)·陰岑(음잠) → ⓡ牙州(아주).

◆ 아산시 신창면 : ⓑ屈直(굴치:굴고들) → ⓖ祁梁(기량:큰들) → ⓡ新昌(신창).

2. 신라 전주 〔 新羅 全州 〕

(삼국사기 제36권 잡지 제5 :三國史記 卷第三十六 雜志 第五)

완산주·전주(完山州·全州)

전북 전주시 : ⑲完山(완산)·比斯伐(비사벌:빗벌)·比自火(비자화:빗부리) → ⑪⑳全州(전주).

◆ 완주군 이서면 : ⑲豆伊(두이:둥이) → ⑳杜城(두성) → ㉑伊城(이성).

◆ 김제시 금구면 : ⑲仇知只山(구지지산:구지기메) → ⑳金溝(금구).

◆ 완주군 고산면 : ⑲高山(고산:수리메) → ⑳高山(고산).

※ 比斯伐(비사벌)·比自火(비자화)는 지리(4)의 기록에서 따 보충했다.

남원소경(南原小京) 남원경(南原京)

전북 남원시 : ⑲古龍(고룡:구드레) → ⑪⑪南原小京(남원소경) → ⑳南原京(남원경) → ㉑南原(남원)

대산군(大山郡)

전북 정읍시 칠보면 : ⑲大尸山(대시산:대시메) → ⑪⑳**大山**(대산) → ㉒泰山(태산).

◆ 전북 정읍시 : ⑲井村(정촌:우물말) → ⑳井邑(정읍).

◆ 정읍시 정우면 : ⑲賓屈(빈굴:다라구르) → ⑳斌城(빈성) → ㉑仁義(인의).

◆ 김제시 금산면 : ⑲也西伊(야서이:야시리) → ⑳野西(야서) → ㉑巨野(거야).

고부군(古阜郡) 고부(古阜)

전북 정읍시 고부면 : [백]古沙夫里(고사부리:고새부리) → [신][경]古阜(고부).

◆ 부안군 부안읍 : [백]皆火(개화:갯벌) → [경]扶寧(부녕).

◆ 부안군 보안면 : [백]欣良買(흔량매:흔라매) → [경]喜安(희안) → [려]保安(보안).

◆ 고창군 흥덕면 : [백]上柒(상칠) → [경]尙質(상질).

진례군(進禮郡) 진례(進禮)

충남 금산군 : [백]進乃(진내)·進仍乙(진잉을:지니르) → [신][경]進禮(진례).

◆ 무주군 부남면 : [백]豆尸伊(두시이:두시리)·富尸伊(부시이:부시리) → [경]伊城(이성) → [려]富利(부리).

◆ 진안군 용담면 : [백]勿居(물거:말가) → [경]淸渠(청거).

◆ 무주군 무주읍 : [백]赤川(적천:삽내) → [경]丹川(단천) → [려]朱溪(주계:삽시내).

※ 進仍乙(진잉을)·富尸伊(부시이)는 지리(4)의 기록에서 따 보충했다.

덕은군(德殷郡)

충남 논산시 가야곡면 : [백]德近支(덕근지:덕근잣) → [신][경]德殷(덕은) → [려]禮邑(예읍).

◆ 충남 논산시 : [백]加知奈(가지내)·加乙乃(가을내:갈내) → [경]市津

(시진).

◆ 전북 익산시 여산면 : ⓑ只良肖(지량초:지라초) → ⓖ礪良(여량).

◆ 전북 완주군 화산면 : ⓑ只伐只(지벌지:지벌잣) → ⓖ雲梯(운제).

　※ 加乙乃(가을내)는 지리(4)에서 따 보충했다.

임피군(臨陂郡) 임피(臨陂)

전북 군산시 임피면 : ⓑ屎山(시메:시느메)·所文(소문:숯골) → ⓢⓖ 臨陂(임피).

◆ 전북 익산시 함라면 : ⓑ甘勿阿(감물아:가물내) → ⓖ咸悅(함열).

◆ 전북 군산시 옥구읍 : ⓑ馬西良(마서량:마시라) → ⓖ沃溝(옥구).

◆ 전북 군산시 회현면 : ⓑ夫夫里(부부리) → ⓖ澮尾(회미).

　※ 所文(소문)은 지리(4)에서 따 보충했다.

김제군(金堤郡) 김제(金堤)

전북 김제시 : ⓑ碧骨(벽골:붓골) → ⓢⓖ金堤(김제).

◆ 김제시 만경읍 : ⓑ豆乃山(두내산:두내메) → ⓖ萬頃(만경).

◆ 김제시 용지면 : ⓑ首多山(수동산:수둥메) → ⓖ平皐(평고).

◆ 김제시 청하면 : ⓑ乃利阿(내리아) → ⓖ利城(이성).

◆ 김제시 성덕면 : ⓑ武斤村(무근촌:날근이말) → ⓖ武邑(무읍) → ⓡ 富潤(부윤).

순화군(淳化郡) 순화(淳化)

전북 순창군 : ⓑ道實(도실:도시리) → ⓢⓖ淳化(순화) → ⓡ淳昌(순

창).

◆ 순창군 적성면 : [백]礫坪(역평:자갈들) → [경]磧城(적성).

◆ 임실군 청웅면 : [백]堗坪(돌평:굴들) → [경]九皐(구고).

금마군(金馬郡) 금마(金馬)

전북 익산시 금마면 : [백]金馬渚(금마저:검톱) → [신][경]金馬(금마).

◆ 전북 익산시 : [백]所力只(소력지:소리잣) → [경]沃野(옥야).

◆ 익산시 낭산면 : [백]閼也山(알야산:어레메) → [경]野山(야산) → [려]朗山(랑산).

◆ 완주군 봉동읍 : [백]于召渚(우소저:우조톱) → [경]紆洲(우주) → [려]紆州(우주).

벽계군(壁谿郡) 벽계(壁谿)

전북 장수군 계내면 : [백]伯伊(백이:배기)·伯海(백해:배게) → [신][경]壁谿(벽계) → [려]長溪(장계).

◆ 전북 진안군 진안읍 : [백]難珍阿(난진아:난도라) → [경]鎭安(진안).

◆ 전북 장수군 장수읍 : [백]雨坪(우평:빗들) → [경]高澤(고택) → [려]長水(장수).

※ 伯海(백해)는 지리(4)에서 따 보충했다.

임실군(任實郡) 임실(任實)

전북 임실군 : [백]任實(임실) → [신][경]任實(임실).

◆ 전북 진안군 마령면 : [백]馬突(마돌:말돌)·馬珍(마진:말돌) → [경]馬

靈(마령:말드레).

◆ 전북 장수군 번암면 : [백]居斯勿(거사물:거새물)→[경]靑雄(청웅)→[려]巨寧(거령).

3. 신라 무주〔 新羅 武州 〕

(삼국사기 제36권 잡지 제5 :三國史記 卷第三十六 雜志 第五)

무진주(武珍州·武州)-무주(武州)

전남 광주시 동구 : [백]武珍(무진:날진)·我只(아지:나잣)→[신][경]武州(무주).

◆ 나주시 남평면 : [백]未冬夫里(미동부리)→[경]玄雄(현웅)→[려]南平(남평).

◆ 광산구 복룡동 : [백]伏龍(복룡:보미르·보물)→[경]龍山(용산:미르메).

◆ 담양 고서면 고읍리 : [백]屈支(굴지:구르잣)→[경]祁陽(기양)→[려]昌平(창평).

※ 我只(지아)는 지리(4) 기록에서 따 보충했다.

분령군(分嶺郡) 분령(分嶺)

전남 보성군 벌교읍 고읍리 : [백]分嵯(분차:분새)·夫沙(부사:부새)→[신][경]分嶺(분령)→[려]樂安(낙안)

◆ 전남 고흥군 남양면 : [백]助助禮(조조례:도드레)→[경]忠烈(충렬)→[려]南陽(남양).

- 보성군 조성면 : ⑲冬老(동로) → ㉫兆陽(조양).
- 고흥군 두원면 : ⑲豆肹(두혜) → ㉫薑原(강원) → ㉣荳原(두원).
- 고흥군 동강면 : ⑲比史(비사) → ㉫栢舟(백주) → ㉣泰江(태강).

    ※ 夫沙(부사)는 지리(4)에서 따 보충했다.

보성군(寶城郡) 보성(寶城)

전남 보성군 : ⑲伏忽(복홀:보골) → ㉧㉫寶城(보성).

- 보성군 회천면 : ⑲馬斯良(마사량:마사라) → ㉫代勞(대로) → ㉣會寧(회령).
- 장흥군 장평면 : ⑲季川(계천:끝내) → ㉫季水(계수:끝무르) → ㉣長澤(장택).
- 장흥군 대덕읍 : ⑲烏次(오차:오치) → ㉫烏兒(오아) → ㉣定安(안정).
- 장흥군 장흥읍 : ⑲古馬彌知(고마미지:고마미티·곰밑) → ㉫馬邑(마읍) → ㉣遂寧(수녕).

추성군(秋成郡) 추성(秋成)

전남 담양군 : ⑲秋子兮(추자혜:가래) → ㉧㉫秋成(추성) → ㉣潭陽(담양).

- 곡성군 옥과면 : ⑲菓支(과지:열음티)·菓兮(과혜:여르매) → ㉫玉菓(옥과).
- 담양군 금성면 : ㉫栗原(율원) → ⑲栗支(밤지:밤티) → ㉣原栗(원률).

※ 菓兮(과혜)는 지리(4)에서 따 보충했다.

영암군(靈巖郡) 영암(靈巖)

전남 영암군 : ㉤月奈(월내:달래) → ㉝㉧靈巖(영암:두레바위)

반남군(潘南郡) 반남(潘南)

전남 나주시 반남면 : ㉤半奈夫里(반나부리:벌나부리) → ㉝㉧潘南
(반남)

◆ 영암군 금정면 : ㉤阿老谷(아로곡:아루실) → ㉧野老(야로) → ㉠安
老(안로).

◆ 영암군 학산면 : ㉤古彌(고미·곰) → ㉧昆湄(곤미).

갑성군(岬城郡) 갑성(岬城)

전남 장성군 북일면 : ㉤古尸伊(고시이:고시리·고지) → ㉝㉧岬城
(갑성) → ㉠長城(장성).

◆ 장성군 진원면 : ㉤丘斯珍兮(구사진혜:귀도래) → ㉧珍原(진원).

◆ 장성군 삼계면 : ㉤所非兮(소비혜:소베·숲개) → ㉧森溪(삼계).

무령군(武靈郡) 무령(武靈)

전남 영광군 : ㉤武尸伊(무시이:무시리) → ㉝㉧武靈(무령:물드레) →
㉠靈光(영광).

◆ 고창군 상하면 : ㉤上老(상노:윗날근이) → ㉧長沙(장사:진새) → ㉤
上老(상노:윗날근이).

◆ 고창군 고창읍 : ㉤毛良夫里(모량부리:모래부리·모래벌) → ㉧高

敞(고창).

◆ 전남 고창군 성송면 : [백]松彌知(송미지:솔미티) → [경]茂松(무송).

승평군(昇平郡) 승평(昇平)

전남 순천시 : [백]歃平(감평:꺼진펀던)·沙平(사평:새펀던)·武平(무평:물펀던) → [신]昇州(승주) → [신][경]昇平(승평).

◆ 전남 여수시 : [백]猿村(원촌:잔나말) → [경]海邑(해읍) → [려]麗水(여수).

◆ 광양시 광양읍 : [백]馬老(마노:말날그니) → [경]晞陽(희양) → [려]光陽(광양).

◆ 여수시 돌산읍 : [백]突山(돌산:돌메) → [경]廬山(여산).

※ 沙平(사평)은 「동국여지승람」에서, 武平(무평)은 지리(4)에서 따 보충했다.

곡성군(谷城郡) 곡성(谷城)

전남 곡성군 : [백]欲乃(욕내) → [신][경]谷城(곡성).

◆ 전남 순천시 주암면 : [백]遁支(둔지:둔치) → [경]富有(부유).

◆ 전남 구례군 구례읍 : [백]仇次禮(구차례:구지레) → [경]求禮(구례).

◆ 전남 화순군 동복면 : [백]豆夫只(두부지:두부기) → [경]同福(동복).

능성군(陵城郡) 능성(陵城)

전남 화순군 능주면 : [백]尒陵夫里(이릉부리)·竹樹夫里(죽수부리:이대부리)·仁夫里(인부리:큰벌) → [신][경]陵城(능성).

◆ 보성군 복내면 : [백]波夫里(파부리) → [경]富里(부리) → [려]福城(복성).

◆ 화순군 화순읍 : [백]仍利阿(잉리아:즈리끔)·海濱(해빈:바라가) → [경]汝湄(여미) → [려]和順(화순).

※ 단재 신채호는 仍利阿(잉리아)의 '仍(잉)'은 이두로 '즈', '阿(아)'는 뜻이 '끔'이다. 끔은 전라도 사투리로 경계 한계를 나타내는 선을 말한다. 竹樹夫里(죽수부리)·仁夫里(인부리)·海濱(해빈)은 지리(4) 기록에서 따 보충했다.

금산군(錦山郡) 나주(羅州)

전남 나주시 : [백]發羅(발라:발강깁·편그물) → [신][경]錦山(금산) → [려]羅州(나주).

◆ 나주시 다시면 : [백]豆肹(두힐:두레) → [경]會津(회진).

◆ 나주시 봉황면 : [백]實於山(실어산:시르메) → [경]鐵冶(철야:쇠비리).

◆ 광주 광산구 운수동 : [백]水川(수천:무내)·水入伊(수입이:물들이) → [경]艅艎(여황).

양무군(陽武郡) 양무(陽武)

전남 강진군 병영면 : [백]道武(도무:돌무지) → [신][경]陽武(양부) → [려]道康(도강).

◆ 전남 해남군 마산면 : [백]古西伊(고서이:고새리) → [경]固[同]安(고안[동안]) → [려]竹山(죽산).

◆ 전남 강진군 강진읍 : [백]冬音(동음:돔·담) → [경]耽津(탐진).

◆ 전남 해남군 현산면 : ⑩塞琴(색금)·投濱(투빈:던질가) → ⑫浸溟
(침명) → ㉣海南(해남).

◆ 전남 해남군 황산면 : ⑩黃述(황술:너른벌) → ⑫黃原(황원).

무안군(務安郡) 무안(務安)

전남 무안군 : ⑩勿阿兮(물아혜:물아래) → ㉠⑫務安(무안).

◆ 함평군 함평읍 : ⑩屈乃(굴내:굽은내) → ⑫咸豊(함풍).

◆ 함평군 해보면 : ⑩多只(다지:달기) → ⑫多岐(다지:다기) → ㉣牟平
(모평).

◆ 무안군 해제면 : ⑩道際(도제:돌모루)·陰海(음해:검바라) → ⑫海
際(해제).

◆ 진도군 고군면 : ⑩因珍島(인진도:응진섬·검은돌섬) → ⑫珍島(진
도).

뇌산군(牢山郡) 죄산(牢山)

전남 진도군 군내면 : ⑩徒山(도산:돌메)·棟山(동산:들메) → ㉠⑫牢
山(뇌산) → ㉣嘉興(가흥).

◆ 전남 진도군 임회면 : ⑩買仇里(매구리) → ⑫瞻耽(첨탐) → ㉣臨淮
(임회).

압해군(壓海郡) 압해(壓海)

전남 신안군 압해면 : ⑩阿次山(아차산:아차메) → ㉠⑫壓海(압해).

◆ 영광군 군남면 : ⑩阿老(아노:아날그니)·谷野(곡야:골들) → ⑫碣

島(갈도:갈섬)·葛草(갈초:갈풀) → [려]六昌(육창).

◆ 신안군 임자면 : [백]古祿只(고록지:고로잣)·開要(개요) → [경]鹽海(염해) → [려]臨淄(임치).

◆ 신안군 장산면 : [백]居[屈]知山(거지산·굴지산:거칠메)·安陵(안릉) → [경]安波(안파) → [려]長山(장산).

※ 谷野(곡야)·葛草(갈초)·開要(개요)·安陵(안릉)은 지리(4) 기록에서 따 보충했다.

제5장
지리지 4

(삼국사기 제37권 잡지 제6 :三國史記 卷第三十六 雜志 第五)

1. 삼국유명미상지분(三國有名未詳地分)

위치가 분명하지 않고 이름만 남아있는 삼국시대 지명.

구(丘)

기구(箕丘), 대구(大丘), 용구(龍丘), 포양구(浦陽丘).

곡(谷)

거곡(巨谷), 거회곡(車廻谷), 고국곡(故國谷), 단웅곡(斷熊谷), 두곡(豆谷), 두곡(斗谷), 모둔곡(毛屯谷), 양곡(凉谷), 우명곡(牛鳴谷), 웅곡(熊谷), 청목곡(靑木谷), 해곡(海谷).

국(國)

개마국(蓋馬國), 골화국(骨火國), 구다국(句茶國), 다벌국(多伐國),
비지국(比只國), 송양국(松讓國), 화려성(華麗城), 행인국(荇人國).

군(郡)

대산군(岱山郡), 북외군(北隈郡), 왈상군(曰上郡), 풍달군(風達郡).

궁(宮)

대선궁(對仙宮), 요선궁(邀仙宮), 회창궁(會昌宮).

도(島)

고이도(皐夷島), 구린도(求麟島), 목출도(木出島), 부도도(負圖島), 부서도(鳧栖島), 부운도(浮雲島), 승천도(升天島), 승황도(乘黃島), 유봉도(遺鳳島), 풍도(風島), 하정도(河精島), 학중도(壑中島), 해빈도(海濱島).

령(嶺)

갈령(葛嶺), 골령(鶻嶺), 마령(馬嶺), 배령(裴嶺), 왕골령(王骨嶺), 학반령(鶴盤嶺).

림(林)

곡림(鵠林), 도림(桃林), 소수림(小獸林), 위중림(尉中林), 이물림(理勿林), 총림(叢林).

부(府)

고울부(高鬱府).

산(山)

계산(罽山), 기산(箕山), 낭산(狼山), 독산(禿山), 마미산(磨米山), 마수산(馬首山), 마읍산(馬邑山), 백수산(白水山), 병산(瓶山), 봉산(烽山), 부산(釜山), 북명산(北溟山), 서극산(西極山), 석력산(石礫山), 섭경산(躡景山), 숭산(崇山), 역산(易山), 영류산(嬰留山), 왜산(倭山), 용산(龍山), 유기산(遊氣山), 은산(銀山), 절군산(絕群山), 절영산(絕影山), 질산(質山), 천마산(天馬山), 철가산(鐵伽

山), 총산(叢山), 타산(山), 토경산(吐景山), 팔준산(八駿山), 호산(狐山), 횡산(橫山), 후산(候山).

성(成)

간수성(澗水成), 내진성(萊津成), 노균성(露均成), 만수성(萬壽成), 말강성(末康成), 방해성(傍海成), 보검성(寶劍成), 봉천성(奉天成), 순기성(脣氣成), 악남성(岳南成), 악양성(岳陽成), 안정성(安定成), 여금성(麗金成), 영수성(永壽成), 진금성(進錦成), 추반성(推畔成), 탁금성(濯錦成), 하곡성(河曲成), 한녕성(漢寧成), 해주향(海洲成).

성(城)

가불성(加弗城), 가시성(加尸城), 가잠성(椵岑城), 각산성(角山城),감물성(甘勿城), 개모성(蓋牟城), 건안성(建安城), 견아성(犬牙城), 고목성(高木城), 골평성(骨平城)[골쟁성(骨爭城)], 관미성(關彌城), 광석성(廣石城), 괴곡성(槐谷城), 근노성(靳弩城), 근암성(近嵒城), 금현성(金峴城), 금현성(錦峴城), 급리미성(汲里彌城), 기잠성(岐岑城), 기현성(旗懸城), 내원성(萊遠城), 단려성(檀廬城), 달함성(達咸城), 당항성(党項城), 대두산성(大豆山城), 대림성(大林城), 대호성(大岵城), 덕골성(德骨城), 덕안성(德安城), 도살성(道薩城), 도야성(刀耶城), 독모성(獨母城), 독산성(獨山城), 독산성(獨山城), 동잠성(桐岑城), 마수성(馬首城), 마천성(馬川城), 모로성(芼老城), 무라성(武羅城), 물벌성(勿伐城), 미후성(獼猴城), 박작성(泊灼城), 백암성(白嵒城), 벌음성(伐音城), 부곡성(缶谷城), 부산성(富山城), 비뇌성(非惱城), 비창성(卑倉城), 사

구성(沙口城), 사도성(沙道城), 사비성(沙卑城), 사정성(沙井城), 서곡성(西谷城), 서단성(西單城), 석두성(石頭城), 석성(石城), 석토성(石吐城), 석현성(石峴城), 소타성(小陁城), 송산성(松山城), 수구성(水口城), 실진성(實珍城), 쌍현성(雙峴城), 아단성(阿旦城), 앵잠성(櫻岑城), 옹잠성(雍岑城), 와산성(蛙山城), 외석성(畏石城), 욕이성(辱夷城), 우곡성(牛谷城), 우산성(牛山城), 원산성(圓山城), 위례성(慰禮城), 이산성(耳山城), 이산성(耳山城), 장령성(長嶺城), 장성(長城), 적암성(赤嵒城), 적현성(赤峴城), 좌라성(坐羅城), 주산성(株山城), 주양성(走壤城), 지라성(支羅城)[주류성(周留城)], 진도성(眞都城), 창암성(蒼嵒城), 천산성(泉山城), 팔압성(八押城), 혈성(穴城), 혈책성(穴柵城), 호명성(狐鳴城), 호산성(狐山城), 활개성(活開城).

수(水)

갈사수(曷思水), 귀단수(貴湍水), 보술수(普述水), 살수(薩水), 살하수(薩賀水), 습수(濕水), 비류수(沸流水), 엄표수(淹㴲水)[개사수(蓋斯水)], 우발수(優渤水).

악(岳)

저악(猪岳), 횡악(橫岳).

역(驛)

간문역(艮門驛), 감문역(坎門驛), 건문역(乾門驛), 곤문역(坤門驛), 태문역(兌門驛).

원(原)

가섭원(迦葉原), 고국원(故國原), 구원(狗原), 민중원(閔中原), 생초원(生草原), 시원(柴原), 연성원(連城原), 자원(坐原), 평원(平原), 평유원(平儒原).

원(苑)

녹원(麓苑), 사원(沙苑), 서린원(瑞驎苑).

진(鎭)

여진(礪津), 임해진(臨海鎭), 장령진(長嶺鎭), 장봉진(長峰鎭), 적봉진(赤烽鎭), 청진(淸津).

책(柵)

구천책(狗川柵), 대산책(大山柵), 독산책(禿山柵), 마두책(馬頭柵), 병산책(甁山柵).

천(川)

골구천(骨句川), 골천(鶻川), 모천(矛川), 미천(美川), 서천(西川), 석천(石川), 오천(烏川), 위천(葦川), 중천(中川), 천주(泉州).

천(泉)

한천(寒泉).

촌(村)

마포촌(馬浦村), 봉정촌(鳳庭村), 비룡촌(飛龍村), 사수촌(思收

村), 상란촌(翔鸞村), 수실촌(水室村), 신학촌(神鶴村), 좌물촌(左勿村), 주통촌(酒桶村).

택(澤)

기린택(麒驎澤), 대택(大澤), 봉택(鳳澤), 사물택(沙勿澤), 장옥택(長屋澤).

통(通)

동해통(東海通), 북요통(北傜通), 북해통(北海通), 염지통(鹽池通), 요거성(腰車城), 해남통(海南通).

하(河)

동모하(東牟河), 두눌하(杜訥河), 안북하(安北河), 욱리하(郁里河).

향(鄉)

강남향(江南鄉), 강녕향(江寧鄉), 강릉향(江陵鄉), 강서향(江西鄉)
건절향(建節鄉), 격란향(激瀾鄉), 경인향(敬仁鄉), 곡성향(穀成鄉)
구민향(救民鄉), 귀덕향(歸德鄉), 금천향(金川鄉), 단금향(斷金鄉)
만년향(萬年鄉), 목인향(睦仁鄉), 무안향(武安鄉), 밀운향(密雲鄉)
봉덕향(封德鄉), 부평향(富平鄉), 북명향(北溟鄉), 사룡향(飼龍鄉)
상인향(賞仁鄉), 수의향(守義鄉), 순치향(馴雉鄉), 연가향(連嘉鄉)
영안향(永安鄉), 영지향(靈池鄉), 영풍향(永豊鄉), 용교향(龍橋鄉)
율공향(律功鄉), 음인향(飮仁鄉), 의록향(宜祿鄉), 이상향(利上鄉)

이인향(利人鄕), 임천향(臨川鄕), 적선향(積善鄕), 접령향(接靈鄕)

접선향(接仙鄕), 조준향(調駿鄕), 천로향(天露鄕), 철구향(鐵求鄕)

철산향(鐵山鄕), 통로향(通路鄕), 포충향(抱忠鄕), 하동향(河東鄕)

하청향(河淸鄕), 함녕향(咸寧鄕), 해풍향(海豊鄕), 호례향(好禮鄕)

회신향(懷信鄕).

현(縣)

고미현(枯彌縣), 남신현(南新縣), 냉정현(冷井縣), 대부현(大斧峴), 봉현(烽峴), 부현(斧峴), 사현(沙峴), 침현(沈峴), 표천현(瓢川縣).

기타

견롱(汧隴), 구산뢰(狗山瀨), 구양(狗壤), 금혈(金穴), 난지(蘭池), 달벌(達伐), 대거(大阹), 모본(慕本), 무려라(武厲邏), 안지(安地), 연봉(連峯), 연야부(椽耶部), 오골(烏骨), 옥새(玉塞), 용마(龍馬), 잠지락(蠶支落), 장토야(張吐野), 직붕(直朋), 후광(後黃).

> ※ 이상의 위치가 분명하지 않고 이름만 남아있는 삼국시대 지명은 저자의 원고에는 포함되지 않은 부분이나 계속 연구해 봐야할 지명으로 그 특징에 따라 분류하여 삽입하였다. 저자는 이미 '와산성(蛙山城)'과 '구양(狗壤)'의 위치를 찾아 제16장에서 언급한 바 있다.

2. 기타 지명

1) 압록강 이북의 항복하지 않은 11개 성

(鴨淥水以北 , 未降十一城)

① 北扶餘城州(북부여성주)　본　助利非西(조리비서:조리비시·졸본), ② 節城(절성) 본 蕪子忽(무자홀:무자골), ③ 豐夫城(풍부성) 본 肖巴忽(소파홀:솝골), ④ 新城州(신성주) 본 仇次忽(구차홀:구지골)[敦城(돈성)], ⑤ 桃[桃]城(도[도]성) 본 波尸忽(파시홀:팟골), ⑥ 大豆山城(대두산성) 본 非達忽(비달홀:비달골), ⑦ 遼東城州(요동성주) 본 烏列忽(오열홀:오리골), ⑧ 屋城州(옥성주:오근벼리), ⑨ 白石城(백석성:삽돌벼리), ⑩ 多伐嶽州(다벌악주:다벌부리골), ⑪ 安市城(안시성) 본 安十忽(안십홀:안치골)[丸都城(환도성:아르두)]

2) 압록강 이북의 항복한 11개 성

(鴨淥水以北, 已降城十一)

① 椋嵒城(양암성:박달바위), ② 木底城(목저성:낭구밑), ③ 藪口城(수구성:숲어귀), ④ 南蘇城(남소성), ⑤ 甘勿主城(감물주성)　본 甘勿伊忽(감물이홀:감무리골), ⑥ 凌田谷城(능전곡성:골밭골), ⑦ 心岳城(심악성) 본 居尸押(거시압), ⑧ 國內州(국내성)[一云(일운) 不耐(불내:벌내), 或云(혹운) 尉那嵒(위나암:얼라야)城], ⑨ 屑夫婁(설부루·소부루)城 본 肖利巴利忽(초리파리홀:소리파리골), ⑩

朽岳城(후악성) 본 骨尸押(골시압), ⑪ 櫟木城(자목성)

3) 압록강 이북의 도망한 7개 성

(鴨淥江以北逃城七)

① 鈆城(연성) 본 乃勿忽(내물홀:냇물골), ② 面岳城(면악성:낮부리), ③ 牙岳城(아악성:오금부리) 본 皆尸押忽(개시압홀:개시앞골), ④ 鷲岳城(취악성:수리부리) 본 甘彌忽(감미홀:감골), ⑤ 積利城(적리성) 본 赤里忽(적리홀:사리골), ⑥ 木銀城(목은성:남은벼리) 본 召尸忽(소시홀:소시골), ⑦ 犁山城(이산성) 본 加尸達忽(가시달홀:가시달골)

4) 압록강 이북에서 정복한 3개 성

(鴨淥以北打得城三)

① 穴城(혈성) 본 甲忽(갑홀:갑골), ② 銀城(은성) 본 折忽(절홀:절골), ③ 似城(사성) 본 召尸忽(소시홀:소시골)

5) 도독부(都督府)의 13개 현

(都督府一十三縣)

① 嵎夷縣(우이현), ② 神丘縣(신구현), ③ 尹城縣(윤성현) 본 悅己(열이:열기), ④ 麟德縣(인덕현) 古良夫里(고량부리:고라부리), ⑤ 散昆縣(산곤현) 본 新村(신촌:새골), ⑥ 安遠縣(안원현) 仇尸波知(구시파지:구시파지), ⑦ 賓汶縣(빈문현) 본 比勿(비물), ⑧ 歸化縣(귀화현) 麻斯良(마사량:마새라), ⑨ 邁羅縣(매라현), ⑩ 甘蓋縣(감개현:검개) 본 古莫夫里(고막부리:고마부리), ⑪ 奈西縣(내서현) 본 奈西兮(내서혜:내시혜), ⑫ 得安縣(득안현) 본 德近支(덕

근지:덕근치), ⑬ 龍山縣(용산현) 본 古麻山(고마산:고마메)

6) 동명주(東明州)의 4개 현

(東明州四縣)

① 熊津縣(웅진현) 본 熊津村(웅진촌:곰나루말), ② 鹵辛縣(노신현) 본 阿老谷(아노곡:아루실), ③ 久遲縣(구지현:구티) 본 仇知(구지:구티), ④ 富林縣(부림현) 伐音村(벌음촌:벌말)

7) 지심주(支潯州)의 9개 현

(支潯州九縣)

① 已汶縣(이문현:기물) 본 今勿(금물), ② 支潯縣(지심) 본 只彡村(지삼촌:지삼메), ③ 馬津縣(마진현:말나루) 본 孤山(고산), ④ 子來縣(자래현) 夫首只(부수지:부수잣), ⑤ 解禮縣(해례현:개로) 皆利伊(마개리이:개리), ⑥ 古魯縣(고노현) 古麻只(고마지:고미잣), ⑦ 平夷縣(평이현) 知留(지류), ⑧ 珊瑚縣(산호현) 본 沙好薩(사호살), ⑨ 隆化縣(융화현) 居斯勿(고거사물:거새물) 溫陽(온양)의 加里川(가리천:가리내) 하류가 新昌(신창), 즉 犬浦(견포:가이개)이므로 그곳이 解禮(해례:개례), 즉 狗盧(구로:개로)였을 것이다.

8) 노산주(魯山州)의 6개 현

(魯山州六縣)

① 魯山縣(노산현) 본 甘勿阿(감물아:감물앞), ② 唐山縣(당산현) 仇知只山(구지지산:구치기메), ③ 淳遲縣(순지현:순티) 豆尸(두시), ④ 支牟縣(지모현) 본 只馬馬知(지마마지:지마마티), ⑤ 烏蠶

縣(오잠현) 본 馬知沙(마지사:마지새), ⑥ 阿錯縣(아착현) 본 源村(원촌)

9) 원래 '고사부리(古沙夫里)'였던 고사주(古四州)의 5개 현

(古四州本古沙夫里五縣)

① 平倭縣(평왜현) 본 古沙夫村(고사부촌:고새부말), ② 帶山縣(대산현:대메) 본 大尸山(대시산:대시메), ③ 辟城縣(벽성현) 본 辟骨(벽골:벼리골), ④ 佐贊縣(좌찬현) 본 上杜(상두:윗마기), ⑤ 淳牟縣(순모현) 본 豆奈只(두나지:두내잣)

10) 원래 '호시이성(號尸伊城)'이었던 사반주(沙泮州)의 4개 현

(沙泮州本號尸伊城四縣)

① 牟支縣(모지현) 본 號尸伊村(호시이촌:하시리말), ② 無割縣(무할현) 毛良夫里(모량부리:모라부리), ③ 佐魯縣(좌로현) 본 上老(상노:윗날그니), ④ 多支縣(다지현) 본 夫只(부지:부잣)

11) 원래 '죽군성(竹軍城)'이었던 대방주(帶方州)의 6개 현

(帶方州本竹軍城六縣)

① 至留縣(지류현) 본 知留(지류), ② 軍那縣(군나현:굴내) 본 屈奈(굴나), ③ 徒山縣(도산현) 押山(압산:압메), ④ 半那縣(반나현) 본 半奈夫里(반나부리:벌나부리), ⑤ 竹軍縣(죽군현) 본 豆肹(두힐:두레), ⑥ 布賢縣(포현현) 본 巴老彌(파로미)

12) 원래 '파지성(波知城)'이었던 분차주(分嵯州)의 4개 현

(分嵯州本波知城四縣)

① 貴旦縣(귀단현:귀돌이) 본 仇斯珍兮(구사진혜:굿도리), ② 首原
縣(수원현) 본 買省坪(매성평:매들펀던), ③ 皐西縣(고서현) 본 秋
子兮(추자혜:가이지새), ④ 軍支縣(군지현).

원고 정리를 마치고

이 책의 저자 정소문(鄭少文) 님은 나의 친형이시다.

형님이 우이동 삼각산 아래 집필하시던 집을 체악당(棣鄂堂)이라 했다. 그래서 형님의 호도 체악당이다.

체악(棣鄂)이란 말은 시경(詩經) 소아(小雅) 편에서 '형제들이 모여서 화목하게 술을 마시고 즐기며 우애를 다지던 모습'을 읊은 노래 상체장(常棣章)의 첫 소절에 근거한 말이다.

원문이 이러하다.

상체지화 악불위위 常棣之華 鄂不韡韡
범금지인 막여형제 凡今之人 莫如兄弟
상체꽃 송이송이 꽃받침도 보이지 않게 다발로 뭉쳐 활짝 피었다.
지금의 사람들은 형제만한 이가 없다.

오래전 주간한국에 나무에 대한 고정 칼럼 『나무』을 장기간 연재하며 나무에 대한 해박한 지식으로 재미있는 글을 펼쳐내시고 식물학에도 가늠할 수 없는 깊이를 갖고 계셨던 형님은 상체(常棣)꽃은 '아그배나무 꽃'이라고 했다.

아그배나무 꽃의 특징은 여러 송이의 꽃이 한 꼬투리에 다닥다닥

붙어 뭉쳐 핀다는 것이다. 그래서 이 꽃은 한 부모에게서 여러 명의 형제가 태어나는 것과 같아서 형제에 비유하는 꽃이다.

상체장에서 '지금의 사람들은 형제만한 이가 없다.'고 노래했듯이 형제의 정이란 것은 진하면서도 애틋한 것이라서 지난날을 되돌아보면 나를 매우 아껴주었던 형님이었다.

60년대 어려웠던 시절 상경하여 먹을 것이 없어 굶주림에 허덕이는 생활을 시작으로 신문사에 입사하신 후 내가 초등학교 5·6학년을 다니던 시절에 일주일에 한 번씩 시골로 어린이 신문을 우표를 붙여 보내주시던 형님이었고 중고등학교는 산동네 작은 셋집에 살면서 거두어주신 형님의 배려가 아니었으면 서울 그 어디에서 숙식을 하면서 생활할 수 있었겠는가? 고등학교 졸업 후에는 형님의 안내로 교직에 몸담아 평생을 한길에서 봉직하여 교장으로 교육활동을 마무리할 수 있었으니 오늘의 내가 있기까지 형님의 은혜가 적지 않다.

형님은 남들이 학교를 다닐 때 서당을 다니며 한학을 공부하였다. 대가족제도 아래 5형제의 장남이었던 아버님께서 전통적인 한학을 고집하셨기 때문이다. 그래서 형님이 살아온 60~70년대의 젊은 날은 한학을 공부한 사람은 참으로 세상을 살아가기 힘든 세월이었다. 한학은 빛을 잃은 학문이었고 취직도 쉽지 않았던 시절이었다. 그러나 형님은 청소년기에 사서삼경을 줄줄 외우던 실력파인데다가 우리의 역사와 중국의 역사를 깊이 있게 섭렵하였고 중국어를 독학하였는가하면 동양철학에 일가견이 있었기 때문에 신문기자로 선발되어 기자의 길을 걷게 되었다. 그 이후에도 그에 만족하지 않고 형님은 피나는 노력으로 조각, 음악, 미술 등 각 방면에 깊은 조예를 가지시어 물어보는 것마다 막히는 것이 없는 살아있는 백과사전 같은 분이었다. 몇 개의 신문사를 전직하여 최종에는 세계일보에서 논설위원을 지내셨다.

형님이 평생 마음속에 품은 화두는 "우리는 누가인가?" "어디서 왔는가?" 하는 것이었다.

이론에만 바탕을 둔 허망한 연구가 아니라 우리민족의 이동경로를 따라 샅샅이 돌아다니면서 그 현장에 흩어져 있는 흔적을 찾아보는 실증적인 연구를 통해 우리는 누구이며 어디서 왔는가를 밝히는 누구도 도전하기 힘든 연구를 실천하셨다. 그 결과를 저서 '해외여행 당신은 무엇을 보았는가?', '단군은 있는가 어디에 있는가?'를 통해 밝힌 바 있으시다.

그 이후는 이 땅에 수천 년 살아온 우리민족이 사용했던 우리말의 뿌리를 찾아가는 연구를 정열적으로 해오셨다. 이 연구를 위한 주 자료는 '삼국사기'와 '동국여지승람', '유서필지'를 비롯하여 그동안 집필했던, '조선왕조실록(중종·명종·선조실록일부)', '필원잡기(청강선생후청쇄어 합본)', '오주연문장전산고(일부)', '해동소학', '고본 삼국지 전10권', '상고사어신해 텡그리' 외에도 중국과 몽고의 잡다

한 자료를 바탕으로 축적된 지식이 총망라되어 그 밑바탕이 되었다.

내가 아는 형님은 무슨 일을 하시던지 완벽한 결과를 만들어 내시는 분이셨다. 글을 쓸 때도 마찬가지이다. 많은 저술을 하셨지만 그 글속에 글자 하나 의미 없이 쓰는 법이 없었고 군더더기도 붙이는 것을 싫어했으며 구두점하나까지 세심히 살피시며 보고 또 보고 나무랄 데가 없어야 출판을 결정하신분이다.

그런 완벽주의자였던 형님이 마지막 역작 '우리말의 뿌리'를 집필하시어 머리말까지 쓰시고 마무리를 하실 즘 손을 내려 놓으셨다.

길고 긴 나날 참아내기 힘든 항암치료가 잘 되어 완치된 줄만 알고 있었더니 기쁨은 잠깐이었고 암이 온 몸에 퍼져 힘들어하시던 어느 날 찾아뵈었더니 그동안 써놓은 원고를 보여 주시며 여기 저기 보완해야할 부분들을 짚어주시고는 원고를 넘겨주시며 말씀하셨다.

"내 2달간만 시간이 주어진다면 이 글을 마무리 지을 텐데 그럴 수가 없을 것 같다. 네가 한번 읽어보고 책을 내도록해 달라."

원고를 받고 돌아와 글을 읽으니 글 속에 형님의 얼굴이 비쳐 목이 괜히 메어 오르고 쉽게 읽을 수가 없었지만 형님의 글은 역시 그 누구도 따라 할 수 없는 형님만의 색깔이 진하게 배어 나오는 역작이었다. 재미도 있으려니와 많은 젊은 학생들이 읽었으면 좋겠다는 생각이 들었다. 다만 요즈음 한자를 사용하지 않는 세대라서 우리의 옛 말을 다룬 원고는 읽기 쉽지 않을 것이라는 생각에서, 그 음을 달아 읽기 쉽게 했다. 그리고 원고의 각 장은 이야기의 실마리에서 결론에 이르기까지 소제목 없이 서술된 것을 이야기의 전개에 따라 글을 나누어 소제목을 붙이고 일부 어려운 말은 쉬운 말로 바꿔 썼다.

　제가 없는 재주이지만 온 정성을 다하여 이 글을 정리하는 까닭은 나에게 지난날 베풀어주신 은혜로움 때문만은 아니다. 형으로서가 아니라 존경하는 학자를 잃었다는 슬픔이요, 더 이상은 영원히 그 분의 깊은 생각이 든 글을 접할 수 없다는 것이 너무나 안타깝기 때문이며 한자를 공부한 지식인으로서 여러 가지로 부족하다고 겸손해하시면서 우리말의 선각자 단재 신채호 선생과 위당 정인보 선생의 뒤를 이어 우리 옛말(옛 지명)의 남은 빗장을 풀고 닫힌 문을 활짝 열어 새로운 후학들의 앞길에 도움을 주기를 원하셨던 형님의 뜻이 결실을 맺기를 희망하기 때문이다.

　모든 것이 '의미가 없어졌다'는 형수님(고희숙[高熙淑])과 두 아들 정준, 정찬과 손주 넷을 남기시고 형님은 영영 곁을 떠나셨다. 형님의 큰 뜻을 따라 동생이 원고를 정리하고 책으로 만들어 형님 영전에 바친다.

2017년 8월
동생 종현(宗鉉)

바로 잡습니다

잘못된 곳(138쪽 마지막 줄)

현재	각 부족을 통일했기 그들이 잡아간 우리나라 백성을 수용하기
수정	각 부족을 통일했기 때문에 우리는 왕을 비롯한 전 거란인을 '지랄 들'이라고 일컬었다. 그들이 잡아간 우리나라 백성을 수용하기

정소문(鄭少文:1939.3.26.생)
약력 : 서울일일신문(연합신문), 경향신문·한국일보·주간한국·주간여성·서울경
제신문 교정·편집기자, 세계일보 논설위원
역저서 : 조선왕조실록(朝鮮王朝實錄:중종·명종·선조실록 : 일부) / 오주연문
장전산고(五洲衍文長箋散稿:일부) / 성호사설(星湖僿說:일부) / 기측체의(氣
測體儀:일부) / 필원잡기(筆苑雜記:청강선생후청쇄어 합본) / 해동소학(海東
小學) / 고본 삼국지(古本 三國志:전10권) / 해외여행-당신은 무엇을 보았는
가 / 상고사어신해(上古史語 新解:단군은 있는가 어디 있는가) 등이 있음.

우리말의 뿌리

삼국사기 지리지 지명 완전해석

초판 인쇄 2017년 10월 20일
초판 발행 2017년 10월 26일

글쓴이 정소문
펴낸이 최석로
펴낸곳 서문당

주소 경기도 일산 서구 가좌동 630
전화 031-923-8258
팩스 031-923-8259
창업일자 1968.12.24
창업등록 1968.12.26 No.가2367
등록번호 제406-313-2001-000005호

ISBN 978-89-7243-681-2